KB113932

미스터리 와 진실

3

미스터리와 진실 **3**

초판 1쇄 2013년 11월 8일 찍음
초판 1쇄 2013년 11월 15일 펴냄

지은이 | 이종호
펴낸이 | 이태준
기획 · 편집 | 박상문, 이동국, 김진원
디자인 | 이은혜, 최진영
마케팅 | 박상철
인쇄 · 제본 | 대정인쇄공사

펴낸곳 | 북카라반
출판등록 | 제17-332호 2002년 10월 18일

주소 | (121-839) 서울시 마포구 서교동 392-4 삼양E&R빌딩 2층
전화 | 02-486-0385
팩스 | 02-474-1413
www.inmul.co.kr | cntbooks@gmail.com

ISBN 978-89-91945-58-6 04900
978-89-91945-55-5(세트)

값 16,000원

이 도서의 국립중앙도서관 출판시도서목록(CIP)은 서지정보유통지원시스템 홈페이지(http://seoji.nl.go.kr)와 국가자료공동목록시스템(http://www.nl.go.kr/kolisnet)에서 이용하실 수 있습니다. (CIP제어번호 : CIP2013022382)

고고학편

3

이종호 지음

북카라반
CARAVAN

머리말

고대인들이 만들었거나 관련되었다고 믿기에는 다소 의심스러운 유물이나 전설들을 다룬 미스터리 등을 따라가다 보면 한 가지 결론에 이른다. 순수한 자연 현상이 아닌 한, 대부분 인간이 만들었거나 인간과 관련이 되었다는 사실이다. 그렇지만 미스터리라는 말은 늘 우리의 호기심을 자극하고 새로운 흥미를 자아낸다. 이러한 가공된 이야기들은 인간들의 영역을 넘어서는 것처럼 보이게 하는 데 그 묘미가 있다.

과학자들은 미스터리로 알려진 고대의 신비란 존재하지 않는다는 견해를 강력히 내세운다. 현재 보이는 고대의 유물이나 유산들은 인간이 태어난 이래 인간이 만든 것임을 의심하지 않는다는 뜻이다. 불가사의로 보이기는 하지만 과학적인 잣대로 분석해보면 모두 해석이 가능하므로 믿을 수 없는 현상들의 실상은 거의 모두 인간이 조작한 것이라고 단정하기도 한다. 우리에게 미스터리로 알려진 것들을 예전부터 내려오는 믿음과 관습대로 계속해서 미스터리라는 고정된 틀 안에 넣어두려는 것이 문제라는 시각이다. 과학 기술의 발전으로 하루가 다르게 변모하고 있는 삶을 살아가고 있는 현대인들이라면 과거부터 내려오는 미스터리를 평가하는 시각도 당연히 달라져야 한다고 지적한다.

문제는 미스터리를 지지하는 신비주의자들의 태도이다. 근래에 나온 자료라 할지라도 명백한 증거가 있고 새로이 발견되는 과학적 자료들로 검증되고 해석되었지만 고의적으로 이를 무시하거나 의미를 축소하기 일쑤다. 더불어 미스터리를 의도적으로 더욱 가필하고 신비화하는 데 주저하지 않는 경우도 다반사다. 이렇게 엄중하게 검증되고 밝혀진 사안임에도 미스터리라는 틀로 고정하려는 것은 미스터리, 즉 불가사의라는 말이 사람들의 감성을 자극하는 데 도움이 되기 때문이다. 소위 장사가 잘되는 아이템을 포기할 수 없다는 것이다.

나는 우리의 주변에서 미스터리로 정의된 수많은 사건의 실상을 파헤치기 위해 현장을 직접 방문하거나 나름의 검증을 거치면서 그동안 불가사의 또는 미지의 전설들을 다룬 책들을 꾸준히 출간해왔다. 순수한 의미로 교훈적인 차원에서 과장되거나 덧붙여진 이야기일지라도 내가 다루는 영역에 들어가게 되면 철저히 사실에 바탕을 두어 서술하는 데 주안점을 두었다. 이처럼 과학적인 분석을 토대로 새로운 각도로 해석하거나 검증한 것들은 그동안 미스터리를 보는 사람들의 시각을 바꾸어주는 데 어느 정도 기여했다고 자부한다.

나는 미스터리에 무비판적인 사람들과 과학 만능주의를 외치는 전문 학자들 사이의 논쟁일지라도 중도적인 견해를 지지하는 것을 기본으로 삼았다. 세계적으로 알려진 학자들의 주장일지라도 그들이 자신의 주장을 합리

화하기 위해 고의적으로 중요한 부분을 누락하거나 축소한 경우 논쟁의 여지가 있는 내용을 모두 제시하는 데 주력했다. 불가사의로 알려진 것에 대해 불가사의라고 인정할 수 있는 것은 일부 저자들의 오도된 결론이 아니라 독자들 스스로 이해하면서 내린 결론이 되어야 하기 때문이다. 그렇지만 미스터리가 아직도 미스터리로 남을 수 있는 까닭은 현재까지 알려진 지식과 정보의 한계 때문이기도 하다.

이 책은 세계사에 비교적 관심이 많은 사람이라면 누구나 흥미 있게 읽을 수 있다는 점이 장점이다. 또한 각 장의 내용을 가능한 한 길지 않게 서술하여 누구나 언제 어디서든 부담 없이 읽을 수 있도록 했다. 특히 많은 부분 중 · 고등학교 수업 시간에 다루어졌던 내용이므로 독자들이 좀더 친근감을 갖고 대할 수 있을 것이다.

그동안 미스터리에 대한 많은 책을 출간해오면서 부득이 이곳에서 다루어지는 주제 중에서도 과거에 다루었던 소재가 일부 포함되기도 했지만 대부분 새로운 주제를 기본으로 삼았다. 물론 과거에 다루었던 주제라 하더라도 새로운 지식과 정보를 대폭 보강했다. 자, 이제부터 우리의 상상력을 자극하고 지적인 즐거움을 선사하는 불가사의와 전설의 세계로 함께 여행을 떠나보자.

2013년 11월

이종호

차례

1부

건축 유산 미스터리

THE
MYSTERY AND
THE TRUTH

요르단 페트라

영국의 시인 존 버곤 신부는 요르단의 페트라를 두고 "영원한 시간의 절반만큼 오래된, 장밋빛처럼 붉은 도시"라고 칭송했는데 이는 페트라의 별칭이 됐다. 구약성경에선 이곳을 '에돔의 셀라'라고 불렀는데 히브리어로 셀라는 바위라는 뜻이다.

페트라 역시 그리스어로 바위라는 뜻이다. 이름만큼이나 기암괴석으로 된 페트라는 모세가 이끄는 유대인들이 이집트를 탈출해 가나안으로 갈 때 지나간 통로로 언급되었을 정도로 유명하다.

사해와 아카바만灣 중간에 있는 페트라는 기원전 400년경에 아라비아반도에 정착한 유목 민족 나바테아인의 종교적 중심지이자 수도였다. 낙타를 몰며 대상들에게 길을 안내하던 나바테아인들은 전설적인 유향로乳香路의 북부를 장악하고 있었는데, 그들은 사막의 모래바람을 피할 수 있는 천혜의 요새를 세계가 찬탄하는 '장밋빛 붉은 도시'로 변모시킨 것이다.

붉은 사암을 뚫고 건설된 페트라.

물 걱정이 없는 페트라

세계의 모든 방문자들을 놀라게 하는 해발 950미터의 페트라는 높고 가파른 암벽들이 좁아지는 골짜기에 나바테아인들이 형성한 도시로 접근이 매우 어렵다. 적이 함부로 공격할 수 없는 그야말로 철옹성과 같은 곳으로 당대 최강국인 로마도 무력으로는 페트라를 정복할 수 없었다고 알려진다.

당시 나바테아인들은 남쪽에서 지중해 연안까지의 여러 대상로를 장악했다. 그들이 관장하는 지역은 현재의 시나이 반도에서 아라비아 반도 절반 정도에 달하는 50만 제곱킬로미터에 달한다. 특히 페트라는 대상들이 이집트의 기자, 지중해, 시리아는 물론 동쪽 아라비아 지역으로 여행할 수 있는 요충지였다. 그러므로 페트라의 나바테아인들은 향신료 무역을 장악하고 통행요금을 징수했으며, 아스팔트 무역으로 벌어들이는 수입으로 매우 부유했다. 기록에 의하면 대상들은 한 번에 수백, 수천 마리의 낙타를 끌고 페트라에 도착하여 휴식을 취하고 상담을 했다고 한다.

2세기 초 페트라는 로마에 합병되는데 학자들은 로마인들이 페트라를 정복한 것이 아니라 페트라가 로마와 합병하는 데 정략적으로 동의했다고 추정한다. 당대 최강국인 로마와 대결하는 강수를 두는 것보다 로마와 합병하는 편이 페트라로서는 더욱 유리하기 때문이다. 당시의 세계 정황을 무시하고 로마와 대결하다가는 페트라를 통하는 모든 무역로가 봉쇄될 수 있었다. 그러므로 로마에 항복하여 페트라를 번영케 했던 무역로의 기능을 계속하는 것이 이득이다. 엄밀한 의미에서 페트라를 통치하던 집권자가 페트라를 건설한 나바테아인에서 로마인으로 교체된 것뿐이었다.

특이한 것은 수천 년에 걸쳐 계절적 급류인 와디 무사(모세의 계곡)에 의해 형성된 좁은 협곡 시크Siq가 도시로 진입하는 유일한 통로라는 것이다. 이곳은 외부에서 입구마저 잘 보이지 않을 정도로 철저하게 위장되어 있다. 길이 1.2킬로미터의 시크는 지각변동에 의해 생긴 틈으로 수십만 년 동안 물이 넘쳐흐르며 바위를 깎아내려 생긴 자연현상이다. 그러므로 과학자들은 시크가 엄밀한 의미에서 페트라에서 가장 좁고 긴 수로라고 설명한다. 즉 거대한 바위가 갈라져 만들어진 도로로 좁게는 100미터, 높게는 200미터에 이르는 구불구불한 사암 절벽이다.

페트라는 성서와 매우 밀접한 관련이 있다. 그중에는 모세와 이스라엘인들이 이집트 땅을 떠나 약속의 땅으로 향하면서 지났다고 하는 '왕의 길' 도 있다. 근래 발굴한 바로는 페트라는 기원전 5세기부터 기원후 2세기 사이에 전성기를 누렸는데 당시 페트라의 인구는 5만 명을 넘었다고 한다. 또한 도시 안에는 포장도로, 목욕탕, 상점, 극장, 장터, 궁전, 체육관, 계단식 정원 등이 건설되어 있을 정도로 당대 최상의 거주지였다.

페트라가 천연 요새이기는 하나 작은 협곡으로 이루어져 있어 먹여 살리는 인구에 한정이 있었다. 그런데도 전성기 시절 페트라와 연계되는 주변 지역에는 무려 50여만 명이 거주했다. 이 말은 50만 명이나 되는 인구를 지탱하기에 충분한 물을 어려움 없이 공급했다는 것이다. 그 비밀은 페트라의 특수 환경에 있다. 페트라는 사막 지역임에도 지형상 11월과 3월 사이 우기에 엄청난 폭우가 쏟아지곤 한다. 더구나 시크 자체가 홍수로 만들어진 길이므로 이들 폭우에 의해 시크 전체가 큰 피해를 볼 수도 있었다. 하지만 다행히 우기에만 폭우가 쏟아지므로 이때 갈수기에 사용할 수 있는 물만 확보한다면 일 년 내내 거주인들에게 필요한 물을 공급하는 데 문제가 없었다.

놀라운 점은 이런 지형상의 문제를 놀라운 수리 공학 지식으로 해결했다는 사실이다. 페트라인들은 폭우의 위험을 예측하고 이에 대비하기 위해 절벽 아래 터널을 30미터나 파서 댐을 만들었다. 2002년에 발견된 대형 댐은 급류의 방향을 바꾸어 터널을 통해 물이 근처 골짜기로 빠지게 함으로써, 시크로 물이 대량으로 들어가지 않도록 했다.

나바테아인들은 기본적으로 하늘에서 떨어지는 물은 가능한 한 단 한 방울도 그대로 버리지 않았다. 페트라에 들어오는 모든 물은 수로를 통해 유효

협곡 시크 사이로 신기루처럼 그 모습을 살짝 드러낸 페트라의 카즈네피라움. 페트라는 이 시크를 통해 외부와 연결되어 있다. 이러한 천혜의 자연조건 덕분에 페트라는 오랫동안 외부의 침입으로부터 안전할 수 있었다.

대상과 수로 유적.

적절한 곳에 배달되도록 했다. 이 수로는 현재에도 그 구조를 볼 수 있을 만큼 잘 보존된 곳이 많다. 대략 반경 25킬로미터 이내의 하늘에서 내리는 모든 빗물이 인근 저수지에 집수되어 페트라의 식수원으로 쓰였다.

그들은 또한 노천 저수조와는 별도로 지하 곳곳에 물 저장고를 설치했다. 학자들은 페트라의 이와 같은 탁월한 수리 시설은 규모와 기술은 물론 효율면에서도 고대 사회의 가장 위대한 수력 공학 중 하나라고 인식한다. 이와 같은 철저한 수리 시설 덕분에 페트라는 인간이 만든 사막의 오아시스가 되었다. 곳곳에 정원과 분수가 있었으며 도시 인구 5만 명을 포함한 상인들 수천 명은 물 걱정을 하지 않아도 되었다.

요르단박물관의 아마르 박사는 페트라 안에만 200여 개의 저수 시설이 있는데 이곳의 저장량은 약 4,160만 리터에 달하여 10만 명이 1년 동안 사용해도 충분한 양이라고 말한다. 그러나 이 식수만으로는 인근에 상주하는 50여만 명의 식수를 공급할 수 없었으므로 이들 역시 유사한 방식으로 식수 문제를 해결했다. 성경에는 모세가 지팡이를 치자 물이 솟아나 열두 개의 샘이 솟았다는 일화가 있는데 페트라를 들어가는 입구 근처에 바로 그 모세가 찾았다는 '모세의 샘'이 있다.

건축의 대가 나바테아인

페트라는 천혜의 요새인 시크로부터 시작되었지만 바위로 된 골짜기가 워낙 좁으므로 대규모의 독립된 건물을 건설하는 것이 불가능했다. 이에 나바테아인들은 삶의 공간과 망자의 공간을 함께 활용하는 기상천외한 방법을

와디무사 입구의 시멘트 건물 안에 있는 '모세의 우물'. 모세의 샘 옆에는 모세가 내리쳤다는 바위가 있다. 물이 부족한 페트라는 이곳에 수로를 연결하여 물을 공급받았다고 한다.

활용했다. 두 공간을 바위 속에 만드는 것이다. 현재 페트라에서는 800개의 주거지와 무덤이 발견되었다. 도시 길이는 무려 8킬로미터에 달하는데 바위 속을 파내는 것이 얼마나 어려운 일인지는 충분히 짐작할 수 있을 것이다. 그나마 골짜기가 파내거나 조각하기 수월한 사암으로 되어 있다는 점이 위대한 페트라가 탄생할 수 있었던 근본적인 배경이었다.

페트라를 방문한 사람들을 가장 감탄하게 하는 것은 장밋빛 사암을 새겨 만든 신전과 무덤의 정면부인 카즈네피라움(파라오의 보물)이다. 시크를 통과하자마자 나오는 이 건물은 입구 지붕이 박공으로 되어 있으며 여섯 개 원형 기둥이 정면을 받치고 있는 2층 구조로 높이 40미터, 너비 28미터의 정면을 매우 화려하게 새겨놓았다. 건물이 건설된 연대는 대략 기원전 80년경으로 추정된다.

카즈네피라움은 헬레니즘의 도시 알렉산드리아의 건축 전통을 따르고 있으며 17세기 중세 유럽에서 유행했던 바로크 양식과 유사하다. 외부가 화려하므로 내부 역시 화려할 것으로 생각되지만 막상 내부로 들어서면 너무나 소박하고 간소하다는 점에 놀라게 된다.

학자들은 우선 무역을 주로 하는 유목 민족이 어떻게 이런 놀라운 건축 기술을 가질 수 있었는지 궁금해했다. 초기 나바테아인들의 건축 방식을 보면 장식이 거의 없이 매우 밋밋하게 만든다. 단순히 사암으로 된 바위를 연마한 '박공단' 형식인데 이는 나바테인들의 전형적인 건축법이다. 박공단이란 반대 방향으로 이어지는 계단과 같은 형태를 의미하므로 카즈네피라움과는 형태와 구조가 완전히 다르다.

학자들의 관심은 어떻게 깎아지른 절벽 40미터를 올라가 이와 같은 건물을 건축할 수 있는가에 모였다. 꼼꼼히 건물을 조사하던 학자들은 특이한 점

사암을 뚫고 건설한 무덤. 페트라에는 이런 무덤들이 많다.

페트라의 여러 유적 중 가장 걸작으로 꼽히는 카즈네피라움. 바위 절벽을 깊게 파서 건설한 이 기념비적 건축물은 나바테아족이 최전성기를 누렸던 아레타스 3세의 재위 기간(기원전 84~56년)에 만들어졌다.

을 발견했다. 일반적으로 건물을 지을 때 나무 발판을 사용하는데 남아 있는 형태를 보면 나무 받침대는 사용하지 않았다는 것이다. 사헤르 라바에 박사는 나무 받침대를 사용한다면 하중을 지지하기 위한 홈을 사각형으로 만드는 것이 기본인데 이곳의 홈은 위쪽보다 아래쪽이 더 깊숙이 들어간 형태였다고 말한다. 나무 받침대를 끼운 발판을 사용하지 않았다는 증거다.

결국 학자들은 나바테인들이 받침대를 사용하지 않고 바위로 계단을 만들었다는 결론을 내렸다. 그런데 더욱 놀라운 점은 건물을 하부에서부터 상부로 건설하지 않았다는 사실이다. 일반적인 생각과는 달리 정면에서 굴을 파고 들어간 것이 아니라 상부에서부터 하부로 건축했다.

건축하는 방법도 정면부와 내부가 다르다. 정면 작업도 두 가지로 수행했다. 우선 절벽의 고르지 못한 표면을 연마하여 매끈한 표면으로 만들었다. 파인 흔적으로 보아 곡괭이를 사용한 것으로 보인다. 둘째는 연마된 표면에 세밀하게 조각하는 방식으로 시공했다. 이 경우 가장 신경을 써야하는 것은 하나하나 완벽히 시공해야 한다는 점이다. 만약 공사 중 실수라도 한다면 다시 올라가 고칠 수 없기 때문이다.

나바테아인들의 놀라움은 이런 난공사를 하면서 재료를 어느 것 하나 헛되이 버리지 않았다는 점이다. 그들은 정면을 조각할 때 파내야 하는 쓸모없는 바위라도 사각형 블록 형태로 떼어내어 바닥으로 떨어뜨렸다. 이 돌들은 주변에 있는 다른 건축물의 자재로 사용되었다. 한마디로 카즈네피라움은 건설 현장이자 채석장이었다.

에드 맥켄 박사는 카즈네피라움 전체를 바위 한 덩어리로 깎아 만들었기 때문에 시공할 때 매우 위험한 부분이 생긴다고 설명했다. 즉 하층 대부분을 차지하는 현관 입구가 수백 톤에 이르는 바위를 지탱해야 했다. 이 입구를 실제로 보면 건축할 당시 매우 위험한 공사였음이 느껴진다.

나바테아 건축가들은 매우 현명한 조치를 했다. 거대한 바위 상인방上引枋을 건물의 중간에 걸쳐 중앙 부분의 하중을 감당하는 것이다. 이는 여섯 개의 거대한 기둥으로 건물 전체를 받쳐야 함을 의미한다. 그러나 이들 기둥도 그리스나 로마의 열주처럼 무턱대고 깎아낸 것이 아니다. 바깥쪽 기둥 네 개를 바위 표면에 그대로 붙인 형태로 만들었다. 즉 좌우 두 기둥과 후면 전체가 바위이므로 중앙의 기둥을 떼어 낸다 해도 무너지지 않는 것이다. 외형적으로 볼 때 기둥이 모든 중량을 받치는 것처럼 보이지만 사실 외곽 기둥으로 보이는 벽면 자체가 중량을 감당하고 있다.

내부를 시공하는 방법도 기상천외하다. 정면에서 굴을 파고 들어간 것이 아니라 천장에서 구멍을 뚫고 수직으로 깎아내렸는데 그 공간이 무려 1,700세제곱미터나 된다. 즉 건물 내부도 건축된 것이 아니라 조각된 것이다.

학자들이 가장 궁금하게 생각하는 것은 카즈네리파움을 건설한 이유다. 이 거대한 건물을 건설하기 위해 수많은 사람이 희생되었을 것이며, 아무리 많은 노임을 준다 해도 때때로 섭씨 50여 도를 웃도는 사막 환경에서 작업한다는 것이 간단한 일은 아니었을 것이다. 이는 건물을 건축하는 데 특정한 목적이 있다는 것을 의미한다.

기원전 3~4세기 나바테아인들은 돌덩어리로 특정 종교의 신들만이 아니라 그리스 신화는 물론 이집트 신도 조각했다. 예를 들어 카즈네피라움의 중앙에는 이집트의 여신인 이시스가 있는데 그 아래에서는 메두사의 머리가 방문객을 노려보는 식이다. 카즈네피라움 외에 다른 건물에는 타국에서 건너온 신들은 물론 짐승, 꽃 등도 함께 조각되어 있다.

이러한 엄청난 규모를 볼 때 건물의 용도가 무엇인지 더욱 짐작하기 어렵다. 신전, 위대한 왕에 대한 기념비, 무덤 등 무엇이라도 될 수 있었다. 그러나 신전이라는 용도는 제일 먼저 제외되었다. 당대에 건설되는 신전의 형태와는 너무나 달랐기 때문이다. 위대한 왕의 기념비도 문제가 있었다. 남은 용도는 무덤인데 무덤이라 단정 짓기도 어렵다.

카즈네피라움은 넓이 12제곱미터에 높이 13미터인 단순하고 커다란 방 한 개, 작은 방 두 개로 구성되어 있다. 무려 6,000세제곱미터의 돌을 캐낸 것인데 이는 올림픽 수영장 두 개 반에 해당하는 양이다. 단순한 무덤이라고 생각하기에는 너무나 거창한 규모이다.

학자들은 죽은 자의 영혼을 천국으로 데려가는 독수리 네 마리와 측면에서 양날 도끼를 들고 춤을 추는 여섯 명의 아마존 형상에 주목했다. 아마존 형상은 아마존족이 추는 죽음의 춤을 그린 것으로 죽음과 연관된다. 특히 입

페트라 발굴 당시 모습.

구에 움푹 파인 수반과 밖으로 물이 빠지게 하는 구멍이 있는데 이는 제물 봉헌용이 분명했다. 결론은 무덤일 가능성이 높다는 것이다.

1996년, 고고학자들은 카즈네피라움 앞쪽의 지표면이 현재보다 훨씬 낮았다는 사실을 발견했다. 시크로부터 약 300미터에 달하는 잘 닦여진 도로가 모래 속에 묻힌 것이다. 2003년 발굴에 들어갔고 학자들의 예상은 적중하여 지하 6미터 부근에서 매장실 네 곳과 유골 열한 구가 발견되었다. 향로 등 제기를 걸어두는 고리도 발견되었다. 카즈네피라움은 지하에 굴이 딸린 거대한 무덤이었던 것이다. 부장품과 유골의 연대를 측정한 결과 기원전 1세기경의 것으로 밝혀졌다.[1]

이 당시는 페트라가 가장 번성했던 시기로 페트라에서 가장 강력한 통치력을 발휘한 아레타스 4세 시대였다. 이곳에서 발견된 동전의 80퍼센트 이상에도 아레타스 4세의 모습이 새겨져 있었다. 물론 아레타스 4세의 시신은 이곳에 묻히지 않았고 발견된 유골들도 왕족의 것이었다. 따라서 학자들은 카즈네피라움이 신전이나 기념비 혹은 무덤이라는 특정 목적을 띤 건축물이 아니라 제례와 순례를 목적으로 방문하는 전 세계인들을 위해 건설한 숭고한 건물, 즉 성지였다고 결론지었다. 요즘으로 따지면 각국의 방문객들이 찾아와 자기가 믿는 신들을 경배하고 무역의 안전 등을 기원할 수 있는 장소라는 것이다. 카즈네피라움의 존재가 페트라에 더 큰 수익을 안겨주고 더불어 페트라에 대한 명성을 드높였음은 물론이다.

나바테아인들은 상인이자 위대한 건축가였다. 페트라인들은 단지 무역으로 돈을 버는 일에만 집중하는 것이 아니라 당대의 각종 사상과 예술적 스타일, 신앙을 유입하는 일도 주저하지 않았다. 나바테아인들은 현대인처럼 당시의 유행을 받아들이는 데 열심이었다. 또한 다른 문화에서 도입된 기술을 독창적인 아이디어로 변형해 자신의 것으로 만들었다. 한마디로 당대의 가장 훌륭한 문명을 스스로 창조한 세계인이 되고자 한 것이다.

카즈네피라움에서 협곡을 따라가면 열주列柱 대로의 서쪽 끝 신전에 카스르알빈트피라움(파라오 딸의 성城이란 뜻)이 있다. 바위를 깎지 않고 만든 유일한 건물로 이 도시의 주신主神인 두샤라를 모셨던 곳이다. 본전은 높이 23미터로 열주랑 · 전실前室 · 지성소로 이루어져 있고 신전 앞뜰에는 야외 제단이 설치되어 있다. 처음에 돌기둥 모양이었던 두샤라 신은 나중에 인물 모양으로 만들어져 숭배되었다. 이와 같은 변화는 나바테아의 통치자 신분이 족장에서 전제군주로 바뀌는 정치적 변화를 반영한 것이다. 두샤라는 그리스의 디오니소스와 동일시되었다.

흙벽 무덤이나 계단 무덤의 자리에는 그리스 고전주의 양식으로 지은 왕

페트라의 토착 유목민인 배두인. 과거 나바테아인들은 이들처럼 유목생활을 했지만 페트라를 중심으로 정착하면서 나바테아 왕국을 세웠다.

들의 무덤이나 무덤 신전이 도입되었다. 카스르알빈트피라 우측에는 2세기 초에 이곳을 지배한 로마인들이 확충한 너비 40미터, 33개 계단으로 된 극장 유적이 남아 있다. 바위산을 반쯤 깎아 움푹하게 만든 건축물로 강렬한 인상을 풍겨주는데 인원 약 6천 명을 수용하였던 규모다. 극장 왼쪽에는 로마 시대 시가지가 있는데, 이곳에는 열주 대로가 뻗어 있고 왕궁 · 신전 · 공공 욕장 등의 유적이 있다.

도시의 서쪽 끝에 바위를 깎아 만든 계단을 따라 올라가면 장례 사원인 앗데이르ad-Dayr(수도원) 유적이 있다. 카즈네피라움과 마찬가지로 암벽을 깎아서 만든 2층 건축물로 높이 50미터 길이 45미터이며 비슷한 디자인이지만 더 웅장한 규모다. 1세기 말 오보다스Obodas 왕에게 바쳐진 신전 또는 무덤으로 추정하며 4세기부터 비잔틴 교회로 사용되었다.

이 계단 길은 좌우에 무덤과 제물을 봉헌하는 벽감壁龕들이 줄을 이어 있으므로 일종의 '성스러운 길'로 통한다. 그러나 '유골함이 있는 무덤Tomb of the Urn'을 비롯해 페트라의 많은 무덤이나 장례 후 연회가 펼쳐졌던 석조 트리클리니움triclinium(삼면에 의자가 달린 식탁이 있는 식당)의 계단 장식은 아시리아의 건축 예술이다. 산 정상에 올라가면 이스라엘 지역까지 보이며 사해四海도 보인다.

106년 로마에 정복당한 후 기독교를 받아들인 페트라도 새로운 정신세계에 충실한 근거지가 되었지만 페트라의 운명은 나바테아인들의 기대와는 다르게 진행되었다. 375년 로마가 동로마와 서로마로 분리된 후 동로마가 이 지역을 통치했는데 동로마는 무역의 중심지로 수도에서 멀리 떨어진 페트라보다는 팔미라를 선택한 것이다. 무역로의 기능을 잃어버리자 페트라는 쇠락의 길을 걷는다.

사암을 파서 만든 페트라의 여느 건물과 달리 독립된 건물 형태를 취한 카스르알빈트피라움(위)과 고대 그리스 시대의 극장을 연상시키는 페트라의 야외극장(아래).

요즘 건물 10층 높이에 해당하는 규모를 뽐내는 앗데이르 장례사원. 왼쪽 아래에 있는 사람과 비교해보면 그 규모를 짐작할 수 있다.

무역로의 중요성이 사라졌지만 페트라 지역은 계속 유목민들의 휴식처로 사용되었는데 6세기경 강력한 지진이 이곳을 강타했다. 지진은 모든 것을 변모시켜 거주지로서의 여건마저 빼앗았다. 결국 주민들은 페트라를 포기하고 다른 곳으로 이주했다.

1993년에 고고학자들은 6세기경의 파피루스 뭉치 150여 개를 발견했는데 이 파피루스에는 데오도쿠스 가문의 7대에 걸친 기록이 들어있었다. 이 파피루스에는 6세기경 페트라 상류층들의 일상생활이 자세히 적혀 있으므로 파피루스의 모든 내용이 해독되면 페트라의 많은 부분이 알려질 것으로 추정된다. 현재 이 파피루스는 요르단 수도 암만의 아코르동양연구소에 보관되어 있다.[2]

페트라는 유네스코 세계유산으로 지정되었고 영화 〈인디아나 존스3〉에서 마상 추격을 하는 장면의 배경으로 나와 세상에 더욱 알려졌으며 〈트랜스포머〉에도 등장했다. 영국의 헨리 레이어드A. H. Layard 경은 1887년 이곳을 방문하고 다음과 같이 적었다.

> 물 등 사람의 생존에 필요한 것이 없는 사막의 경계 지역에서, 끈질긴 노동을 통해 바위에 극장, 신전, 공공기관, 무덤, 개인용 건물 등을 건설했다는 것은 그야말로 놀라운 일이다.

페트라는 2008년 사르코지 프랑스 대통령이 연인이던 칼라 브루니와 함께 주말여행을 떠난 곳으로 유명세를 탔고 같은 해 10월, 성악가 파바로티의 추모 공연이 열린 곳이기도 하다. BBC 방송은 '죽기 전에 꼭 가봐야 할 50곳' 중 열여섯 번째로 선정했다.

페루 마추픽추

황금은 지금도 부富의 궁극적인 기준이다. 세계의 거의 모든 나라가 땅 밑에 금을 가지고 있으며 바닷물에도 포함되어 있지만, 금이 특별한 대우를 받는 이유는 채취하기가 지극히 어렵기 때문이다. 땅속에 있더라도 지각의 극히 일부분에 지나지 않으며 더구나 양질의 금광이라 하더라도 순금은 잡석 총량의 30만대 일 정도다.

금 함유 농도가 짙은 바닷물이라 하더라도 바닷물 1톤당 금은 10밀리그램밖에 들어있지 않다. 다시 말하면 금 1그램을 생산하기 위해 바닷물 100톤을 걸러내야 한다는 뜻이다. 금을 채취하는 것이 간단한 일이 아님을 알 수 있다. 그럼에도 금이 고대인들의 주목을 받은 이유는 시간이 가더라도 부식되지 않고 몇 번이라도 되풀이해서 녹일 수 있기 때문이다. 금 1그램을 가지고 약 2천 미터의 가느다란 선을 만들 수도 있고, 망치로 두들기면 두께 0.1미크론의 금박이 되기도 한다.

신대륙이 발견된 지 얼마 안 된 1511년 파나마에 정착한 에스파냐인들 사이에 놀라운 소문이 떠돌기 시작했다. 전설 속 황금의 나라 '엘도라도El Dorado'

마추픽추의 모습. 과거 잉카의 고도였던 이곳은 발견될 때까지 잉카제국의 신비를 간직한 채 깊고 깊은 계곡에 감춰져 있었다. 공중에서만 볼 수 있어 우주적 차원의 문명 작품이라고까지 불리는 이곳은 잉카인들이 남긴 가장 위대한 문화 유산이다.

에 대한 이야기로 남쪽으로 며칠만 항해하면 이루 말할 수 없이 부가 넘치는 나라가 있다는 것이다. 이미 멕시코 아스텍의 왕인 목테수마가 기거하던 궁전에는 벽조차도 황금으로 만들어진 방이 있었다는 이야기를 들은 바 있는 사람들은 이보다 부유한 나라가 있다는 말을 의심치 않았다. 그 신비의 나라에는 황금이 너무 흔해서 말 그대로 황금 보기를 돌같이 했다고 한다. 이 나라는 바로 잉카제국을 의미한다.

황금의 제국 잉카

일반적으로 알려진 페루의 잉카는 11세기경부터 비로소 페루 지역의 여러 문명을 지배하기 시작한 것으로 보인다. 잉카란 원래 제국의 왕을 뜻하는 말인데 제국을 뜻하는 말로도 쓰인다. 12세기 초 망코 카팍의 아들 신치 로카가 그의 누이동생 마마 쿠라를 왕비로 맞으면서 잉카는 신화가 아닌 역사시대로 들어선다. 잉카는 로카왕의 손자 마이타 카팍 시대에 지배 면적이 확대되었고 제9대 파차쿠티 유판기 시대에는 인구가 1100만 명이나 되었다.

잉카제국은 원래 '타우안틴수요Tahuantinsuyo' 라 하였는데 '태양이 빛나는 세계의 네 부분' 이라는 뜻이다. 실제로 잉카는 제국의 땅을 크게 넷으로 나누었다. 그리고 수도인 쿠스코Cusco를 성스러운 도시로 여겼다. 왕인 잉카의 통치를 돕는 사람은 귀족계급인데 이들은 황실과 상당한 인척 관계를 맺었다. 그들 밑에는 '쿠라카스curacas' 라는 지방 총독이 있었고 일반 백성은 사회 하층에 속했다. 일반 백성들은 거의 자유가 없이 임무만 부여받았고 노력의 결과도 황실이 차지했다.[3]

16세기 초에는 안데스 산맥에서 태평양 해안에 이르기까지 면적이 100만 제곱킬로미터에 달할 정도로 대 제국이었고 황제를 정점으로 정치와 사회제도도 비교적 잘 정비되어 있었다. 잉카인들은 읽고 쓰지를 못했다. 그들은 '키푸quipu' 라는 결승문자結繩文字를 사용했는데 노끈의 빛깔이나 매듭으로 여러 가지 뜻을 표시했다. 그들은 동물의 힘을 빌리거나 바퀴를 사용하지 않고, 도로 · 계곡을 잇는 적교吊橋와 농업용수로 거대한 성채를 비롯하여 궁전과 신전을 건설했다.

잉카의 의학과 식물학 지식수준은 대단했다. 잉카에는 의사 계급이 있었고 국가가 고용한 약초 채집자들도 있었다. 잉카 의사들은 절개수술을 했으며 응급 상황에서는 심지어 두개골에 구멍을 뚫는 수술도 감행했다. 두개골 수술은 아마도 뇌가 부풀어 오르는 치명적인 증상에 대한 처방으로 보인다. 또한 고대 이집트인들과 마찬가지로 잉카인들은 미라 제작술을 완벽하게 터

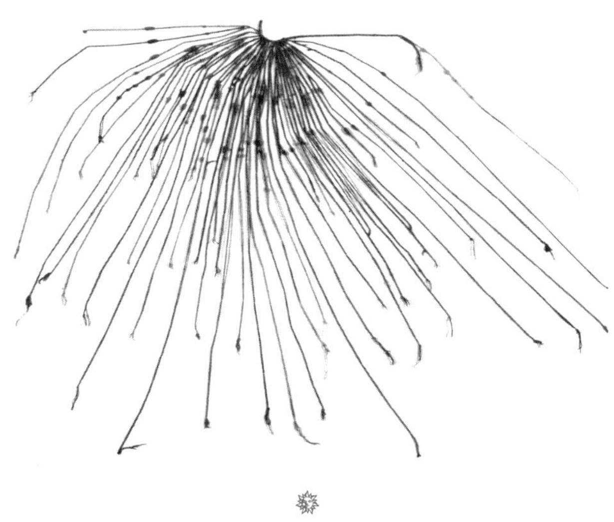

잉카인들의 문자였던 키푸. 노끈의 색깔이나 매듭으로 의사 표시를 했다.

득하고 있었다.[4]

한편 잉카인들은 제국 안에서 나는 금으로 찬란한 황금 문화를 꽃피웠다. 그들은 구리나 놋쇠를 쓰듯이 황금을 사용했다. 태양을 숭배했던 그들은 태양신을 표현하는 데 황금을 아낌없이 사용했다. 그런데 잉카인들에게 청천벽력 같은 일이 일어났다. 에스파냐 정복자 프란시스코 피사로가 이끄는 군사 200여 명이 잉카제국을 멸망시킨 것이다. 잉카가 멸망하자 엘도라도, 즉 황금 도시에 대한 소문이 퍼지기 시작했다. 소문에 의하면 마지막 황제 아마루(에스파냐군에 의해 황제로 옹립된 망코 2세의 아들)가 엄청난 보물을 잉카의 마지막 수도 빌카밤바 어딘가에 숨겨놓았다는 것이다.

에스파냐 군사들은 빌카밤바를 찾기 위해 혈안이었지만 빌카밤바가 어디인지 정확한 위치를 알 수 없었다. 에스파냐 군사에게 사로잡힌 잉카인들도 빌카밤바가 어디인지 밝히지 않았다. 결국 빌카밤바는 소문이 꼬리를 물면서 신비감만 더해갔다. 많은 사람이 소문에 혹해 빌카밤바를 찾으러 아마존 밀림으로 들어갔고 대부분이 살아 돌아오지 못했다. 바야흐로 수많은 사람이 목숨을 잃게 되는 엘도라도의 대탐험이 시작된 것이다.

에스파냐의 탐험가이자 잉카제국의 정복자인 피사로. 피사로는 에스파냐에서 사생아로 태어나 글도 배우지 못했지만 남다른 판단력을 발휘해 막대한 부를 축적했다.

실제로 황금의 나라는 어느 정도 근거가 있었다. 피사로가 쿠스코를 점령하였을 때 태양의 신전 돌 벽에는 황금 덩어리들이 박혀 있었고 해, 달, 별의 제단들에는 황금이 두텁게 입혀져 있었다.

피사로와 그의 군대가 잉카제국을 정복하는 장면을 묘사한 판화.

또 황금으로 만든 황제들의 동상만도 열여덟 개나 되었다고 한다. 따라서 엘도라도가 발견되기만 한다면 수많은 황금과 보물을 얻을 수 있게 되니 침략자들이 군침을 흘릴 만도 했다.

황금의 도시를 찾기 시작한 지 200여 년이 지난 1768년 초케키라오가 빌카밤바란 소문이 퍼졌다. 초케키라오는 푸리마 항구에서 가까운 험준한 산속에 있는 유적이다. 1909년 미국 예일 대학교의 하이럼 빙엄Hiram Bingham은 빌카밤바를 찾기 위해 아푸리막 강 유역의 험한 밀림 속을 탐험하다 초케키

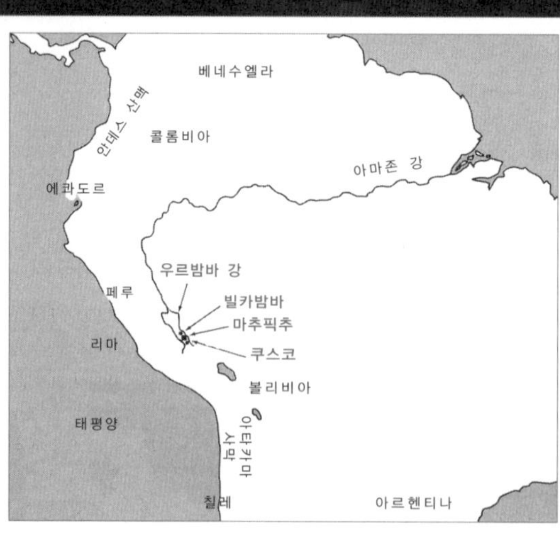

쿠스코의 고대 유적 삭사이와만. 삭사이와만은 '독수리여 날개를 펄럭여라'라는 뜻이다(위). 남아메리카 중앙에 있는 마추픽추(아래).

라오의 유적을 발견했다. 그곳에는 낭떠러지 위에 우뚝 솟은 궁전과 방형의 제의祭儀 광장, 약탈자들에게 짓밟힌 신전들이 있었다. 행정 책임자는 빙엄에게 "이 성채야말로 잉카제국 최후의 비밀 수도였으며 방대한 재화와 보물이 어디엔가 잠들어 있을 것"이라고 말했다. 빙엄도 처음에는 초케키라오가 망코 2세(에스파냐군에게 살해된 아타왈파Atahualpa(황제의 동생)의 빌카밤바라고 생각했다. 하지만 초케키라오의 지형이 빌카밤바를 묘사한 자료들과 일치하지 않았다. 초케키라오는 빌카밤바가 아니었다.

빌카밤바의 발견에 실패한 빙엄은 1911년 다시 페루를 찾아 탐험을 계속했다. 토착 인디언의 안내를 받은 빙엄은 망코 2세가 피사로를 피해 탈출한 길을 더듬어 나갔고 산봉우리에 있는 폐허의 도시를 발견하게 되었다. 빙엄은 다음과 같이 기록했다.

잉카제국의 전통 의식을 재현하는 장면.

페루의 쿠스코 전경. 쿠스코는 13세기 초에 건설되어 16세기 중반까지 중앙 안데스 일대를 지배했던 잉카제국의 수도였다. 해발고도 3,400미터로 안데스산맥에 위치한다.

> 우리는 인적이 전혀 없는 숲 쪽으로 길을 잡았다. 갑자기 폐허가 된 집들의 벽이 눈에 들어왔다. 잉카 최고의 석조 기술로 지은 집들이었다. …… 정교하게 다듬은 마름돌들이 정확하게 맞물린 벽들은 경이로움 그 자체였다.

빙엄이 발견한 이 유적이 바로 '마추픽추Machu Piccu(늙은 봉우리란 뜻)'이다. 마추픽추는 잉카의 수도 쿠스코에서 우르밤바강(아마존 강의 원류)을 따라 북서쪽으로 114킬로미터 올라간 지점에 건설되었으며 해발 2280미터 위치에 있다. 총면적이 5제곱킬로미터로 도시 절반가량이 경사면에 세워져 있는데 삼면이 강으로 둘러싸여 있으며 한쪽 면은 높은 산이 있어서 지형이 매우 험준하다. 그럼에도 유적 주위는 성벽으로 견고하게 둘러싼 완전한 요새 모양을 갖추고 있고, 농사를 지을 수 있는 계단식 밭(안데네스)이 경사면을 따라 펼쳐져 있다. 마추픽추는 이처럼 험준한 곳에 있었기 때문에 에스파냐 정복자들과 기독교도들의 침략과 파괴에서 벗어나 완전하게 보존될 수 있었다.[5]

그러나 이 유적도 망코의 빌카밤바라는 확실한 증거는 없었다. 처음에는 마추픽추에서 여러 신전이 발견되어 흥분했으나 그들이 원하는 황금은 없었다. 1915년 빙엄은 다시 마추픽추를 찾았지만 마추픽추가 발카밤바가 아니라는 생각은 더 굳어졌다. 빙엄이 그렇게 생각한 이유는 기록에 따를 경우 빌카밤바는 에스파냐군에게 점령되었는데 마추픽추 성채에는 외국 세력이 침입한 흔적이 없었기 때문이다. 또한 에스파냐인들은 약탈하기 전에 반드시 상세한 기록을 남겼는데 마추픽추에 대해서는 아무런 기록을 남기지 않았다. 마추픽추는 에스파냐 사람들이 들어오기 전에 이미 쇠퇴한 상태였다.

초케키라오. 한때 잉카의 마지막 황제가 엄청난 보물을 숨겨둔 전설 속의 빌카밤바라는 소문이 돌기도 했다(위). 빙엄이 마추픽추를 발견할 당시의 모습으로 도시는 폐허가 되어 있었다(아래).

수준 높은 건축술로 건설

마추픽추는 잉카인들이 세계를 보는 방식인 상과 하, 우측과 좌측, 남성과 여성, 시간과 공간의 두 기준에 따라 절묘한 위치에 의도적으로 건설되었다. 마추픽추는 와이나픽추Huayna Picchu라는 원뿔 모양의 봉우리와 마주 보고 있는데 와이나픽추는 잉카인들이 토템으로 신봉하는 두 동물의 형태를 보이고 있다. 와이나픽추 봉우리를 앞에서 보면 퓨마의 형상으로 보이며 좌측에 있는 세 개의 작은 봉우리는 콘도르condor가 날고 있는 모습으로 보인다. 잉카인들에게 와이나픽추는 지상과 천상의 세계를 보여주는 신성한 산으로, 그곳에서 바라보이는 대지에 신성한 도시를 건설한 것이다.

잉카인들은 신성한 도시의 모든 시설을 일부러 어떤 형상을 표현하기 위해 배치했다. 도시 전체의 모습이 마치 날개를 활짝 펴고 날고 있는 새의 모습이다. 와이나픽추에서 보면 확연히 알 수 있다. 전설에 의하면 인간들은 무질서와 방탕에 빠지기 쉬우므로 태양이 다양한 색깔의 깃털을 가진 새를 보내 영혼들을 위무해준다고 한다.

마추픽추는 에스파냐에 정복된 이후 5세기 동안이나 정글 안에 파묻혀 있었음에도 건물들의 지붕을 제외하고는 거의 훼손되지 않았다. 울창한 수림과 뾰족한 봉우리들, 신성한 계곡으로 불리며 우기에는 통과할 수 없을 만큼 지형이 험한 퐁고 보에니케 골짜기가 마추픽추를 외부세계로부터 격리시키고 있기 때문이다.

전설에 따르면 마추픽추는 태양신의 처녀들, 즉 '아크야'를 위해 건설한 것이라고 한다.[6] 마추픽추를 건설하는 데 사용된 돌들은 600미터 아래의 깊은 골짜기에서 채취한 것인데 운반 도구도 제대로 없었던 잉카인들이 악전

마추픽추를 내려다보고 있는 와이나픽추. 큰 봉우리는 퓨마, 그 옆의 작은 봉우리들은 날개를 펼치고 있는 콘도르의 형상을 하고 있다.

고투했을 게 분명하다.

빙엄에 의해 세상에 알려진 이후로 마추픽추는 차츰 그 비밀이 벗겨지고 있다. 마추픽추는 제례 의식의 중심지였고 약 1,200명이 거주했을 것으로 추정한다. 마추픽추는 테라스 형태의 농업 구역과 도시 구역으로 나뉘어 있는데 계단식 밭에서는 옥수수와 감자, '안데스의 초록빛 황금'인 코카 잎을 재배했다. 가축도 따로 길렀다. 계단식 밭의 용도는 단지 음식과 제례용 작물을 기르기 위해서만은 아니다.

계단식 밭은 우선 낮에 태양열을 흡수하여 밤에 온기를 방출토록 하는 자동 난방 장치 역할을 한다. 난방용 재료가 별로 없는 마추픽추인들이 추위에 견딜 수 있게 하는 절묘한 기술이다. 그러나 그보다 중요한 기능은 경사도 50퍼센트에 달하는 가파른 비탈을 강화하는 것이다. 그 비밀은 계단식 밭을 만드는 벽의 설계에 있다. 벽들은 뒤로 약 5도 각도 기울어져 있는데, 뒤로 밀리는 힘으로 경사면을 지탱토록 하기 위해서다. 이러한 구조적 문제를 해결함으로써 산비탈이지만 건물 수백 개를 건축할 수 있었다.

그들은 땅을 고르고 돌들을 치워 갈라진 틈을 모두 메운 후 신중하게 돌과 흙으로 토대를 만들었다. 최하층에 큰 돌을 놓고 위로 갈수록 점점 작은 돌을 1미터나 쌓았으며 그 위에 모래와 부식토를 덮었다. 이를 현대 건축으로 설명한다면 마추픽추에서 현재 보이는 건물을 지탱하기 위해 거의 60퍼센트 이상을 지하에 투입했다는 이야기나 마찬가지다.

수잔 나일스 박사는 마추픽추인들의 천재성은 도시를 짓는 재료의 활용에 있다고 설명했다. 마추피추의 지형상 커다란 돌들을 산 위로 운반한다는 것은 거의 불가능하다. 특히 기중기나 짐승이 끄는 수레가 없는 경우는 더욱 그러하다. 그럼에도 그들은 마추피추까지 커다란 돌들을 운반했는데 이는

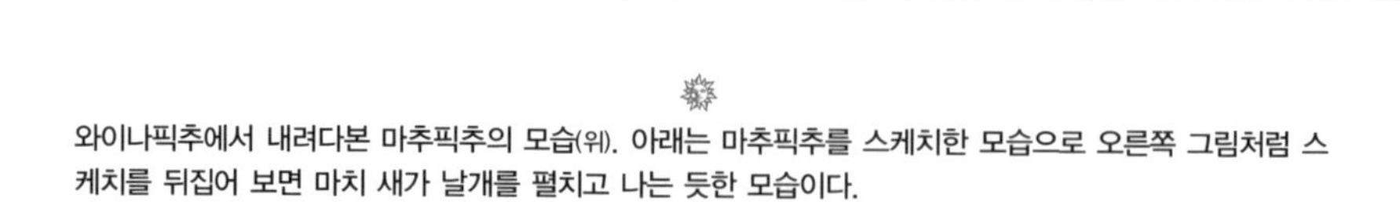

와이나픽추에서 내려다본 마추픽추의 모습(위). 아래는 마추픽추를 스케치한 모습으로 오른쪽 그림처럼 스케치를 뒤집어 보면 마치 새가 날개를 펼치고 나는 듯한 모습이다.

채석공들의 남다른 아이디어 덕분이다. 그들은 먼저 중량을 가볍게 하려고 돌의 굴곡진 부분을 망치로 다듬어 매끄럽게 만든 후 돌의 바닥을 배의 바닥처럼 약간 둥근 형태로 만들었다. 그런 후 도로 바닥에 자갈과 돌멩이를 깔아서 밧줄로 커다란 돌을 쉽게 옮긴 것이다. 밧줄은 가축의 털과 풀로 끈을 꼬아 길고 굵게 만들었다.

그럼에도 이들 작업이 만만한 것은 아니다. 특히 산등성이와 같이 좁은 공간에서는 치명적으로 소위 산비탈에 건물을 짓는 것은 날카로운 칼날을 타는 것이나 마찬가지다. 인부 수십 명이 밧줄을 끌 충분한 공간도 없고 절벽 끝에 돌을 옮기는 것은 더욱 어려운 일이다.

잉카의 건축가가 해결해야 할 문제는 사람의 숫자를 최소한으로 줄이고 거대한 돌덩이를 산비탈로 올리고 내려야 한다는 점이다. 결국 학자들은 잉카인들이 밀대가 아니라 침목으로 해결했다고 결론을 내렸다. 침목은 밀대와 유사하지만 고정되어 구르지 않는다. 즉 사다리를 썰매처럼 이용했다는 것이다. 현재의 침목과 다른 점은 가로대가 옆으로 튀어나와 있어 땅 위에 침목을 한 층 놓고 그 위에 또 다른 침목을 한 층 올리는 식이다. 두 번째 침목 사다리 위에 돌을 놓고 지렛대로 돌출된 부분에 힘을 가하면 돌을 실은 썰매는 밀리는데 이를 다시 말한다면 돌이 함께 이동되는 것이다. 이런 방법을 사용하면 가파른 비탈에 돌을 이동시키는 것은 물론 원하는 방향으로도 얼마든지 옮길 수 있다.

근래 마추픽추에서 발견된 인골들을 조사한 과학자들은 매우 놀라운 사실을 발견했다. 이곳에서 발견된 인골을 보면 노인조차 관절염은 물론 뼈가 휜 흔적도 없었다. 이는 이들이 벽돌을 쌓거나 돌을 끌어올리는 등 고강도 노동을 하지 않았다는 것을 의미한다. 반면에 이는 매우 손상되어 있었다. 상당

수 사람이 충치와 종기를 갖고 있었고 이가 많이 빠져있었다. 이는 마추픽추 인들의 주식이 옥수수였기 때문으로 추정된다. 옥수수는 당지수가 높아 이에는 좋지 않다. 학자들은 이런 연구 결과를 토대로 마추픽추에 살았던 사람들이 거대한 호텔의 직원 즉 관리자이자 하인이었다고 생각한다.

잉카인들은 심리전에 능했다. 인근 주민들을 동원하여 마추픽추와 같은 산꼭대기에 웅장한 건축물을 건설한 것은 산 아래에 사는 사람들이 모두 볼 수 있게 하려는 의도다. 즉 외부에서 온 자신들이 정복과 소유, 즉 땅을 차지하고 그곳 사람들도 지배한다는 사실을 널리 알린다는 의미가 있는 것이다.

마추픽추를 건설한 사람들은 마추픽추에 원래부터 살던 사람이 아니라 인근의 잉카인들 또는 마추픽추까지 함께 피신한 사람들이었다. 이들은 노예가 아니었고 모두 일반 시민이었다고 추정한다. 물론 이들에게도 계급이 있었겠지만 일반적으로 노동을 제공하고 세금을 면제받았다.

돌의 마술사

마추픽추에서 가장 눈길을 끄는 건 수준 높은 건축 기술이다. 커다란 돌을 다듬는 솜씨가 상당히 정교하다. 각 변의 길이가 몇 미터나 되고 모양도 제각각인 돌들을 정확하게 잘라붙여서 성벽과 건물을 세웠다. 특히 중요한 건물은 돌의 표면을 젖은 모래에 비벼서 매끄럽게 만들었기 때문에 종이 하나 들어갈 틈도 없이 연결되어 있다.

200개의 건물로 이루어진 유적지 대부분은 가옥이나 저장고인데 지형의 장점을 최대한 이용했고 화강암으로 건설했다. 출입문은 사다리꼴이고 지붕

쿠스코의 12각돌. 빈틈없이 짜맞춰진 모습을 통해 잉카인들의 수준 높은 건축 기술을 엿볼 수 있다.

은 3,500미터 이상의 고산지에서만 자라는 이추Ichu라는 짚으로 만들어 덮었다(현재 복원된 건축물의 지붕도 이추로 덮었음). 정방형의 공동 마당을 가운데 두고 열 채씩 무리로 지어진 이층집들은 좁은 도로나 다소 돋운 골목으로 연결되어 있다.

고지의 마추픽추에서는 물을 확보하는 것이 가장 중요한 일이었다. 잉카인들은 식수와 농사에 필요한 물을 끌어오기 위해 지하수가 나오는 곳에서부터 돌을 이용하여 고랑을 만들었다. 돌을 다루는 잉카인들의 뛰어난 솜씨를 엿볼 수 있다.[7]

공동 마당에는 커다란 맷돌, 부피가 큰 농기구, 연료로 사용하는 라마의 배설물 저장소가 있었고 '추뇨(잉카인들의 주식으로 감자 말린 것)'를 만들기 위해 태양과 서리에 번갈아 노출되도록 감자를 널었다. 말린 고기 등은 줄에 매어 집 바깥에 매달았다.

종교 건축물은 주 광장 둘레에 축조했다. 정교한 부조가 새겨져 있고 반원형의 탑이 있는 태양 신전, 세 개의 창문이 있는 신전, 제1신전 그리고 '왕의 묘'가 그것이다. 왕의 묘는 잉카 최고의 신에게 헌정된 숭배의 장소로 추정하며 무덤은 발견되지 않았다. 또한 잉카인들의 믿음을 표현하는 세 계단이 있는데 이는 지하(죽음), 지상(현생), 하늘(신)을 의미한다. 신전 근처의 왕

복원된 마추픽추의 건물. 고산지대에서만 자라는 이추로 지붕을 덮었다.

잉카인들은 전통적으로 지하수가 나오는 곳에서 돌을 이용해 고랑을 만들고 물이 필요한 곳까지 식수를 끌어왔다.

마추픽추에서 유일한 화장실로 왕의 궁전에 있다.

의 궁전에는 식당과 거실 등이 있으며 마추픽추에서 유일한 화장실이 있다.

마추픽추에서 눈에 띄는 것은 천문 관측을 위해 특별히 고안된 건축물이다. 거대한 돌 하나를 깎아 만든 인티와타나Intihuatana,(케추아어로 태양을 끌어들이는 자리)는 해시계와 유사한데 동짓날(남반구에서는 여름) 하루 동안 사제들은 여기에서 제물을 바치며 태양신에게 제사를 지냈다. 잉카인들은 태양이 두 개의 '의자'를 갖고 있다고 믿었다. 북쪽의 주 의자와 남쪽의 보조 의자가 그것이다. 태양이 남쪽 의자에 자리 잡을 때인 하지가 한 해의 시작이었다.[8] 전설에 따르면 잉카인들은 인티와타나에 이마를 대면 영혼의 세계로 들어가는 문이 열린다고 믿었다.[9]

달의 신전은 유적지가 한눈에 내려다보이는 와이나픽추 중턱에 위치한다. 천연 동굴을 이용해 다섯 군데의 벽감을 만들고 부조를 장식했다. 신전 안에는 거대한 바위의 가운데를 파서 만든 옥좌가 있지만 전설 속의 황금은 나오지 않았다고 한다.[10]

빙엄은 제단 구역에서 많은 인골을 발견했는데 대다수가 태양신에게 제물로 바치기 위해 선택된 여자들이었다. 발견된 175구의 미라 중 80퍼센트가 여자였고 나머지 20퍼센트는 사제와 아이들이었다. 빙엄은 현장에서 잉카제

인티와타나. 태양을 끌어들이는 자리라는 뜻이 있는데 해시계와 같은 역할을 했다. 잉카인들은 이 돌에 이마를 대면 영혼의 세계에 들어설 수 있다고 믿었다.

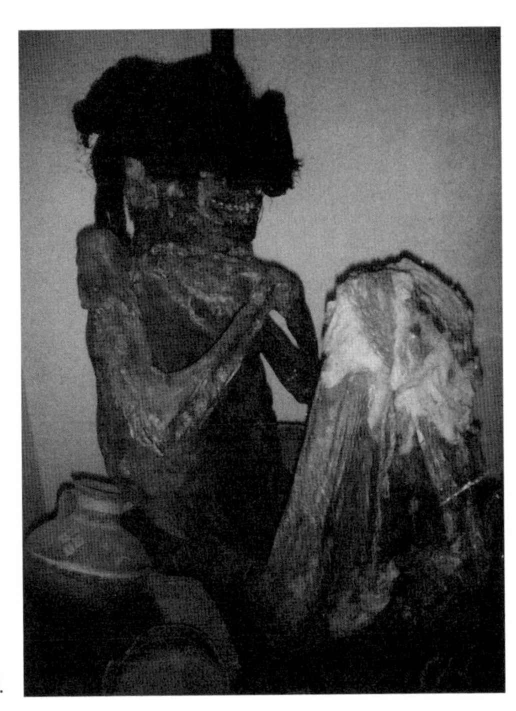

마추픽추의 미라.

국을 상징하는 도자기 · 금속 · 섬유 등이 거의 발견되지 않는 것으로 볼 때 마추픽추가 어떤 정책적인 결단(군사 전략적 측면, 실용성 미비)으로 포기되었다고 생각했다. 반면에 세 개의 창문이 있는 신전 하부에서 수많은 도자기 파편을 발견했는데 이는 희생 또는 제사의 의식 중에 도자기를 떨어뜨린 것으로 추정한다.

학자들은 태양신의 후예로 숭배받은 잉카제국의 아홉 번째 통치자인 '세상의 개혁자' 파차쿠텍이 마추픽추를 건설했을 것으로 추정한다. 하지만 '세 개의 창문이 있는 신전'을 근거로 마추픽추가 망코 카팍이 세운 잉카 최초의 수도라고 추정하는 학자들도 있다. 망코 카팍이 "내가 태어난 곳에 세 개의 창이 있는 석조 벽을 세우라"라고 명령했기 때문이다. 또한 빙험의 발

왕의 무덤으로 추측되는 곳이다.

굴 기록에 따르면 잉카 이전의 유물도 상당수 있었다고 한다. 전설에 따르면 최초의 잉카인인 남자 네 명과 여자 네 명은 '파타리탐보' 라는 동굴에서 나타났으며 남자 네 명 가운데 한 명이 망코 카팍이다.[11]

공중도시에서 철수

마추픽추를 연구하는 학자들을 가장 당황하게 하는 것은 잉카인들이 마추픽추에서 아무런 흔적도 남기지 않고 갑자기 사라졌다는 사실이다. 현장에서는 잉카제국을 상징하는 도자기, 금속, 섬유 등이 거의 발견되지 않았다. 그 때문에 마추픽추가 군사 전략이나 다른 정책적인 결단으로 포기되었다는 주장이 나오기도 했다. 처음에는 에스파냐 정복자 때문이라고 생각했지만 역사적 기록을 보면 당시 침략자들은 마추픽추에 들어가지 못했다. 즉 마추픽추인들은 에스파냐인들이 잉카제국을 정복하기 전에 이미 도시를 떠났다는 것이다. 이후 마추픽추를 찾은 사람들이 황금을 발견하지 못했던 것은 그 때문이라는 지적도 있다.

이런 마추픽추의 불가사의에 대해 몇 가지 가능성이 제시되었다. 잉카인들은 전쟁이 일어나면 승자가 패자들을 모두 몰살시키곤 했다. 잉카의 왕 와이나 카팍이 카란케족을 물리쳤을 때도 생존자 전원을 처형했다. 마추픽추에서도 그런 일이 일어났을 가능성은 충분하다. 두 번째는 마추픽추의 어떤 사제가 아크야(태양신의 처녀)를 범했을지 모른다는 추정이다. 가르실라소 데 라 베가의 기록에는 아크야를 범한 자의 비극에 대해 다음과 같이 상세히 적혀 있다고 한다.

아크야를 범한 자는 사형에 처해짐은 물론 그의 신하, 친척, 이웃에서부터 그가 사는 마을의 주민과 가축까지도 모두 죽임을 당했다. 마을은 철저히 파괴되었으며 누구도 그 장소를 찾아낼 수 없었다.

세 번째 가능성은 하늘의 뜻이다. 현대인들은 하늘의 뜻으로 공중도시를 철수했다는 말을 의아하게 생각할 수 있지만 당대의 잉카인들로서는 충분한 이유가 된다고 한다. 물론 그 하늘의 뜻이 무엇인지는 알려지지 않았다.[12]

마지막 가능성은 전염병이다. 빙엄이 마추픽추에서 발견한 여자의 두개골에 매독의 징후가 있었는데 전염병이 이 여자에게만 있었을 가능성은 거의 없다는 설명이다. 마을에 무서운 전염병이 번지자 통치자가 과감히 포기 명령을 내렸을 가능성도 있다는 것이다.

마추픽추의 실체와 관련한 설은 다양하다. 마추픽추가 황금의 도시 빌카밤바이지만 도굴되었다는 설이 있는가 하면 종교의식과 천문 관측을 위한 종교의 중심지라는 설, 아마존과 잉카를 연결한 물류와 교역의 중심지라는 설, 잉카왕의 여름 별장이었다는 주장까지 있다. 아마존 상류에 살고 있던 부족과의 대치에서 전략적인 요새의 역할을 했다는 주장도 있다.

재난이 잦은 세계유산

마추픽추를 방문하려면 쿠스코에서 우르밤바를 거쳐 오얀타이탐보에서 기차를 타야 한다. 오얀타이는 파차쿠텍 왕 시대의 장군으로 왕의 딸과 사랑에 빠져 오얀타이탐보로 피신했다. 화가 난 파차쿠텍은 수차례에 걸쳐 오얀타이 장군을 공격했으나 번번이 격퇴되었고 결국 사랑을 인정했다는 전설이 있다. 오얀타이탐보는 마추픽추로 들어가는 길목인 신성한 계곡의 입구인 동시에 군사적 · 전략적 요충지였다. 이곳에는 군인들이 묵었던 숙소와 종교 시설, 창고, 편의 시설이 갖춰져 있고 마추픽추와 유사한 형태를 보인다. 기찻길 옆으로는 아마존 강의 원류인 우르밤바 강이 흐른다. 이곳에서 버스를 타고 마추픽추로 들어가다 보면 유적지 입구가 나오고 황금은 발견하지 못했지만 탐험가로서 명성을 얻은 빙엄의 표지석이 있다.

1911년 빙엄이 왕궁과 신전을 발견한 후 1956년부터 시작된 대규모 발굴과 복원이 1974년에 끝나면서 마추픽추는 아메리카 대륙에서 가장 유명한 고대 유적 관광지가 되었다. 그러나 매일 밀려드는 수많은 관광객으로 '자연 붕괴' 가 아니라 '파괴' 될 지경에 이르렀다. 그러자 유네스코는 페루 당국에 마추픽추는 물론이고 쿠스코를 출발해 아프리막 계곡을 거쳐 마추픽추에 이르는 이른바 '잉카 트레일' 관광 코스의 관광객 수를 대폭 통제해달라고 요청하는 등 세계적인 유적지의 관리에 신중을 기해 달라고 부탁했다.

더구나 재난도 끊이지 않고 일어나고 있다. 1970년대 유적지 내에 헬기가 착륙하도록 허용하면서 일부 손상을 입었으며 1997년 마추픽추 유적지 인근 숲 속에서 발생한 화재로 파손 위기를 맞기도 했다. 당시 인근 지역에서 생겨난 불길이 거세지면서 마추픽추를 위협했는데 다행히 구조대원 수백 명이 출동해 불길을 잡았다. 2000년에는 맥주 광고를 촬영하던 중 마추픽추 최고점에 있는 돌로 만든 해시계 즉 천문대 역할을 한 인티와타나가 일부 깨지는 일까지 벌어졌다.

2001년 일본 교토 대학 방재연구소도 마추픽추 유적지의 뒤쪽 경사면 지반이 허약해 한 달에 1센티미터씩 흙이 아래 계곡으로 흘러내리고 있다며,

우르밤바 강. 아마존 강의 원류이다.

언제 붕괴할지 모른다고 경고한 바 있다. 마추픽추는 두 개의 산 능선 사이, 더 높은 산 정상에서 흘러내린 퇴적 토양 위에 자리 잡고 있어 물을 얻기 쉽고 곡식을 경작할 수 있지만 지반은 취약하다.

물론 페루 정부는 현재의 관광객 정도는 마추픽추 유적지가 충분히 수용할 수 있다면서도 유네스코의 우려에 대한 답변으로 관련 기관들을 통해 실태 조사를 하겠다고 밝혔다. 이를 바탕으로 이른 시일 내 산사태 예방 위성 통제 시스템 등을 갖추고, 하루 입장 관광객 숫자도 통제하겠다고 발표했다. 그러나 이런 보존 대책은 지역 주민의 반대에 부딪혔다.

마추픽추 인근 주민들은 관광객 숫자를 제한하면 관광 수입이 감소해 생계에 큰 타격을 받는다며 정부의 보존 대책을 결사적으로 반대하고 있다.[13] 문화재 보존이 먼저냐 생존이 먼저냐는 문제는 마추픽추에서도 일어나고 있다. 하지만 사태가 악화되면 인간의 접촉이 거부될지도 모른다는 우려가 많다.[14]

현대에 와서 황금 인간 엘도라도든 황금의 땅 엘도라도든 황금을 찾는 모험이 힘을 잃은 것은 사실이다. 그러나 콜롬비아는 이에 별로 개의치 않는다. 최근 콜롬비아에서는 백금, 은, 에메랄드가 발견되었고 기아나에서는 금, 보크사이트, 망간 등이 발견되었다. 무엇보다도 중요한 것은 마라카이보 호수와 베네수엘라의 동부 지역에서 20세기의 검은 황금인 원유가 발견되었다는 사실이다. 결국 잉카제국이 황금의 땅 엘도라도라는 데에는 의심의 여지가 없게 된 셈이다.

엘도라도를 발견하지는 못했지만 유럽인 역시 많은 부를 쌓았다. 콜럼버스가 아메리카를 발견한 해인 1492년에 유럽이 가진 총 금 보유량은 90톤이었지만, 유럽인들이 아메리카 대륙을 약탈하고 백 년이 지난 후 유럽의 금 보유량은 무려 8배나 늘었다.[15]

이탈리아 피사의 사탑

유럽의 중세인들은 건축물이야말로 인류가 세상에 이름을 남길 수 있는 가장 훌륭한 수단이라고 여겼다. 그러므로 돌과 모르타르를 기본 건축재료로 사용했음에도 보다 거대한 건축물을 짓고자 하는 열망으로 당대의 기술적 한계를 무시하는 경우도 적지 않았다. 종종 불안정한 건축물들이 태어나는 부작용이 속출했지만 당초의 열망이 워낙 높았던 탓에 대개는 다행히도 조용히 잊혀졌다.

하지만 불완전한 계획으로 탄생한 건축물이 오히려 큰 명성을 얻는 경우가 있는데 바로 이탈리아에 있는 피사의 사탑이 그런 예다. 사실 피사의 사탑처럼 흥미를 자아내는 건물도 드물다. 기반과 탑을 쌓은 공법이 취약해 탑이 기울어졌으므로 압력이 증가하면서 자재의 강도가 한계에 이르면 언제 붕괴할지 모른다. 그렇다고 기단을 파헤치거나 보강하려 하면 자칫 탑이 통째로 무너질 수 있고 버팀대를 대거나 케이블을 잡아당기면 탑의 중간이 꺾이면서 붕괴할 수도 있다. 그런데도 기적적으로 아직 무너지지 않았다. 세계 건축의 기적으로까지 불리는 이유다.

피사의 사탑. 피사 대성당에 있는 종탑으로 한쪽으로 기울여진 모양 때문에 유명해졌다.

고대 피사를 방문한 많은 사람은 건축가가 의도적으로 중력의 법칙을 거스른 뻔뻔스러운 건축을 설계하여 '사람들의 마음에 영원히 남을 사탑' 을 설계했다고 믿었다. 이 말이 사실이라면 건축가는 의심할 여지 없이 그 목적을 달성했다고 볼 수 있다.

12세기 당시 300여 년간 주요 무역도시이자 해상 운송의 중심지로 번영을 구가하던 이탈리아 중부 지방의 피사는 이탈리아의 도시국가 중에서도 가장 부유하면서도 강력한 나라였다. 지중해의 마요르카부터 이스탄불에 이르는 상업 식민지를 여럿 거느린 해상 제국으로 당대의 위상은 하늘 끝에 닿을 정도라고 해도 과언이 아니었다. 그래서 피사의 부유한 상인들은 '피아자 데이 미라콜라(기적의 광장)' 을 건설하여 그들의 자부심을 한껏 표현하고자 했다.

그들이 가장 공을 들여 건설하고자 한 것은 피사 대성당Duomo di Pisa이다.

대성당은 크게 세 건물로 나뉘었는데 대성당 본건물, 세례당, 종탑이다. 이중 종탑은 중세 도시국가 피사가 팔레르모 해전에서 사라센 함대에 대승한 것을 기념하기 위해 계획된 것이다. 종탑은 건물의 높이가 높아 먼 곳에서도 볼 수 있었으므로 각지에서는 종탑이야말로 권력과 부를 상징하는 건축물로 통했다. 수많은 공화국, 공작령, 교구에서 저마다 더 웅장한 종탑을 짓기 위해 서로 경쟁했다. 인근의 제노바나 베네치아와 세력 싸움을 벌이고 있던 피사로서는 더한층 특별한 종탑을 세워야 했다.[16]

피사 대성당. 앞에서부터 차례로 세례당, 대성당, 종탑이다.

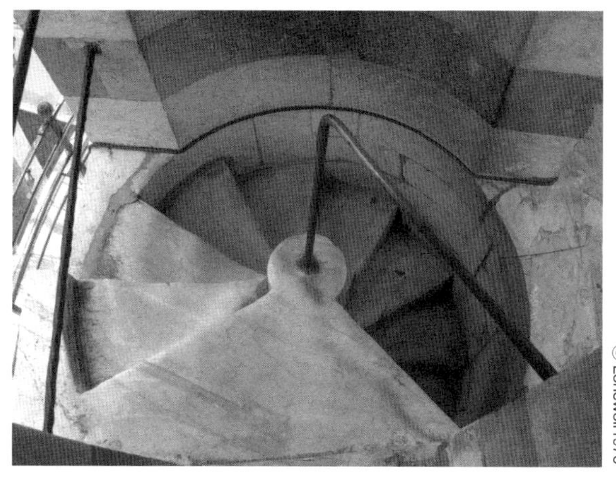

ⓒ Lonewolf1976

종루에 오르는 나선형 계단.

종탑의 기본 설계는 이탈리아의 천재 건축가 보라노 피사노가 맡았다. 그는 탑의 1층을 높게 만들어 벽면에서 반쯤 돌출된 기둥으로 장식하고 이것이 위쪽 6개 층을 지탱하도록 설계했다. 그리고 각 층은 흰대리석 아치형 기둥으로 장식하고 종탑의 주 출입구가 되는 현관은 동물과 괴수 조각상으로 장식할 예정이었다. 꼭대기 종루를 포함해 총 8층으로 이루어져 있었는데, 속이 빈 원통의 주변을 기둥들로 두른 나선형으로 된 294개의 계단을 통해 종루까지 올라갈 수 있다. 종루에는 각각 다른 음계를 가진 종 일곱 개를 설치할 계획이었다.

1173년 8월에 드디어 종탑 건설이 시작되었다. 그런데 전체 높이 58미터의 약 3분의 1에 불과한 3층까지 쌓아올렸을 때 공사 관계자들은 지반 한쪽이 붕괴되고 있다는 사실을 알아냈다. 책임 기술자였던 피사노는 기울어진 모양을 보정하기 위해 새로 층을 올릴 때 기울어져 짧아진 쪽을 더 높게 만들었으나, 추가된 석재의 무게로 건물은 더욱 가라앉았다.[17]

다행히 1178년 4층을 건축하던 중 시민들이 공사를 중단시켰다. 그 후 대략 100년이 흐른 뒤인 1272년 조반니 디 시모네에 의해 공사는 다시 재개되었다. 시민들이 흉물로 된 종탑을 계속 방치할 수 없었다는 설명이지만 100년이 지나도 붕괴되지 않은 것을 볼 때 토대가 튼튼하게 다져졌을 것이라는 생각도 건축을 재개한 이유다. 그럼에도 건물이 경사졌으므로 매우 변칙적인 계획을 추진했다. 건물의 나머지 부분을 똑바로 즉 지면과 수직으로 쌓아올리자는 것이다. 건물 모양이 3층부터 삐뚤어진다 해도 어쩔 수 없다는 이야기였다.

그런데 탑 밑의 지반을 다지자 이번에는 지반이 상대적으로 부드러운 남쪽으로 기울어졌다. 그래서 남쪽의 기둥과 아치, 돌을 더 높게 만들었지만 결국 1278년 7층까지 건물을 쌓아올리다 공사가 중단되었다. 아마 지하수 때문으로 추정하는데 이때 무리하게 공사를 진행시켰다면 탑은 무너졌을 것이다.

1360년경 다시 종루를 쌓기 시작했다. 이 역시 충분한 시간이 지났으므로 토대가 안정되었을 것이라는 생각에서였다. 이번에는 탑이 계속해서 기울어지지 않도록 남쪽에 두 계단씩을 추가하여 북쪽으로 기울게 하는 방법을 이용했고 드디어 건물을 완성시킬 수 있었다. 최종적으로 완성된 사탑의 높이는 약 55.8미터로 피사의 사탑이 연약한 지반임에도 완성될 수 있었던 것은 진흙층이 휴지 기간 동안 굳어졌기 때문이다. 건축가들의 생각이 맞아들어간 것이다. 현재 설치된 사탑은 꼭대기 종루를 포함해 8층으로 이루어져 있고 무게는 14,500톤이며 기단은 지름 19.6미터, 깊이는 최대 지하 5.5미터이다. 100년씩이란 긴 세월의 간격을 두고 건축되었지만 붕괴되지 않은 데는 나름대로 이유가 있다. 1990년 피사의 사탑을 구하는 프로젝트의 총책임자로 임명된 벌랜드의 말이다.[18]

종루에는 각각 다른 음계를 가진 종이 일곱 개 있다.

> 당시의 석공들이 탑의 기울기가 아슬아슬한 시기에 작업을 중단했다. 왜냐하면 이렇게 탑이 기울어지게 함으로써 탑의 무게로 인해 진흙 속에 갇혀 있던 물이 쥐어짜졌으며 이렇게 물이 진흙 속에서 빠져나옴으로써 진흙이 단단한 지반으로 굳게 되었다.

아무튼 피사의 사탑이 완성되자 그 뒤 5세기에 걸쳐 무게 1만 4,500톤의 사탑은 조금씩 남쪽으로 기울어졌다. 이 탑이 지하 3미터까지 내려앉자 기울기는 1.6도에서 5도로 늘어났다. 사탑의 모양을 바로 잡아 보려는 온갖 대책이 시도되었지만 오히려 문제를 심각하게 만들 뿐이었다.

1838년 흙에 묻혀 있던 탑 밑둥을 파내어 땅속에 묻힌 종탑 부분을 드러나게 하려는 방법이 시도되었지만, 땅을 파낸 구덩이로 지하수가 차오르는 바람에 더욱 심각한 피해를 입고 말았다. 불행히도 이 복도 발굴 작업으로 탑은 갑자기 50센티미터 가량 더 기울어졌고 현재 탑의 꼭대기는 남쪽으로 5.3미터가량 기울어져 있다. 그래서 기울기는 5.5도가 되었다.[19] 물론 건축 당시부터 의도적으로 기울어진 탑을 세운 것이 아니므로 1년에 1밀리미터정도 기울어지는 미세한 자연 현상이 누적되어 오늘날과 같은 기울기를 갖게 된 것이다.

거의 100년이 지나서 무솔리니는 1934년 피사의 사탑이 붕괴될지 모른다는 우려에 대해 이를 방지하기 위한 모든 방법을 동원하라고 명령했다. 기술자들이 토대를 강화하려고 콘크리트 80톤을 쏟아 부었다. 그러나 사탑은 더욱 남쪽으로 기울었다. 전문가들이 사탑의 지반을 공고히 하려는 조치를 취할 때마다 사탑이 기울어지는 속도가 더 빨라진 것이다.

피사의 사탑이 기울어지기 시작하자 그 이유에 대해 다음과 같은 소문도 떠돌았다. 11세기에 새로운 성당과 종탑을 세우기 위해 성레파라타의 교회를 헐어야 했는데 바로 그녀의 복수로 사탑이 기울게 되었다는 것이다.[20] 물론 이 설명은 사실이 아니다. 피사의 사탑이 공사 초기부터 이와 같은 곤란을 겪게 된 것은 땅의 지질 때문이다. 탑이 건설된 대지의 지질은 세 층으로 나뉜다. A층은 두께 약 10미터로 1만 년 전 시냇물에 의해 퇴적된 부드러운 침니(모래보다 곱고 진흙보다 거친 침적토)로 되어 있다. B층은 3만 년 전의 부드럽고 불안정한 해양 진흙으로 이루어져 있으며 깊이 40미터까지 내려간다. C층은 촘촘한 모래층으로 상당한 깊이로 뻗어있다. 더구나 A층 지하수면의 깊이는 1~2미터이며 주변과 그 아래의 토양에는 구멍이 많고 탑의 하중 때문에 B층의 표면은 접시 모양으로 패여 있다. 건축 원칙을 따진다면 피사의 사탑

남쪽으로 기울어진 피사의 사탑. 피사의 사탑은 계속 기울어지다가 오랜 보수작업을 거치면서 현재는 19세기 초에 기울어져 있던 모습대로 안전하게 서 있다.

과 같은 거대한 탑을 세우기에는 불안정한 지질인 셈이다.

컴퓨터 시뮬레이션에 따르면 7층에 이르러 종루 공사가 진행될 때 기울기가 급속도로 증대했는데 이는 부드러운 카펫 위에서 모형 벽돌로 탑을 쌓을 때와 거의 유사한 것으로 밝혀졌다. 그런 상태에서는 임계 높이까지 쌓는 것은 가능하지만 아무리 조심해서 작업해도 더 쌓는 것은 어렵다. 만약 더 쌓았다면 붕괴되었을 것이라고 설명한다.[21]

피사의 사탑이 보이는 이러한 특이성은 사실 전 세계의 이목을 집중시키기에 충분했다. 외교관이자 작가인 로베르트 드보라크는 다음과 같이 말했을 정도다.

피사의 사탑은 이탈리아의 예술, 삐뚤어지고 불안정한 균형, 염려되지만 일어나지 않는 것, 뜻하지 않은 놀라움, 즉 이탈리아 자체를 상징한다.

아무튼 피사의 사탑이 붕괴될지 모른다는 심각성을 파악한 이탈리아 정부는 1973~1975년 사이에 특단의 조치를 취했다. 지반을 공고히 하여 사탑이 기울어지는 속도를 늦추고자 사탑의 반경 3킬로미터 이내의 모든 우물을 폐쇄시켰으며 지하수를 끌어다 쓰는 일을 금지했다.[22]

피사의 사탑을 구하라

피사의 사탑이 계속 기울어지면서 붕괴가 초읽기에 들어갔다는 학자들의 전망에도 피사의 사탑에 대한 붕괴 방지 대책은 지지부진했다. 이는 일부 학자들이 피사의 사탑이 근간에는 붕괴되지 않을 것이라는 낙관적인 전망을 펼친 이유도 있지만 오히려 사탑을 구하려다 역으로 붕괴를 재촉할 위험성이 있기 때문이다. 뿐만 아니라 피사의 사탑을 구한다고 강구한 방법이 피사의 사탑 관광에 결정적인 악영향을 끼칠지도 모르는 일이었다. 그런데 1989년 밀라노 남쪽의 파비아에 있는 중세풍의 종탑이 붕괴되면서 네 명이 사망하는 불상사가 벌어지자 상황이 완전히 바뀐다.[23]

피사의 사탑이 붕괴할 위험성을 더는 방치할 수 없다고 생각한 이탈리아 정부는 더 확고한 대안을 마련하기 위해 1990년 3월, 13명으로 구성된 전문위원회를 발족했다. 전문가들이 가장 고심한 것은 경사진 사탑이 붕괴되지 않도록 하기 위해서는 기술적인 문제만 고려할 수는 없다는 점이다. 피사의 사탑은 경사진 모양 자체가 남다른 특징을 갖고 있기 때문이다. 그러므로 최종적으로 내린 결론은 사탑이 무너지지 않는 선에서 작업을 중단한다는 것이다. 한마디로 사탑의 원래 경사를 살리자는 것이었다.

전 세계의 공학자들이 수많은 아이디어를 제공했고 1995년 드디어 다소 놀라운 사탑 구하기 공법이 시도되었다. 지하 55미터 점토 아래쪽에 굳어 있는 모래 속에 상당한 무게가 나가는 열 개의 납으로 된 닻을 묻어 탑을 제자리로 되돌리자는 것이다. 이 닻들을 또 다른 보강된 콘크리트 링에 부착해 케이블에 단 후 내려앉은 보도 밑에 매달리도록 하는 방안이었다. 이 작업을 위해서 얕은 지하수 아래와 보도 아랫부분을 파내는 작업을 해야만 했다.

1838년에도 보도 아래를 파내는 작업을 하다가 탑이 갑작스럽게 기울어진 것을 잘 알고 있지만 그 당시와는 달리 구간을 짧게 해 도랑을 파낸다면 안전할 것이라고 계산했다. 또한 지하수가 빠짐으로써 사탑이 갑자기 기울어져 붕괴되는 것을 방지하기 위해 액체질소를 주입해 땅을 먼저 얼리자는 아이디어를 도출했다. 이 작업은 탑의 북쪽에서 진행되었고 우기가 시작되는 9월에 남쪽 지역을 얼리기 시작했다. 그런데 과학자들의 예상과는 달리 탑이 오히려 남쪽으로 계속 기우는 징조를 보였다. 결국 이 작업은 중단되었다.

곧바로 다른 아이디어가 도출되었다. 이때 위원회에서 결정된 방법이 런던 임페리알칼리지의 존 벌랜드 교수가 제시한 방법이다. 다소 무식하게 보일지 모르지만 탑의 북쪽에 660톤의 납덩어리를 달자는 것이다. 미관상 좋지 않다는 지적은 있었지만 그의 의견은 채택되어 1997년 7월 납덩어리를 달았다. 사탑은 남쪽으로 기울기를 그치고 조금 북쪽으로 돌아섰다.

그러나 납덩어리를 달아 흉측한 괴물이 된 피사의 사탑에 대한 사람들의 비난은 상상을 초월할 정도였다. 결국 새로운 방법을 찾아 나섰다.이번에는

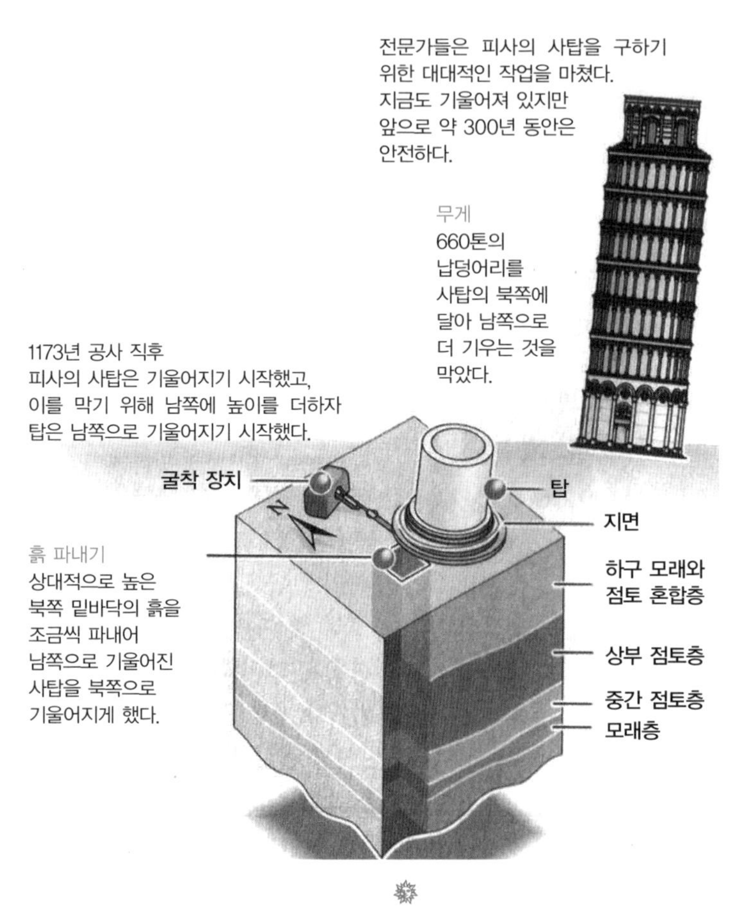

1173년 공사 직후부터 기울기 시작한 피사의 사탑은 1990년 4.5미터 넘게 기울어지면서 붕괴 위험에 처했다. 다급해진 이탈리아 정부가 나서 대대적인 보수작업을 진행했고 그로부터 11년 후인 2001년에야 완공해 현재에 이른다.

탑 밑동에 콘크리트 링을 설치하는 방안이 채택되었다. 그 링에 10개의 케이블을 달아 45미터 깊이의 다진 모랫바닥에 고정하는 방법이다. 그러나 콘크리트 복도를 자르는 작업을 하던 중 돌발 사고가 일어났다. 기술진이 뜻하지 않게 무솔리니 시대에 설치한 탑에 연결되어 있던 쇠파이프를 잘라버렸고 사탑은 전례 없는 속도로 기울어졌다. 하룻밤 사이에 일 년이 걸릴 거리가 기울어진 것이다. 그 길이는 무려 1.5밀리미터였다. 뜻밖의 사고에 놀란 위원회는 가속도가 붙은 기울기를 막기 위해 약 300톤의 납덩이를 더 달도록 허가했다. 납덩이를 제거하기는커녕 3분의 1이 더 늘어난 것이다. 이후 케이블 공법은 포기했다.

최종적인 방안으로 채택된 것이 흙 파내기이다. 사탑이 올라간 쪽에서 많은 흙을 파내는 방법이다. 1999년 2월부터 굴착 사업이 시작되었다. 탑을 조금씩 북쪽으로 기울게 하면서 쓰러뜨리지 않고 살금살금 일으켜 세우기 위해 조금씩 흙을 파내는 것이다.

몇 번의 우여곡절이 있었지만 흙을 파내는 방법은 멋지게 성공했다. 2001년 6월 흙 파내기는 종료되었다. 사탑의 남쪽 끝이 원래 있어야 하는 지점보다 4.5미터 남쪽으로 기울었다. 이것은 1990년보다 무려 60센티미터나 줄어든 것이다. 흉물스러운 납덩이도 제거되었고 이제 관광객들은 붕괴의 위험 없이 사탑을 오르내릴 수 있었다. 학자들은 적어도 300년 동안은 현재의 기울기 즉 19세기 초에 기울어져 있던 모습대로 안전하게 서 있을 것으로 추정한다.[24]

갈릴레오 갈릴레이의 실험

피사의 사탑이 과학사에서 가장 중요한 장소 중 하나로 인식되는 까닭은 갈릴레오 갈릴레이Galileo Galilei가 자신의 운동 법칙을 증명하기 위해 사탑의 종탑에서 공 두 개를 떨어뜨렸다는 전설 때문이다. 갈릴레이가 물체의 낙하 문제에 관심을 두고 연구하기 시작한 것은 그의 나이 스물다섯 살 때로 피사

피사의 사탑은 현재 중심축으로부터 약 5.5도 기울어져 있다. 최대 높이는 58.3미터이며 무게는 1만 4,453톤으로 추정된다.

대학에서 수학을 강의하던 무렵이다.

과거의 이론, 즉 아리스토텔레스는 자유 낙하에 대해 무거운 것은 빠르게, 가벼운 것은 느리게 낙하한다고 생각하였다. 쇠공이 솜덩이보다 빨리 떨어진다는 것을 생각하면 그렇게 생각할 만도 했다. 그러나 갈릴레이는 지구의 인력과 공기의 저항력 때문에 그런 차이가 생긴다고 생각했다.

만약 공기의 저항력이 없다면 무거운 것도 가벼운 것도 동시에 떨어질 것이다.

공기가 없는 진공 중에서의 낙하에 대해서는 그의 생각이 옳았다. 이것은 '역학적 에너지 보존 법칙(위치 에너지와 운동에너지의 합인 역학적 에너지 총량은 항상 일정하다)' 으로 설명할 수 있다.

갈릴레오가 설계한 군사 나침반. 실험적 검증에 의한 과학을 추구한 그는 근대적 의미의 물리학을 시작한 인물로 평가받는다.

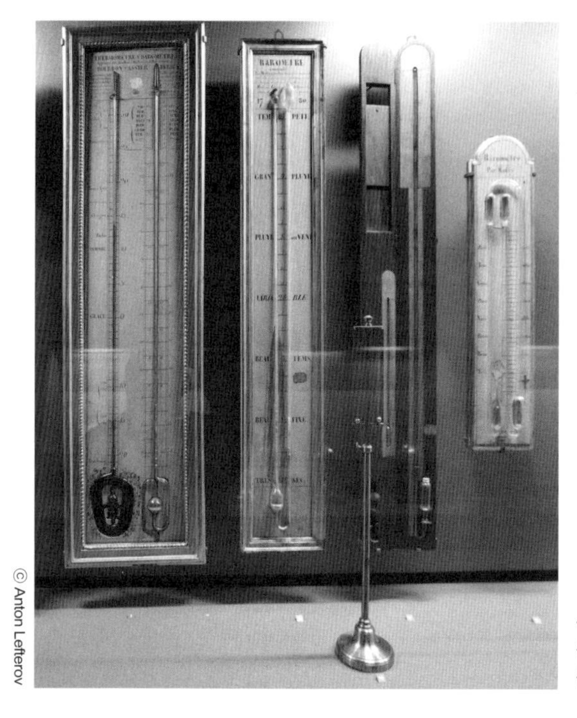

© Anton Lefterov

수은기압계의 옛 모습. 수은기압계는 토티첼리가 만든 진공의 원리를 활용한 것이다.

가장 높은 위치에서의 운동에너지는 0이고 위치 에너지는 mgh(m: 질량, g: 중력가속도, h: 높이)인데 가장 낮은 위치에서는 위치 에너지가 0이지만 운동에너지는 1/2mv2(v는 속도)이다. 역학적 에너지의 총량은 일정하므로 1/2mv2 = mgh에서 질량이 각 변에서 사라지므로 낙하하는 물체의 속도는 물체의 질량과는 상관없다는 것을 알 수 있다. 즉 무거운 물체나 가벼운 물체나 낙하 속도는 같기 때문에 두 물체를 떨어뜨리면 동시에 땅에 떨어진다.[25]

그러나 당시에 진공을 만든다는 것은 간단한 일이 아니었다. 갈릴레이의 제자 토리첼리가 이른바 '토리첼리의 진공'을 만들었는데 이는 갈릴레이가 사망한 다음 해인 1643년의 일이다.

진공을 만들 수 없다고 생각한 갈릴레이는 공기 저항의 영향은 가벼운 물체에서 더욱 크게 나타나므로 무거운 물체끼리를 비교하면 그들은 거의 동시에 낙하한다고 생각했다. 그렇게 생각한 갈릴레이는 1590년 어느 날 약 55.8미터 높이인 피사의 사탑 7층 회랑에서 납으로 만든 직경 10센티미터 공과 떡갈나무로 만든 공을 동시에 가만히 놓았다. 납으로 만든 공의 무게가 2배이므로 과거의 이론에 의하면 납으로 만든 공이 2배 빨리 떨어져야 했지만 실제는 그렇지 않았다. 군중은 두 공이 공중에서 함께 나란히 떨어지는 것을 보았고 똑같은 시각에 지면에 떨어지는 단 한 번의 소리를 들었다. 당시까지의 이론이 틀렸고 갈릴레이의 주장이 옳았음이 증명된 것이다.

갈릴레이의 이 유명한 실험의 진위를 판별하기 위해서는 우선 이 실험이 왜 일어나야 했는가를 이해할 필요가 있다. 그 이유는 중력이 무엇인가를 알아야 했기 때문이다. 어떤 물건이든 힘이 없으면, 즉 끌든가 밀든가 하지 않으면 움직이지 않는다. 그러나 자석은 쇠를 끌어들이지만 이 둘 사이를 직접 연결하는 것은 아무것도 없는 것처럼 보인다. 자력은 눈에 보이지 않기 때문이다.

당시에 학자들은 두 물체 사이를 연결하지 않고도 영향이 미치는 또 다른

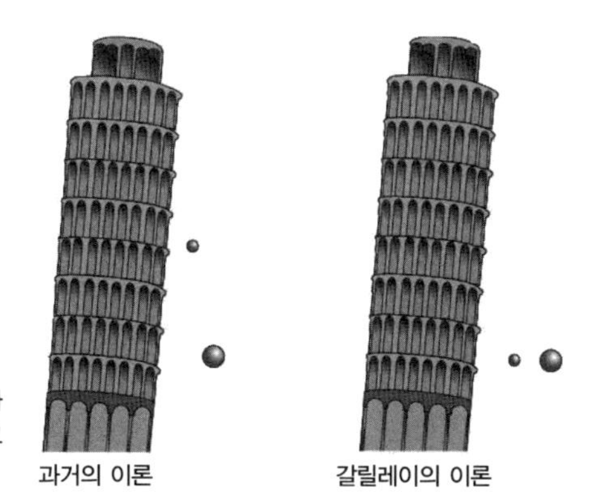

갈릴레이의 낙하 실험. 갈릴레이는 낙하하는 물체의 속도는 공의 무게와 관계없다고 주장했다.

힘, 즉 중력이 있다는 것을 알고 있었다. 이런 중력에 관한 지식은 전쟁에서 대포가 쓰이게 되면서부터 대단히 중요하게 되었다. 포탄이 공중을 어떻게 날아가는가를 자세히 연구한 학자들은 포탄에 작용하는 힘에는 두 가지가 있다는 것을 발견했다.

하나는 화약의 폭발로 생기는 힘으로 이 힘이 폭탄을 공중으로 높이 쏘아 올린다. 또 다른 힘은 포탄을 지구 쪽으로 당기는 힘으로 이 힘 때문에 포탄이 계속 날아가지 않고 지면에 떨어진다. 이 힘을 중력이라고 불렀다.

그러므로 당시의 유명한 학자인 갈릴레이가 중력을 이해하기 위해서 피사의 사탑에서 공개적으로 실험했다는 것 자체가 이상한 일은 아니다. 더구나 엄밀한 의미로 보면 피사의 사탑은 그가 말한 낙하 실험을 하는데 가장 적합한 장소였다. 피사의 사탑은 55.8미터나 되며 그 당시에도 피사의 사탑은 연직선으로부터 4미터나 기울어져 있었기 때문이다.

그러나 이 전설은 사실이 아니다. 갈릴레이가 피사의 사탑에서 물체의 낙하 실험을 했다는 증거가 전혀 없기 때문이다. 갈릴레이 자신도 자신의 저서 『신과학 대화』에서 그런 실험에 대해 한 번도 언급한 적이 없다. 더구나 그 당시의 실험 장면을 목격한 사람들의 기록도 전혀 없다. 이탈리아의 유명한 학자인 갈릴레이가 공개적으로 실험했다면 그것은 당시에 매우 주목을 끄는 실험이 되었음이 틀림없고 누군가가 자신의 목격담을 적었을 텐데 그런 기록이 전혀 없다는 것은 갈릴레이 실험을 부정하는 주된 근거가 된다. 가장 결정적인 이유는 갈릴레이가 당시 파도바 대학에 재직하고 있었다는 점이다.

실제로 두 개의 납공을 떨어트려서 실험한 인물은 갈릴레이가 아니라 네덜란드인인 사이먼 스테빈Simon Stevin이다. 그는 1587년 부루헤스에 있는 자기 집 2층 창문에서 무게가 다른 두 개의 납공을 떨어트리는 실험을 했다. 스테

© stanthejeep

산타 크로체 교회에 있는 갈릴레이의 무덤.

빈은 뛰어난 군사 기술자로서 네덜란드의 육군 경리감으로 복무하고 있었으므로 포탄의 낙하문제에 관심이 많은 것은 당연한 일이었다. 그는 수학적 재능이 뛰어났으며 유럽 수학계에 10진법을 도입하는 데 크게 기여했다.

갈릴레이가 낙하 실험을 했다는 이야기는 갈릴레이의 제자인 비비아니가 쓴 갈릴레이 전기에서 처음 나온다. 비비아니는 갈릴레이가 1590년 피사의 사탑에서 낙하 실험을 했다고 적었다. 그러나 학자들은 비비아니가 스테빈의 실험 사실을 알고 있었으므로, 갈릴레이의 전기를 집필하면서 갈릴레이가 피사 사탑에서 낙하 실험을 했다고 고의적으로 가필한 것으로 믿는다. 존경하는 갈릴레이를 위해서 스테빈의 업적을 차용했다는 뜻이다. 물론 갈릴레이는 낙하 실험의 결과를 예견하는 내용을 다음과 같이 적었다.

> 나는 무게 1파운드나 200파운드 대포의 탄환과 소총의 탄환을 200큐빗(1큐빗은 영국 단위를 사용할 경우 대체로 18인치)의 높이에서 동시에 떨어트리면 포탄이 총탄보다 한 뼘도 먼저 지면에 닿지 않을 것이라고 장담한다.

그런데 과학은 엄밀성을 요구한다. 갈릴레이의 실험은 1978년 아들러와 쿨터에 의해 재현되었는데 결론은 갈릴레이의 주장과 달랐다. 두 사람은 똑같은 크기의 나무 공과 쇠공으로 실험했는데 쇠공이 나무 공보다 더 빨리 땅에 닿는다는 것을 확인했다. 두 공 사이의 속도 차이가 그리 크지 않아 아리스토텔레스의 속도와 무게의 비례 이론은 물론 갈릴레이가 주장하는 동시성도 정확하지 않았다. 공기저항이 작용하기 때문이다.[26]

스페인 알람브라

기후가 좋고 인간이 만든 걸작품을 감상할 수 있는 곳을 꼽으라면 스페인의 안달루시아 지방을 언급하지 않을 수 없다. 안달루시아 지방 자체가 스페인 남부 지역인 지중해를 포함하므로 풍부한 태양 빛이 들어오는 천혜의 장소이기 때문이다. 그러나 이 지역만이 가진 특징은 로마 시대를 거쳐 서유럽과 만나면서 아랍의 이슬람문화와 서유럽의 기독교문화가 접목되었다는 데 있다. 역사적으로 매우 특이한 이력을 가진 이곳에 세계인들을 놀라게 하는 건물이 있으니, 바로 그라나다의 알람브라궁전이다.

천상의 궁전

1492년 에스파냐 역사에서 매우 기념비적인 위업 두 가지가 달성되었다. 에스파냐는 이탈리아 탐험가 콜럼버스를 지원하여 아메리카 대륙을 발견하는 데 일조했고 에스파냐의 마지막 이슬람 왕조인 안달루시아 지방의 그라

스페인 남부 그라나다에 있는 알람브라궁전 전경.

나다 왕국을 점령하여 오랜 염원이던 '레콩키스타Reconquista'를 이루었다. 레콩키스타란 단어 뜻 자체는 '재정복'이지만 정확하게는 8세기부터 15세기에 걸쳐 현재의 스페인과 포르투갈 지역인 이베리아 반도를 점령하고 있던 이슬람 왕국을 몰아내려는 기독교 세력의 '국토회복운동'을 뜻한다. 그라나다 왕국은 에스파냐의 기독교 군주인 페르디난도와 여왕 이사벨라에게 항복함으로써 700년 이상 계속된 이슬람의 역사를 마감했다.

그러나 8세기부터 15세기까지라는 것에서 알 수 있듯 레콩키스타는 매우 천천히 이루어졌다. 1492년에 이르러 이들의 목표가 실현될 수 있었던 배경에는 로마 교황을 중심으로 하는 기독교 세력의 광범위한 후원과 에스파냐 내 이슬람 왕국의 분열이 있었다. 또한 에스파냐 귀족들의 끈질긴 저항에 이어 전혀 예상하지 못한 기독교국의 연합 세력까지 등장했기 때문이다. 당대의 에스파냐 영주라 볼 수 있는 카스티아왕국의 이사벨라 공주와 아라곤왕

이사벨라 여왕의 왕관과 왕홀.

국의 페르디난도 2세가 정략적으로 결혼한 것이다. 이사벨 공주는 페르디난도 2세에게 서로의 주권을 부분적으로 인정하면서 통일 왕국을 만들자고 제안했다.

불가능하다고 여겨지던 이사벨 공주의 제안을 페르디난도 2세가 받아들이면서 결혼에 골인하자 이베리아반도에 거대한 기독교국이 탄생했고, 결국 이들의 막강한 군대로 이슬람의 마지막 거점인 그라나다를 1492년 1월 2일 무혈점령한 것이다. 학자들은 두 사람의 결혼이 미뤄졌다면 스페인의 통일은 매우 늦어졌을 것으로 추정한다.

아무튼 이베리아반도에서 이슬람 세력을 몰아낸 에스파냐는 일약 유럽 세계의 강자로 뛰어올랐다. 로마 교황은 이사벨과 페르디난도 2세를 '가톨릭의 수호자Catholic Monarchs' 라고 치켜세웠다.[27] 이 장에서는 에스파냐의 통일이 주제가 아니고 레콩키스타를 완성케 한 그라나다의 알람브라 궁전이 주제이므로 그라나다에 대해서만 설명한다.

원래 그라나다는 아랍인들에 의해 고대도시 일리베리스 근처에 세워진 도시인데 이 고대도시를 중심으로 무하마드 이븐 나스르가 나스르 왕조(그라나다왕국, 1231~1492년)을 열면서 번창했다. 그러나 그의 집권 초기 상황은 그다지 좋지 않았다. 그라나다를 정복한 지 7년이 되는 1245년에 그라나다 북쪽을 기독교도에게 빼앗겼기 때문이다.

그럼에도 그라나다가 안달루시아 지방의 한쪽을 차지했던 다른 이슬람교도들보다 2세기 이상 더 오래 스페인 기독교도들의 공격(레콩키스타)을 버텨낼 수 있었던 것은 군사력이 강해서가 아니라 외교적 수완 때문이다. 빼앗긴 영토를 회복하기에는 장병이 너무나 부족했으므로 철저하게 방위하는 것이 최선이었다.

그라나다는 에스파냐 지역에서 남은 마지막 이슬람 왕국이다. 위의 사진은 알람브라궁전, 아래 사진은 그라나다의 전경이다.

그러나 기독교도의 침입에 대비하여 상시 전투태세를 유지할 수도 없는 일이었다. 이븐 나스르의 생각은 기독교인의 동향을 사전에 철저하게 파악하면 이들의 침공에 대비할 수 있다는 것이었다. 한마디로 정확한 정보를 보다 빨리 얻는 것인데 나스르는 이를 위해 방대한 정보 조직망을 구축했다. 도시 요소요소에 소위 신호탑을 설치하여 알람브라 인근을 지나는 사람으로부터 정보를 수집했고, 비상사태가 있을 때는 특수한 거울이나 연기를 이용하여 궁성에 보고토록 했다.

나스르 왕조는 이슬람 세력인 모로코의 마린 왕조와 에스파냐 기독교도로부터 협공을 받고 있었는데 더는 버티기 어렵다고 판단한 이븐 나스르는 놀라운 결단을 내렸다. 이슬람이 아니라 기독교 진영에 가담한 것이었다. 그는 카스티아의 페르난도 3세와 강화조약을 체결하면서 해마다 조공을 바치고 전쟁이 일어나면 지원하겠다고 약속했다.

나스르 왕조는 이슬람과 기독교 세력 간의 알력을 적절히 이용하면서 안달루시아 지역의 또 다른 막강한 이슬람 세력인 코르도바가 멸망할 때에도 전쟁의 폭풍에 휘말리지 않았다. 주변이 시끄러우므로 그라나다의 운명이 순탄치 못하리라 예상되지만, 14세기 그라나다에서는 예술과 과학이 번성하였고 학교와 사원, 공중목욕탕이 즐비하게 들어선 화려한 이슬람문화를 꽃피웠다. 문화 분야에 줄기차게 투자한 덕분이다.

그라나다에 근거지를 정한 이븐 나스르는 한때 베르베르인들이 축성한 알카사바라는 요새가 서 있던 언덕 위에 궁전을 짓기 시작했다. 그리고 폐허가 된 요새를 코란에서 묘사한 지상천국으로 바꾸어놓겠다고 결심했다. 그는 토목 전문가로 하여금 시에라 네바다 산맥에서부터 흘러내려 오는 개울의 물줄기를 바꾸어 운하와 수조 · 분수 · 정원에 물을 댈 수 있도록 관개수

알람브라궁전의 전형적인 정원이라고 할 수 있는 아라야네스 정원.

를 개발하게 했다. 문헌에는 다음과 같이 적혀 있다.

> 1238년 술탄은 알람브라라는 궁전으로 올라가서 조사한 뒤 성의 토대를 표시하고 건물을 관리하라고 명했다. 성벽은 그 해가 가기 전에 완성되었다. 술탄은 또한 강물을 끌어들이기 위한 수로를 텄다.

뛰어난 이슬람 건축물인 알람브라궁전을 완성하는 것은 그의 후계자들 몫이었다. 알람브라란 이름은 '붉은색alHamra' 이라는 아랍어에서 유래했다. 성벽을 지을 때 붉은색 점토를 이용했기 때문이다.[28]

그라나다의 누에바 광장에서 언덕길을 올라가면 그라나다 문을 지나 궁전 최초의 문인 '재판의 문(정의의 문)' 이 나타난다. 말굽 모양의 위쪽 아치에는 코란 5계명을 나타내는 다섯 개의 손가락이 조각되어 있다. 이곳을 지나면 알히베스 광장이 나오며 우측에 르네상스 양식의 카를 5세 궁전, 정면에 왕궁의 입구가 있다.

'오직 한 분, 신만이 승리자이다' 라고 새겨져 있는 포도주의 문을 지나면 알카사바 요새의 입구가 나온다. 알카사바는 9~13세기에 건설되었으며 이곳에서의 조망은 알람브라궁전의 화려함을 예고한다.

알람브라궁전에는 남부 유럽적이고 동양적인 분위기를 풍기는 커다란 정원이 두 개 있는데 그 주변에 많은 방이 배치되어 있다. 궁전에 들어서면 가장 먼저 만나게 되는 정원이 아라야네스 정원이다. 아라야네스는 그라나다 정원의 전형적인 모습을 간직한 곳인데 주변을 둘러싼 건물과 아름답게 조화를 이룬다.

아라야네스 정원에 면한 옛 성채인 코마레스탑 내부에 대사의 홀이 있다. 살라 데 로스 엠바야도레스(대사의 홀)는 1334~1354년에 건설되었는데 방에 들어서면 완벽한 조화를 이루는, 추상적이고 상징적인 그림들이 숲을 이룬다. 건물 내부를 장식하는 장식 띠들 사이에 있는 하얀 대리석에는 알라의 이름과 코란의 구절이 수천 개 새겨져 있다. 천장은 모가라베스라고 하는 종유석 장식으로 가득 채워져 있는데 이슬람의 우주철학에 나오는 일곱 개의 천국을 묘사했다고 한다.

아라야네스 정원에서 왼쪽으로 가면 유명한 사자궁전이 나온다. 대리석 기둥 124개로 받친 아케이드로 사방이 둘러져 있는 이 궁전의 분수에는 설화석고로 제작한 수반이 있는데 여기에 모인 물이 열두 마리 사자들의 입을 통해 나온다. 이곳은 원래 하렘으로 왕 이외의 남성은 출입금지였으며 2층에는 후궁들이 살았다.[29]

사자궁전 양옆으로 알람브라궁전에서 가장 아름다운 방이 두 개 있는데 하나는 바닥에 깐 두 개의 대리석 판에서 이름이 유래한 '살라 데 라스 도스 에르마나스(두 자매의 방)' 이고 다른 하나는 '살라 데 로스 아벤세라헤스(아벤세라헤스의 방)' 이다. 두 방 모두 뛰어난 솜씨로 채색하고 유약을 바른 채색타일로 재벽을 마감했다. 특히 살라 데 로스 아벤세라헤스의 스투코 천장은 종유석이 5,000개의 벽감을 형성해 마치 벌집처럼 보인다. 종려나무를 연상케 하는 가는 기둥, 정원을 감싸고 있는 아늑한 회랑, 종유석 모양의 수많은 아치 등이 한데 어우러져 멋진 조화를 이루고 있다.

알람브라궁전의 자재로는 목재·벽돌·석고·갈색 타일을 사용했다. 석각은 매우 드물게 사용했고 대리석은 포장·기둥·대접받침에만 사용했다. 벽·천장·바닥의 장식은 주로 나무·타일·석고로 되어 있다. 특히 아름다운 '살라 데 로스 엠바야도레스' 의 천장은 나무로 만들어졌는데 여러 가지 색체의 타일이 실내와 외관의 넓은 공간을 채워 빛의 반사에 의해 강렬한 색조감을 느끼게 한다.[30] 특별한 조각이 없이 이들 재료만으로 화려함과 우아함을 표현한 기술은 마치 다른 세계로 들어온 것처럼 느끼게 할 정도인데 당대의 건축 기술이 매우 발달했음을 보여준다.[31]

알람브라궁전은 공식 관저였고 북쪽의 구릉 위에 왕족들이 쉬는 여름 별장용으로 지은 것이 헤네랄리페궁전이다. 시골 별장을 닮은 이 궁전은 무하

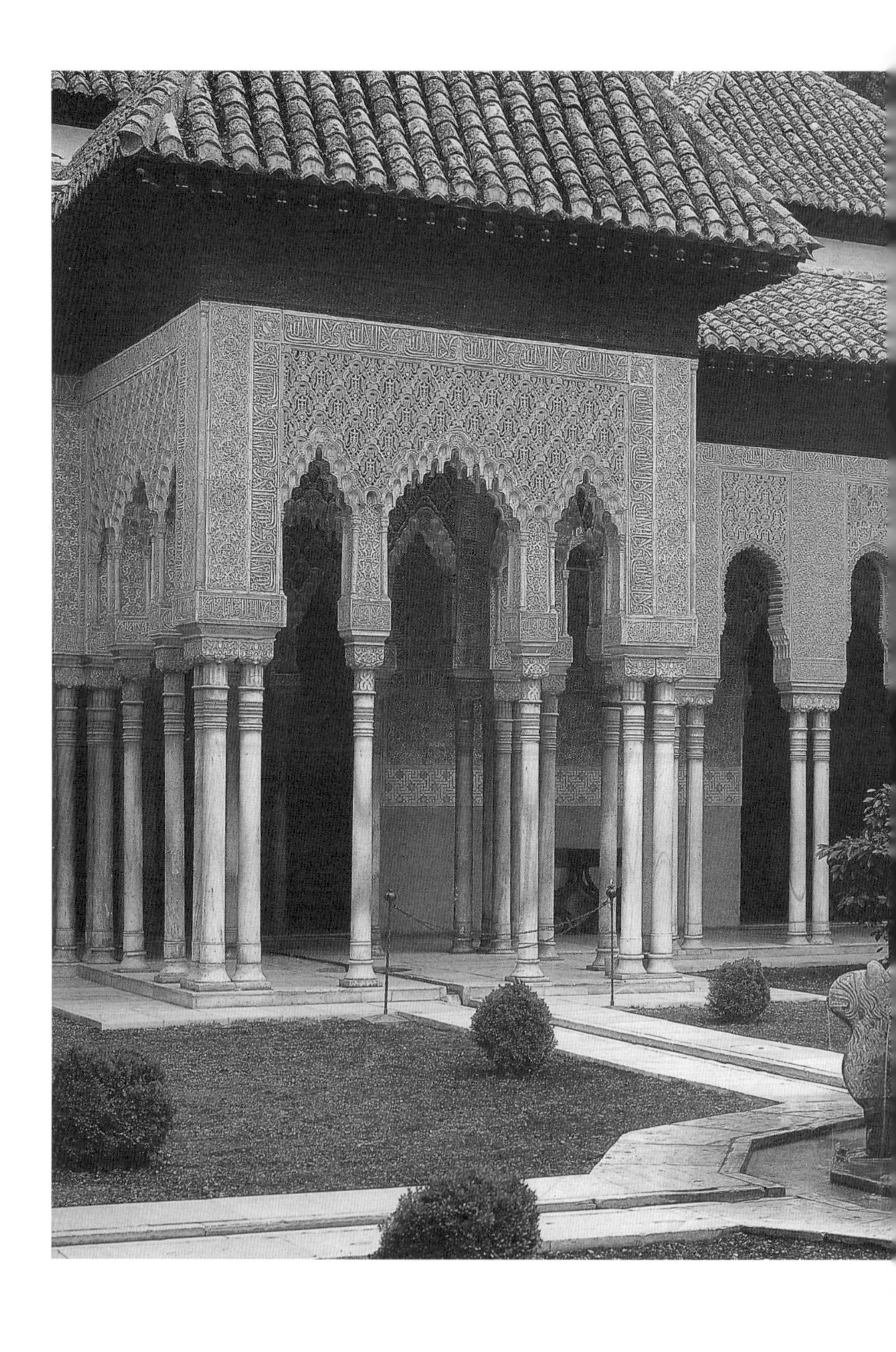

사자궁전. 하렘이었던 이곳에는 왕 이외의 남자는 출입금지였고 2층에는 후궁들이 살았다.

마드 2세Muhammad II가 지었는데 이슬람식 정원의 전형적 특징을 간직한 것으로 유명하다. 아쉽게도 이곳은 모두 파괴되어 소궁전 두 개밖에 남아 있지 않지만 넓은 정원이 잘 정돈돼 있다.[32] 특히 '이 안나트 알 아리프(우아한 천국의 정원)'는 헤네랄리페 안에서 가장 아름다운 곳이다.

알람브라궁전에서 조금 떨어진 곳에 있는 여름 궁전 헤네랄리페궁전의 정원.

사자궁전 옆에 있는 아벤세라헤스의 방 천장. 수많은 장식이 팔각형의 돔을 벌집 모양으로 꾸며주어 화려함의 극치를 보여준다.

약속이 지켜지지 않은 무혈입성

그라나다의 이슬람 왕국은 '무혈인계' 로 마감했다. 그라나다왕국의 마지막 지도자였던 아브 압달라는 1492년 에스파냐의 기독교 왕국을 합병한 공동 통치 군주인 이사벨과 페르난도의 군대가 몰려오자 수십만 명이 넘는 이슬람교도들을 보호하기 위해 무조건 항복했다. 그는 그라나다왕국의 종교와 재산권 그리고 상권을 유지시켜달라는 조건을 제시했다.

왕으로서는 백성을 보호하기 위한 최선의 선택이었겠지만 모두가 여기에 동의한 것은 아니었다. 그의 어머니는 전쟁 없이 무혈인계한 것에 대해 크게 노해 아들에게 "네가 남자답게 이 왕국을 지키지 못했으니 여자처럼 울어라"는 말을 남기고 궁전을 떠났다고 한다.

그라나다를 점령한 에스파냐 통치자는 아브 압달라의 기대와는 달리 무혈인계의 약속들을 지키지 않았다. 그라나다를 점령한 지 4개월이 흐른 뒤 유명한 '알람브라 칙령' 을 내린다.

> 우리의 예수 그리스도가 탄생하신 지 1492년이 되는 해의 3월 31일, 그라나다에서 이 교서를 반포한다. 유대인들은 빈부와 귀천, 남녀노소, 거주 지역, 현지 출생 여부를 불문하고 모두 떠나라.

당시 에스파냐에 살고 있던 유대인 숫자는 정확하지 않지만 최소 10만 명에서 80만 명까지로 예상한다. 이처럼 에스파냐에 많은 유대인이 살고 있었던 이유는 이슬람 왕국의 관용 때문이다. 이슬람교의 시조인 무하마드가 '유일신을 믿는 종교는 우대하라' 라고 가르쳤기 때문이다. 그러므로 에스파냐

1492년 그라나다를 침공한 이사벨과 페르난도에게 그라나다를 양도하는 아브 압달라.

의 유대인들은 사소한 차별 규정, 예를 들어 말 대신 노새를 타고, 노란색 터번이나 띠를 두르고 종교 활동을 요란스럽게 해서는 안 된다는 규정을 적용받았지만 다른 지역의 차별에 비하면 심각한 정도는 아니었다.

갑작스러운 유대인의 추방은 이사벨과 페르난도 2세의 종교관 때문이다. 자신들은 관용을 베풀었음에도 유대인들은 '사악한 신앙과 음탕한 관습, 율법'을 고집하며 성스러운 기독교에 해악과 오욕을 끼쳤다는 것이다. 유대인들에게 제시한 기한은 고작 넉 달이었다. 조상 대대로 수백 년을 다져온 삶의 터전을 불과 4개월 안에 정리해 떠나라고 강요한 것이다.

유대인에게 악몽인 이들 칙령은 철저하게 지켜졌기 때문에 모든 유대인은 빈털터리로 쫓겨나고 말았다. 유대인들은 피난 지역으로 이슬람권을 가장 선호했는데 이들 중 6만여 명이 포르투갈을 선택했다. 포르투갈은 일정한 세금만 받고 입국을 허용했기 때문이다. 하지만 그들 역시 에스파냐와 똑같은 이유로 유대인들을 추방시키자 다시 네덜란드에 정착한다. 네덜란드의 황금기는 바로 이들 유대인들이 건설한 것으로 결국 에스파냐의 영광과 몰락은 바로 이들에 의해 주도되었다는 것이 정설 아닌 정설이다. 그 근저로 민족의 이산을 지켜본 유대인 이삭 아브리바넬은 알람브라의 칙령에 대해 다음과 같은 반박문을 남겼다.

> 우리는 당신들에게 해를 끼치지 않고 당신들을 돕고 거들었다. …… 왕과 여왕은 실수하는 것이다. 우리는 비록 떠나도 영혼만큼은 절대 짓밟히지 않을 것이다. 부당한 박해를 받았다는 역사적 사실도 지워지지 않을 것이다. …… 우리는 떠난다. 그러나 이날을 절대 잊지 않을 것이다.

세계 경제사적으로 알람브라 칙령은 에스파냐의 몰락과 네덜란드의 융성, 그리고 대영제국이 탄생하는 데 결정적인 영향을 끼쳤다. 또한 네덜란드의 황금기는 일본이 재빠르게 서구 문물을 습득해 강대국으로 도약하는 데도 기여했다.[33]

알람브라를 무혈점령한 에스파냐는 유대인뿐만 아니라 이슬람교도에게도 많은 제약을 가했다. 결국 많은 이슬람교도가 안달루시아 지역을 떠나 북아프리카로 대량 이민을 하거나 강제적으로 개종해야만 했다. 당시 고급 실크 생산지로 유명했던 그라나다는 가장 낙후한 지역으로 몰락했고 다시 일어나는 데 거의 200년이란 세월이 흘러야 했다.[34]

에스파냐 정복자들은 그라나다를 점령하자마자 이슬람의 잔재를 철저하게 파괴하기 시작했다. 그러나 그라나다를 방문한 페르디난도는 알람브라궁전의 아름다움에 놀라 파괴를 중지시켰다. 이미 3분의 2가 파괴된 후였지만 이후에는 가능한 한 원형을 보존하도록 노력했다.

카를 5세의 명령에 따라 세워진 카를 5세 궁전(위). 이 사각형의 궁전 안에는 커다란 원형 공간(아래)이 있다.

그라나다를 정복한 여왕 이사벨라의 손자인 신성로마제국 카를 5세는 미켈란젤로의 제자인 페드로 데 마추카에게 알람브라궁전 경내에 알람브라궁전에 견줄 만한 르네상스식 궁전을 세우도록 명령했다. 이슬람 사원이 있던 자리에는 산타마리아성당을 지었고 왕자의 궁전 위에는 산프란시스코수도원을 건설해 알람브라궁전의 분위기와 극명하게 대조를 이루게 했다. 하지만 카를 5세는 이 궁전에 머문 적도 없으며 그가 사망한 뒤에는 어떤 건물도 추가되지 않았다.[35]

카를 5세에 의해 지어진 건축물은 현재 알람브라박물관과 시립미술관으로 사용되고 있는데 이 건축물들을 알람브라궁전과 비교하면 알람브라궁전의 사라진 3분의 2가 더욱 아쉽게 느껴진다고 한다. 시인 로르카는 "알람브라궁전은 자신의 내부에 카를 5세가 있음을 느끼지 못하고 있는 것 같다"라고 말하며 알람브라궁전의 파괴를 비통해 했다. 알람브라궁전의 폴보로사탑에 새겨 있는 그라나다를 극찬한 시구도 아쉬움을 더해준다. "여인이여! 그에게 적선하시오. 그라나다에서 눈이 먼 것보다 인생에서 더한 시련은 없을 것이오."[36]

알람브라 궁전은 보는 사람의 위치와 상관없이 항상 아름답지만 원거리 조망의 최적지는 바로 알바이신에 위치한 산 니콜라스 광장이다. 날이 저물기 시작하면 광장으로 많은 사람들이 모이는데, 스페인의 저녁은 늦게 시작하는 것도 특징이지만 카페에 의자가 거의 없다는 점도 인상적이다. 모두 서서 이야기하며 음료수를 마시는데 자정이 한참 넘을 때까지 한 장소를 고수한다. 웬만한 체력으로는 엄두도 내지 못할 것처럼 보이지만 나이 많은 노령도 젊은 사람들과 동참하여 끝까지 자리를 지키는 것을 볼 때, 그들이 오래전부터 견지해온 삶의 모습이란 생각이 든다.

보스니아-헤르체고비나 스타리 모스트

세계에서 가장 아름다운 아랍풍의 다리로 일생에 한 번은 반드시 보아야 할 곳으로 알려진 보스니아-헤르체고비나의 스타리 모스트(오래된 다리라는 뜻). 그런데 이 다리처럼 복잡한 역사를 가진 곳도 많지 않다. 보스니아-헤르체고비나(이하 보스니아)는 남한의 절반 정도인 면적 51,129제곱킬로미터로 아드리아해 동쪽에 있는데 북쪽과 남쪽 그리고 서쪽으로는 크로아티아, 동쪽으로는 세르비아, 동남쪽으로는 몬테네그로와 접하고 있다. 남쪽 아드리아 해안으로는 20여 킬로미터의 좁은 해안선도 갖고 있는데 남부 지역은 지중해성 기후로 여름은 덥지만 겨울은 대체로 온화하고 비가 많다. 그러나 동유럽의 대부분 국가가 그렇듯이 보스니아도 강한 지진대에 속해 잦은 지진으로 세계의 뉴스를 장식하곤 한다.

보스니아는 다수 민족을 기초로 한 공화국으로 동일 언어가 사용되고 있으나, 문자와 역사적 배경의 차이와 더불어 이슬람교 · 세르비아정교 · 가톨릭이 민족주의와 결합되면서 복잡하기 그지없는 양상을 지닌다. 이들 지역의 역사는 워낙 복잡하지만, 세계에서 가장 아름다운 다리이자 유네스코 세

수많은 사연을 간직한 다리, 스타리 모스트.

계문화유산인 스타리 모스트를 이해하는 데 도움이 되므로 과거와 근간의 역사 변천에 대해 간략하게 설명한다.

복잡한 역사의 현장

보스니아라는 명칭은 보스니아 내륙을 북에서 남으로 가로지르는 보스나 강에서 유래하며 헤르체고비나는 15세기 오스만제국의 지배를 받기 전까지 네레트바 강 유역에 있는 모스타르를 중심으로 남쪽 일대를 점령했던 헤르체그 대공 가문의 이름에서 유래했다고 전해진다. 네레트바 강은 길이 약 218킬로미터로 헤르체고비나의 디나르알프스 산중에서 발원하여 석회암 지대를 북서쪽으로 흐르다가, 다시 남서쪽으로 흘러서 메토코비치를 거쳐 아드리아 해로 흘러든다. 네레트바 강이 흐르는 협곡은, 제2차 세계대전 중 독일 · 이탈리아군과 파르티잔(유격대)의 싸움이 있었던 곳이다.

보스니아는 유고 연방에서 독립한 두 개의 국가가 1국가 2체계로 운용되는데 인구는 보스니아 내전으로 상당수가 사망하여 현재 약 400만 명 정도로 추정한다. 유고 연방의 일원이었던 보스니아가 다른 지역보다 극심한 내전을 치른 이유는 주민의 구성에서 보스니아 이슬람교도가 44퍼센트, 세르비

네레트바 강.

아계가 31퍼센트, 크로아티아계가 17퍼센트로 매우 복잡하게 얽혀 있었기 때문이다(1991년 인구조사 자료).

보스니아에 슬라브인들이 정착한 시기는 대체로 6~7세기 초로 지역 구도는 정확하지 않지만 일정 기간 세르비아인과 크로아티아인들이 지배했을 것으로 추정한다. 그러나 1180년 전까지도 보스니아는 험준한 지형을 잘 이용하여 자신들의 독특한 삶과 문화를 견지하는 데 성공했다. 이들은 국가 체제보다는 주파Zupa라 불리는 작은 공국을 유지한 연합체를 적절히 이용하여 강력한 주변 국가들의 지배에 효과적으로 대처할 수 있는 능력을 발휘했으며 13세기에는 독립 국가를 건설하기도 했다.

그러나 15세기에 들어와 영토 확장에 나선 오스만제국이 사라예보 등을

바르나 전쟁. 1444년 11월 10일 불가리아 동부 바르나에서 벌어진 이 전투는 오스만의 술탄 무라드 2세가 지휘하는 오스만군이 폴란드와 헝가리 왕 브와디스와프 3세와 야노시 훈야디가 이끄는 폴란드-헝가리 연합군을 격파한 전투이다. 이 전투로 오스만 제국은 발칸 반도의 지배를 더욱 공고히 하고 세력을 확장할 수 있게 되었다.

비롯한 많은 도시를 점령하면서 보스니아 영토 대부분이 이들의 지배로 들어간다. 이슬람교도는 기본적으로 정복한 지역 주민들로 하여금 이슬람교도로 개종할 것을 요구하지 않지만 이슬람교도로 개종할 때는 상당한 혜택을 주는 정책을 견지했다. 이곳에서도 오스만제국은 '데브쉬르메Devsirme' 라는 독특한 제도로 자신들의 통치를 강화했다. 이 제도는 8세에서 12세 사이의 기독교 남자아이들을 오스만제국의 본토로 데려가 이슬람으로 개종시킨 뒤 능력에 따라 제국 내 하급 공무원(카페탄)과 술탄의 직속 예하 부대(야니치로)로 편입시키는 제도이다. 오스만제국은 이 제도를 통해 육성된 이슬람교도들에게 많은 권한을 부여했다. 그들 중 많은 사람이 오스만제국에서 중요한 위치까지 올라갔고 자신의 고향으로 돌아가서 오스만제국의 충실한 공무원이 되는 것은 물론 독실한 이슬람교도로 성장했다.

터키가 이들에게 차별을 두지 않았다는 예로는 파샤 소콜로비치가 술탄 바로 아래 직급인 벨리키 베지르까지 올랐다는 것으로도 알 수 있다. 그는 자신의 고향에 있는 드리나 강 위에 아름다운 다리를 건설했는데 이 다리는 훗날 노벨문학상을 받은 이보 안드리치가 쓴 『드리나강의 다리』의 소재가 된다.

오스만제국의 보스니아 지배는 세계사에 매우 중요한 역할을 한다. 가장 큰 영향은 서유럽의 기독교문화가 발칸 유럽으로 전파되는 것을 차단시켰다는 점이다. 이로써 발칸반도가 서부 유럽에서 불기 시작한 르네상스와 산업혁명의 영향을 받지 못하게 만들었다. 그 결과 이들 지역이 서유럽 선진 지역보다 경제적인 후진 지역으로 전락하는 요인이 되었다는 설명도 있다.

오스만제국의 지배는 러시아-터키 전쟁의 결과로 1878년 종식되고, 보스니아의 지배권은 오스트리아-헝가리 제국으로 넘어가며 이후 1908년 완전히 병합된다. 그런데 19세기 이후 발칸 유럽에서 급속히 확대되고 있던 민족

사라예보를 방문하던 오스트리아-헝가리 제국의 페르디난트 황태자 부부를 암살한 후 체포되는 가브릴로 프린치프. 이 사건은 제1차 세계대전의 도화선이 된다.

주의는 보스니아에 살고 있던 세르비아인들을 자극해 대세르비아 부활을 외치게 했고 이것이 결국 걷잡을 수 없는 발칸 분쟁을 일으키는 요인이 된다.

이러한 세르비아 민족주의의 열망은 1914년 6월 사라예보를 방문하던 오스트리아-헝가리 제국의 페르디난트 황태자 부부를 세르비아 청년인 가브릴로 프린치프가 암살하면서 폭발했다. 이 사건이 곧바로 제1차 세계대전으로 확대되어 역사상 가장 많은 인명 피해를 양산하는 비극 중의 비극을 낳은 것이다.

평화를 갖고 온 1국 2체제

제1차 세계대전으로 세계를 초토화했던 전력이 있는 이곳 지역에서 또 한 번의 참혹한 전쟁이 일어나는데 이는 현대사의 가장 어두운 장면 중 하나로 알려진다.

최근에 벌어진 발칸 분쟁의 요인은 매우 복잡하지만 간략하게 설명하면 1945년 제2차 세계대전 때 유격대를 이끌고 독일·이탈리아군을 격퇴한 영웅 티토가 현 발칸 지역을 거의 관할하는 유고슬라비아(남슬라브라는 뜻) 연맹의 수상으로 선출되었을 때로 거슬러 올라간다. 티토는 소련과 미국이 대립하는 냉전 시대임에도 비동맹주의를 표방하며 강대국의 군사 및 정치 블록화를 거부하고 자체 생존을 모색했다.

유고슬라비아 자체의 국민 대다수가 슬라브족이지만 여섯 공화국이 모두 다른 배경을 갖고 있으므로 구성상 발칸에서도 가장 복잡한 나라였다. 슬로베니아와 크로아티아는 오랫동안 독일·이탈리아의 영향 아래 있었고, 오스트리아-헝가리 제국의 일부였기에 가톨릭이다. 세르비아·몬테네그로는 오랜 왕국의 전통을 가진 정교도 나라이고 러시아와 가까웠다. 보스니아-헤르체고비나와 마케도니아는 터키 지배 아래 이슬람으로 개종한 사람이 많다.

유고 연맹의 독자 정책을 추진한 티토는 소련의 큰 반발을 샀지만 나름대로 여러 민족을 연방체제로 운영하는 묘수를 발휘하여 큰 말썽 없이 통치했다. 그런데 그가 1980년 5월에 사망하자 정황은 급변한다. 국제 정세도 급박하게 돌아갔다. 1989년 11월 베를린 장벽이 붕괴되고 1991년 유고슬라비아 연방이 해체되면서 민족 간의 심각한 갈등과 대립이 노출되기 시작했다.

이때 기선을 잡은 곳이 보스니아-헤르체고비나 지역으로 그들은 1992년

3월 국민투표를 통해 독립을 선포하였다. 그러나 독립의 선포는 곧 분쟁의 시작을 의미했다. 독립을 주도한 세력은 이슬람교도가 중심을 이룬 보스니아 이슬람 정부와 이들 세력에 협조하는 보스니아 내 크로아티아인들이었다. 그러나 보스니아 내 약 30퍼센트를 차지하는 세르비아인들은 이들 선언을

보스니아 내전으로 폐허가 된 시내에 서 있는 한 군인의 모습(위). 1992년 사자의 묘지에서 장례식을 치르는 가족이 비탄에 잠겨있다(아래).

인정할 수 없다며 보스니아에서 떨어져 나와 자체 독립을 선언했다.

사건을 복잡하게 만든 것은 세르비아인들이 독립을 선언하자 유럽연합EU에서 곧바로 이들의 독립을 승인했다는 점이다. 세르비아계의 독립에 반발하여 곧바로 내전이 일어났는데 내전 초창기는 신유고연방군의 지원을 받는 세르비아계가 보스니아 영토의 약 70퍼센트를 장악하는 등 기세를 올렸다. 그러나 이들 전쟁터에서 인종 학살 등의 문제가 생기자 유엔UN은 곧바로 신유고연방에 대한 전면적인 금수조치, 항공봉쇄, 자산동결을 주 내용으로 하는 제재를 가했다.

신유고연방군은 유엔의 제재에 굴복하고 휴전에 합의하였지만, 보스니아 내 세르비아계는 세르비아에 의한 유고연방 통치라는 꿈을 꾸고 휴전에 동의하지 않은 채 전쟁을 계속했다. 이후에도 민족 간의 유혈 사태가 세르비아계에 의한 소위 '인종 청소'라 불리는 만행으로 비화되자 유엔은 결국 군사개입을 결정했고 평화유지군 3만여 명이 보스니아에 파견되었다. 하지만 평화유지군의 역할은 미미하지 않을 수 없었다. 내전은 휴전과 확전이 반복되는 악순환을 되풀이했다.

이러한 상황에 신생국이라 볼 수 있는 러시아는 1995년 3월 보스니아 사태 해결을 위한 새로운 제안을 하였다. 이 당시 러시아는 세르비아계를 암묵적으로 지원하고 있었는데 세르비아공화국이 보스니아 회교 정부와 크로아티아 정부를 승인하는 대가로 세르비아에 대한 유엔의 제재를 해제하자는 것이었다. 같은 맥락으로 미국의 주도하에 보스니아, 세르비아, 크로아티아 등 내전 당사국들과 미국, 유럽연합, 러시아 등 중재자들이 참여한 가운데 1995년 11월 미국의 데이턴에서 평화협상이 개최되었다.

난항을 거듭하던 평화협정은 1995년 12월 내전 당사자인 3국 정상이 포괄

총탄 자국이 그대로 남아 있는 건물. 현재도 내전의 흔적이 고스란히 남아 있는 낡은 벽이 도시 곳곳에 보인다.

적 평화협정 문서에 가조인하면서 성공적으로 체결되었다. 이 협정으로 세르비아인을 중심으로 한 스르프스카 공화국(영토의 49퍼센트)과 보스니아 이슬람교도와 크로아티아인으로 구성된 보스니아-헤르체고비나 연방(영토의 51퍼센트)으로 구성된 1국가 2체제 국가가 탄생하였다.[37] 흥미로운 점은 1995년 데이턴 평화협정에 따라 보스니아계(이슬람), 크로아티아계(가톨릭), 세르비아계(세르비아 정교)의 세 개 민족, 세 명의 대통령이 8개월마다 번갈아 대통령직을 수행한다는 것이다. 한국도 유럽안보협력기구OSCE의 협력 동반자국으로서 1996년 9월 보스니아 선거 때 선거감시단 열두 명을 파견하였으며 1998년 9월에 실시되는 보스니아 선거에도 감시단을 파견하였다.

어제의 친구가 적이 된 내전을 잊지 말자

유럽에서 이슬람 양식으로 지어진 다리 중 가장 아름답다고 알려지는 스타리 모스트가 세계의 주목을 받은 것은 바로 이들 내전의 중심에 스타리 모스트가 있었기 때문이다.

스타리 모스트는 가톨릭교도와 이슬람교도들이 가장 치열한 전투를 벌였던 곳인데 보스니아-헤르체고비나 연방에서 헤르체고비나를 대표하는 모스타르 지역에 있다. 모스타르는 헤르체고비나의 수도였으며, 아드리아 해로 흘러드는 네레트바 강 연안에 위치한다. 주변 일대에서는 포도 · 과일 · 잎담배가 재배되고, 담배 · 섬유 · 목재 가공 · 비행기 공업도 활발하며 부근에 있는 석탄 · 보크사이트 채굴의 중심지이므로 누구나 탐을 내는 중요 지역이기도 하다.

터키인들이 약 200년간 이들 지역을 통치한 후 18세기 중엽 기독교가 이들을 대치했는데 1878~1918년 오스트리아-헝가리 제국이 이들 지역을 점령하자 세르비아 애국 운동의 중심지가 되었다. 결국 오스트리아-헝가리 이슬람교도들과 타협하여 이들을 쫓아내는 대신 네레트바 강 동쪽에 독자적인 가톨릭 지구를 설치하면서 공존을 꾀했다. 즉 기독교인와 이슬람교도들이 각자의 문화와 전통을 존중하면서 평화롭게 살 수 있도록 배려한 것이다. 이것이 스타리 모스트 다리 하나를 사이에 두고 기독교인와 이슬람교도가 각자의 삶을 유지할 수 있게 된 배경이다.

기독교인과 이슬람교도들은 강을 사이에 두고 기독교의 성당과 회교 사원을 별도로 건축했다. 한 지역에 동서양 문화가 서로 공존하는 특수한 지역이 된 것이다. 그 후 1992년부터 1995년까지 지속된 내전이 일어나기 전까지

네레트바 강을 사이에 두고 왼쪽은 기독교 지역, 오른쪽은 회교 지역으로 나뉜다.

이곳은 종교는 다르지만 분쟁이란 단어가 없는 평화로운 지역이었다. 그런 특수한 지역에서 발칸 분쟁 사상 가장 비극적인 유혈극이 일어나자 세계의 이목이 쏠린 것이다.

스타리 모스트는 네레트바 강을 잇는 폭 5미터, 길이 30미터, 높이 24미터, 1,088개의 하얀색 돌로 된 단일 아치형 터키식 다리이다. 이 다리는 네레트바 강에서 폭이 가장 좁은 구역에 설치된 것으로 원래 나무다리였다. 그런데 15세기 이곳을 점령한 오스만제국의 술탄은 모스타르를 동유럽의 중심지로 삼고자 했다. 그는 그 일환으로 이 나무다리를 오스만제국에서 가장 유명한 건축가 중 한 명으로 손꼽히는 시난의 제자 미마르 하이레딘을 시켜 1566년에 석조 다리로 변경했다. 이 다리가 얼마 후 붕괴되자 다시 무너지면 장인의 목을 베겠다는 술탄의 협박에 따라 철저한 구조로 다시 건축했다는 전설도 내려온다.

그런데 1991년에 시작된 크로아티아 내전과 1992년부터 시작된 보스니아 내전으로 모스타르 지역에서 격렬한 전투가 벌어지자 스타리 모스트를 누가 장악하느냐가 전쟁의 승패를 결정짓는 관건이 되었다. 결국 상대방의 보급로를 끊어버린다는 명분하에 폭약으로 스타리 모스트를 폭파했는데 아직까지 어느 진영에서 다리를 폭파했느냐로 논쟁이 이는 상태이다.

양 민족 간의 연결을 의미하는 다리가 파괴되면서 모스타르 시를 점령한 크로아티아 민병대들은 곧이어 이 지역에 거주하던 이슬람교도들을 추방하거나 학살했다. 15세기 이후 건축된 상당수의 회교 사원도 파괴됐다.

스타리 모스트 다리를 둘러싼 전쟁이 더욱 안타깝게 여겨지는 까닭은 서로 총을 겨눈 사람들이 전쟁 직전까지 서로 잘 알고 지내던 이웃이었기 때문이다. 길이 30미터에 불과한 짧은 길이로 기독교와 이슬람교도로 나뉘었지

기독교 지역(위)과 이슬람교도 지역(아래). 다리 하나를 건너면 이처럼 전혀 다른 풍경이 펼쳐진다.

만, 이들은 수백 년 전부터 줄곧 한동네 사람으로 인식하면서 서로 방해하지 않고 공조하면서 살아왔다. 그런데 갑자기 민족과 종교가 서로 다르다는 것을 이유로 상대방을 죽이기 위해 총탄을 퍼부은 것이다. 인간이 종교와 정책에 의해 얼마나 쉽게 표변할 수 있는지를 설명할 때 항상 스타리 모스트 다리 이야기가 거론되는 이유다.

전투가 어느 곳보다 격심했으므로 이곳 지역의 인구는 내전 전과 비교해 거의 절반으로 감소하였다. 현재도 도시 곳곳에 내전의 흔적인 총탄 자국이 낡은 건물 벽에 고스란히 남아 있음을 볼 수 있는데 일부 건물들은 당대의 참

1992년 내전 중에 파괴된 스타리 모스트 다리.

혹했던 정황을 알려주려고 일부러 신규 건축을 제한하고 있다고 한다.

내전은 종식되었지만 문화와 종교가 다른 민족 간 화해와 연결의 상징물이자 세계에서 가장 아름다운 아랍풍 다리로 알려진 스타리 모스트가 파괴되었다는 사실은 세계인의 가슴을 아프게했다. 특히 유네스코가 스타리 모스트 다리를 복원해야 한다고 역설하자 세계 각국의 지원이 쇄도했고 복원 작업이 진행되었다. 잠수부들은 강에 수장된 다리의 파편들을 하나하나 모두 건져 올렸고 터키의 건축가들은 1,088개의 돌을 꼼꼼히 재배치하여 완벽하게 재건했다.

복원된 스타리 모스트 다리의 현재 모습.

2004년 2월 다리가 예전의 모습으로 완성되자 7월 영국의 찰스 황태자 등 각국의 주요 인사들이 참석하여 스타리 모스트 재건의 의미인 평화공존을 세계에 알렸다. 극심한 살해의 현장이었던 다리 주변의 상인들도 다시 돌아왔으며 다소 교통이 불편하지만 하루 수천 명의 관광객이 스타리 모스트를 찾아왔다. 관광 성수기 때 다리 위는 사람들로 인산인해를 이뤄 앞으로 나아가기가 매우 어려울 정도다.

네레트바 강의 깊이는 약 5미터, 강물의 속도는 시속 18킬로미터인데 수면으로부터 약 18미터 높이에 세워진 다리에서 매년 한 번씩 열리는 번지점프는 이곳의 명물이다. 원래 번지점프는 이 지방 남자들에게 자신감을 주는 매우 신성한 행위로 간주되어 남자라면 반드시 거쳐야 할 통과의례처럼 행해져왔다. 특히 그 배경에 있는 스타리 모스트 다리의 아름다움 때문에 해외 토픽에 단골로 소개될 정도로 유명한 이벤트로 자리매김했다. 하지만 최근에는 관광용 이벤트로 변하여 약간의 돈을 주면 언제든지 뛰어내릴 수 있는 다이버들이 다리 위에서 대기한다.

다리 양쪽에는 이슬람계 병사들이 화약고로 이용했던 탑이 있고, 터키인 거리 쪽으로 다리를 건너면 모스크였던 곳이 박물관으로 사용되고 있다. 내부에는 내전 전의 스타리 모스트 다리, 파괴된 사진, 복원된 사진 등이 전시되어 있는데 현존하는 가장 오래된 '코란' 이 함께 전시되어 있다.

메흐메드 파샤 모스크에서 모스타르의 중심인 100미터도 채 안 되는 브라체 페지카 거리로 들어서면 사람들의 복장이나 생김새가 완전히 바뀌어 투르크 전사 복장의 사람들이 맞이한다.

짧은 다리 하나를 건넜음에도 휘어진 칼이나 기하학적으로 새겨진 문양 등 정통 이슬람 양식의 예술품 가게와 식당들이 즐비하여, 마치 아랍이나 터

보스니아 내전을 잊지 말자는 표지석.

키에 있는 것 같은 착각이 들 정도로 동양적 색채가 강하다. 전 세계에서 수많은 관광객이 몰리는 것도 동유럽에 와 있다는 생각을 전혀 느낄 수 없을 정도로 이국적인 풍광과 기독교 문화를 함께 느낄 수 있기 때문이다.

다리 한쪽을 비롯하여 여러 곳에 '보스니아 내전을 잊지 말자Don't forget 1993'는 조그마한 표지석이 세워져 있는데 서로를 겨눴던 총탄은 볼펜으로 만들어져 기념품으로도 팔린다. 내전 당시 서로 극심하게 증오하며 싸웠던 이들은 평화가 돌아오자 한결같이 다음과 같이 말한다.

싸우는 것보다 용서가 낫다.

네레트바 강과 스타리 모스트의 풍광은 1619년에 건설된 메흐메드 파샤 모스크의 첨탑에서 가장 아름답게 보이지만 다리의 참모습을 감상하기 위해서는 강 주변에 즐비하게 들어선 카페나 레스토랑을 찾는 것도 한 방법이다. 2004년 다리가 복원되자 2005년 유네스코UNESCO 세계문화유산으로 지정되었는데 이는 매우 예외적인 일이다. 세계문화유산으로 지정된 것이라 할지라도 원본이 훼손되면 지정을 철회하는 것이 원칙이기 때문이다. 한국의 '국보 1호' 인 남대문이 화재로 전소하자 과연 남대문을 계속하여 국보 1호로 견지해야 하는가 하는 논란이 일어났던 이유이다. 스타리 모스트가 복원되자마자 세계문화유산으로 지정된 것은 스타리 모스트의 상징성도 있지만 폭파 시 강 아래로 떨어진 원래의 석재를 모두 회수하여 재건에 성공했기 때문이기도 하다.

프랑스 미디운하

프랑스인들이 예술과 포도주만큼이나 세계 최고라고 자부하고 자랑하는 게 또 한 가지 있다. 바로 프랑스를 관통하고 있는 미디운하다. 프랑스인들이 세계에서 가장 아름다운 운하라고 자랑하는 미디운하는 대서양과 지중해를 연결한다.

미디운하는 로마 시대의 아우구스투스, 네로 황제도 구상했을 만큼 매우 오래전으로 거슬러 올라간다. 과거 로마가 점령한 북대서양의 영국에서 로마로 가기 위해서는 유럽 반도를 통과하지 않고 배를 타는 것이 여러 가지 면에서 유리했다. 하지만 반드시 지브롤터를 지나야 하므로 거의 3천 킬로미터를 돌아 항해해야 했다. 이 문제점은 프랑스를 관통하는 운하가 건설되면 간단하게 해결될 일이었다. 즉 대서양과 인접해 있는 프랑스의 보르도를 통해 툴루즈, 카르카손, 나르본을 관통하는 수로를 만들면 곧바로 대서양에서 지중해를 통해 로마로 연결된다. 대략 3분의 2 정도 거리를 단축할 수 있지만 궁극적으로 시행되지 못한 까닭은 당대의 기술적인 제반 여건이 운하를 건설하는 데 미비했기 때문이다.

나르본 시내를 관통하는 미디운하.

그럼에도 미디운하는 프랑스 위정자들의 관심을 끌어 샤를르마뉴, 프랑수와 1세, 앙리 4세, 루이 13세 등이 운하를 건설하겠다는 계획을 추진하였으나 그 누구도 성공하지 못했다. 운하 건설이 계속 실패하면서도 번번이 시도되었다는 것은 그만큼 운하가 매력적이라는 것을 의미한다.

17세기에 루이 14세가 들어서자 상황은 급격히 바뀐다. 운하에 관심이 있던 아버지 루이 13세를 이어 국가의 수장이 된 루이 14세가 프랑스 내에 운하를 건설하는 일에 누구보다도 관심이 많았기 때문이다. '짐이 곧 국가다' 라는 호방한 생각으로 유럽 세계의 패자가 되겠다는 루이 14세가 운하에 큰 관심을 보인 것은 경제적인 목적도 있지만 필요한 곳에 장병을 곧바로 보낼 수 있다는 정치 · 군사적 이점이 있기 때문이다. 프랑스가 당대의 패자가 되기 위해서는 군대를 적시 적소에 보내는 것이 관건인데, 운하처럼 적절한 것은 없었다. 더구나 영국, 스페인 등 각국이 해군력 증강에 힘을 기울이고 있었으므로 바다를 통해서는 인근 해양국들의 견제와 시기를 받을 수 있지만, 프랑스 내로 운하를 건설하여 물동량을 운반하면 누구의 간섭을 받지 않아도 되었다.

꿈을 이루다

대역사에는 특별한 사람이 나타나기 마련이다. 실제로 미디운하의 건설은 한 야심찬 사업가의 작은 꿈에서부터 시작되었다. 그는 지중해 남부에 위치한 베지에에서 태어난 피에르 폴 드 리케Pierre Paul de Riquet이다. 일부 학자들은 그가 1604년이 아니라 1609년에 태어났다고 믿는다.

그의 선조들은 13세기 말경 이탈리아의 피렌체 귀족인 게라르도 아리게티 가문으로 프랑스에 망명하여 성공적으로 정착한 후 대대로 랑구독 지방에서 장원을 경영하고 있던 소위 봉건영주였다. 특히 그의 아버지 길롬 드 리케는 이재利財에 남다른 재능을 갖고 있었다. 베지에에서 검사이자 공증인으로 활동하면서 탁월한 업무 처리 능력으로 엄청난 재산을 모아 당시 랑구독 지역의 모든 재산을 그가 갖고 있다는 말을 들었을 정도다.

길롬 드 리케는 당대의 부호답게 더욱 알찬 계획에 착수했는데 그것은 수많은 사람이 실패했던 운하 건설을 자신의 손으로 직접 완수하겠다는 것이다. 운하가 건설된다면 프랑스를 강국으로 만들 수 있음은 물론 비교적 낙후된 랑구독 지역을 발전시킬 수 있고, 자신에게도 큰 부를 가져다준다고 생각했기 때문이다. 그는 철저하게 실무적인 면에서 운하 건설을 추진했으나 여러 가지 기술적인 난관에 부딪치자 결국 운하 건설의 꿈을 접었다.

피에르 폴 드 리케의 동상.

그의 아들인 폴 드 리케는 당대의 상류층 자제들의 전례에 따라 정규 학교에 들어가 교육을 받지 않고 소위 가정교사로부터 필요한 지식을 전수받았다. 또한 열아홉 살에 캐로린 드 밀로와 결혼하여 평범한 상류층 생활의 길로 접어 들었다.

아버지 길롬 드 리케는 아무리 상류층이라도 직업을 가져야 한다며 폴 드 리케를 가벨 지방의 관리로 들어가도록 추천한다. 일단 공직을 맡자 그의 생활은 180도 달라진다. 일을 전혀 하지 않아도 될 유복한 사람이었지만 관리가 되자 역동적으로 일하기 시작하더니 전도 유망한 젊은이로 명성을 얻는다. 배경이 워낙 튼튼하므로 승승장구를 거듭하면서 랑구독, 루씰론, 세르다뉴의 징세청구관이 될 수 있었고 카탈로뉴 지역에서 프랑스 군대의 물자를 공급하는 책임을 맡는다. 다루는 일마다 그에게는 자금이 몰려들었는데, 그가 얼마나 많은 재산을 모았는지는 투르즈 인근에 있는 150헥타르에 달하는 성을 당대 최고급 건자재들만 사용하여 1660년에 완공한 사실로도 알 수 있다.

아버지로부터 운하 건설에 대한 이야기를 수없이 듣고 자란 폴 드 리케는 고급 관리가 되고 재산을 모을수록 아버지가 포기한 운하 건설을 자신이 실현시켜야겠다는 마음을 굳히게 되었다. 그러나 프랑스 대륙을 관통하는 운하를 어릴 적 꿈만 갖고 실현시킬 수는 없는 일이다. 폴 드 리케 자신이 대단한 재산을 가진 상류층의 아들로 태어났고 스스로도 엄청난 재산을 모았지만 봉건 군주국 아래서 대형프로젝트를 수행하려면 두 가지 중에 하나를 선택해야 했다.

첫째는 정부의 자금을 받는 것이고, 둘째는 자신이 직접 모든 자금을 댄 후 이를 회수하는 것이다. 첫째 방법은 정부에 아이디어를 제공한 후 정부가 이를 채택하면 진행시키면 되지만, 정부에 얽매여야 하므로 당사자에게 큰 이득과 명예가 돌아오는 방법은 아니다. 둘째 방법은 바람직하기는 하지만 프로젝트에 소요되는 막대한 자금을 확보해야 하는 것은 물론 소요된 자금을 회수하기 위해 정부와 타협해야 했다.

그는 당대의 봉건 영주답게 두 번째 방법을 선호했는데 마침 그의 계획을 앞당길 수 있는 기회가 주어졌다. 국가에 소금을 공급하는 전매권한을 확보한 것이다. 이는 그에게 막대한 재산을 축적할 수 있는 효자 노릇을 해주었다.

자금이 어느 정도 확보되자 본격적으로 아버지 때부터 꿈꾸던 운하 건설 계획에 착수했는데 이 계획을 실현에 옮기려면 선결해야 할 과제가 두 가지 있었다. 첫째는 당대의 기술로 정말 운하를 완성할 수 있느냐이고 둘째는 운하 주변을 근거지로 하는 봉건귀족들이 가진 땅을 관통할 수 있는 허가를 받아야 한다는 점이다.

드 리케는 우선 운하 건설에 관한 기술적인 문제를 철저히 점검했다. 그가 가장 신경을 쓴 부분은 과거에 왜 운하를 건설하지 못했느냐이다. 결론은 프랑스의 지형이 운하 건설에 그다지 호의적이지 않았기 때문이었다.

운하가 프랑스 내륙을 관통하려면 가론느 지방의 중간에 우뚝 솟아있는 쇠이 드 노루즈 지역을 통과해야 했다. 어떤 방법을 사용하든 물이 이곳의 고지대를 통과할 수 있도록 수로를 건설해야 했는데, 그동안 수많은 계획이 실패한 이유도 바로 이 때문이었다. 또한 수로에 흘러갈 대량의 물을 어떤 방법으로든 안정적으로 확보해야 했다.

첫째 문제는 대형 토목 공사를 통해 어느 정도 해결할 수 있지만 연중 내내 끊임없이 수로를 관통할 수 있는 물을 공급한다는 것은 간단한 일이 아니었다. 여러 가지 방안이 제시되었으나 그 어떤 것도 실현성이 보장되지 않았다.

미디운하에 물을 공급하는 셍 훼레오 저수지.

이때 드 리케가 천재적인 방안을 도출한다. 수로가 계획된 지역 인근 동쪽에 있는 수량水量이 무한대로 많은 '검은산Montagne Noire' 에 주목한 것이다. 검은산의 물줄기 중 절반은 대서양으로 절반은 지중해로 흐른다. 어려서부터 검은산을 자주 방문했던 그는 검은산에서 나오는 물을 생 훼레오에 커다란 저수지(호수)를 만들어 저장한 후 운하에 규칙적으로 흘려보내면 물 문제는 해결 가능할 것으로 생각했다.

인공 저수지를 만들어 수로에 필요한 물을 공급한다는 아이디어는 어느 누구도 상상치 못한 일이었다. 어려서부터 인근에서 자란 드 리케였기 때문에 가능한 일이었다. 아이디어가 도출되자 여러 번의 현장조사를 거치며 검증에 들어갔고 성공할 수 있다는 확신을 얻자 더 큰 문제점 해결에 착수했다. 운하를 통과하는 수많은 구간의 영주들로부터 통과 허가서를 받는 일이다. 현실적으로 수많은 영주들로부터 직접 동의서를 받는 것이 간단한 일이 아님을 잘 알고 있는 드 리케는 제일 먼저 툴루즈의 주교를 찾아가 설득했다. 운하가 건설되면 지역 발전에 크게 기여할 수 있으며 특히 툴루즈 교구에도 경제적으로 큰 이득이 된다는 점을 강조했다.

당시 왕권과 교권은 거의 대등한 위치를 차지하는 지역이 많았으므로 툴루즈 주교의 지원은 매우 중요했다. 주교는 드 리케의 계획안에 찬성하면서 루이 14세 정부와 협상할 수 있는 다리를 놓아주겠다고 했다. 주교의 지원과 드 리케의 소위 왕성한 로비로 1661년 드 리케는 자신의 미디운하 건설계획안을 루이 14세와 프랑스의 경제장관인 콜베르에게 직접 보고했다. 운하가 건설되어야 비로소 프랑스가 다른 나라의 간섭을 받지 않는 부국이 될 수 있다는 드 리케의 설명을 들은 콜베르는 그의 말대로 운하가 건설될 수 있다는 확신을 가질 수 있었다고 인정하면서도 그에게 담보를 요구했다. 즉 루이

14세의 적극적인 지원을 받기 위해서는 그의 재산으로 일부 구간이라도 사전에 운하를 완공하여 운하가 정말로 건설될 수 있다는 것을 보여주어야 한다는 것이다.

콜베르의 제안은 이미 예상했던 바이므로 드 리케는 콜베르에게 역제안을 했다. 자신의 자금만으로 일정 구간의 운하를 건설하는 대신 운하가 건설되면 운하를 관리하는 운영권을 달라는 것이었다. 그의 요구는 승낙되었다.

루이 14세는 당대에 세계를 제패할 꿈을 갖고 있었으므로 군사적인 목표를 위해서 드 리케의 프랑스 남부를 관통하는 미디운하뿐만 아니라 북부의 릴에서 베르사유, 동부의 스트라스부르그에서 루이지안까지 관통하는 운하 건설에도 큰 관심을 갖고 있었다. 그러므로 콜베르의 제안을 적극 지원했다. 루이 14세가 운하 건설을 승낙했다는 것은 운하 건설의 가장 큰 걸림돌 중 하나였던 봉건 귀족들의 반대를 원천적으로 제거했다는 것을 뜻한다.

드 리케는 콜베르와의 약속대로 엄청난 자금을 직접 투입하여 생 훼레오 저수지 건설에 착수했다. 미디운하 공사 계획과 준비가 차질 없이 진행되자 드 리케를 기쁘게 하는 소식이 들어왔다. 1666년 프랑스 정부에서 예정보다 빨리 자금을 지원하겠다고 약속한 것이다.

정부의 적극적인 지원 약속에도 그는 서두르지 않고 철저한 설계와 준비에 매진했다. 그렇게 해서 드 리케가 어려서부터 갖고 있던 운하 건설의 꿈은 그의 나이 예순세 살 때인 1667년에 비로소 시작되었다 해도 과언이 아니다. 공사는 세 곳으로 나누어져 시행되었는데 드 리케는 검은산으로부터 나오는 물을 생 훼레오 저수지에 담는 것은 물론, 툴루즈에서 중세 시대의 성채로 유명한 카르카손을 통과하여 트레베까지 공사를 완성했다. 그는 그동안 번번이 실현 불가능이라고 지적되었던 쇠이 드 노루즈 지방의 난공사도 문제없

요새 도시 카르카손. 중세 시대의 생활 모습을 그대로 보존하고 있다.

이 해결했다.

드 리케의 운하 건설이 순조롭게 진행되고 실제로 물이 차질 없이 수로로 흘러가자 트레베에서부터 목적지인 세트 항구까지 건설되는 자금은 프랑스 정부가 직접 지원했다. 운하가 건설되기 전까지 작은 항구에 불과했던 세트는 운하 개통 이후 지중해에서 가장 중요한 항구가 되었음은 물론이다.

미디운하 공사는 준공되는 구간마다 차례로 개통되었고 운하의 관리권을 확보한 드 리케는 막대한 이익을 얻을 수 있었다. 결국 총 245킬로미터에 달하는 운하는 착공한지 14년 만인 1681년에 완성되었다. 그가 건설한 툴루즈로부터 지중해에 면하는 세트Sète까지를 정시옹 운하라고 부른다. 이 운하는

리브롱의 수문 모습. 1858년에 건설된 리브롱의 수리시설은 리브론 강물이 불었을 때 미디운하의 방호문이 닫히도록 고안되었다(위). 갑문을 통과하는 모습(아래).

툴루즈에서 반대 방향으로 보르도까지 닿는 라테랄 운하로 연결되고 이어서 대서양까지 이어지므로 프랑스는 운하로 대서양과 지중해를 연결할 수 있었다. 대서양과 지중해를 연결하려는 로마 시대부터의 꿈이 드디어 실현된 것이다. 혹자들은 드 리케를 '남프랑스의 모세' 라고 치켜세우며 19세기 중반까지 지중해와 대서양을 연결시킨 미디운하를 세계에서 가장 뛰어난 '기술상의 기적' 으로 평가한다.

미디운하 공사에는 당시로써는 상상할 수 없는 328개에 달하는 대형 구조물 건설이 수반되었는데 이 중에는 126개의 다리, 64개의 수문, 165미터에 달하는 터널, 수도교, 배수관 등이 포함되었다. 특히 리브롱 수로는 드 리케의 천재성을 유감없이 보여주었다. 이 구간은 해수면보다 고작 1~3미터밖에 높지 않으므로 도수교를 건설하는 데 난점이 있었다. 게다가 폭우가 내리면 수로 전체를 강타할 우려조차 있었다. 드 리케는 수로의 물길을 아치로 만든 구조물 두 개로 나누어 통과하도록 했다. 19세기 중반에는 그의 아이디어를 더욱 보완하여 레일로 움직이는 개폐문이 아치와 연결되어 관통하는 물을 조절할 수 있도록 했다.

드 리케는 운하를 건설하면서 단순히 토목공학이나 기계적인 방법을 이용하여 수로를 개통하는 것으로 만족하지 않았다. 그는 자연적인 장애를 극복하기 위해 각 장애물에 맞는 공법을 스스로 개발하면서도 친환경적인 요소를 강조했다. 자신의 운하 건설이 자연을 파괴하는 것임을 알고 새로 건설되는 대형 구조물에 예술성을 부여하는 것은 물론 공사 구간과 파괴된 곳의 이질감을 가능한 한 없애기 위해 파라솔 소나무, 플라타너스, 실편백 등을 심어 각종 인공 구조물과 조화를 이루도록 했다. 그가 건설한 미디운하 전 구간이 프랑스는 물론 세계에서 가장 아름다운 운하 또는 공간의 하나로 알려진

미디운하의 출구인 나르본. 지중해 연안에서 15킬로미터 정도 떨어진 곳에 있는 프랑스 남부의 도시다.

이유이다.

사람들은 미디운하를 따라가면서 곳곳에 건설된 수도교를 보며 매우 놀란다. 일반적으로 강 위에 설치된 다리는 사람이나 마차, 자동차 등이 통과하기 위한 것으로만 생각하는데 수도교는 이런 생각을 원천적으로 깨버린다. 미디운하에 설치된 수도교는 다리 위에 흐르는 물 위로 선박이 달릴 수 있게 한 것이다. 다리 위를 사람이나 마차뿐만 아니라 선박들도 다니는 장관을 보면 운하의 참모습을 느낄 수 있다.

아쉬운 것은 막상 1681년 5월에 열린 운하의 개통식에 운하 건설의 당사

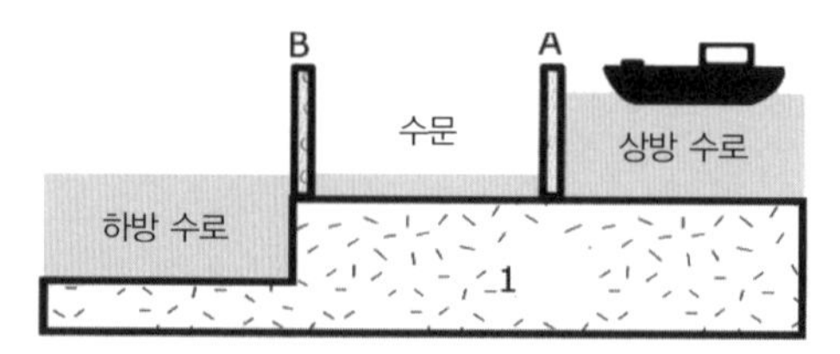

배가 수문 입구에 대기한다(A와 B 차단 벽이 닫혀 있다).

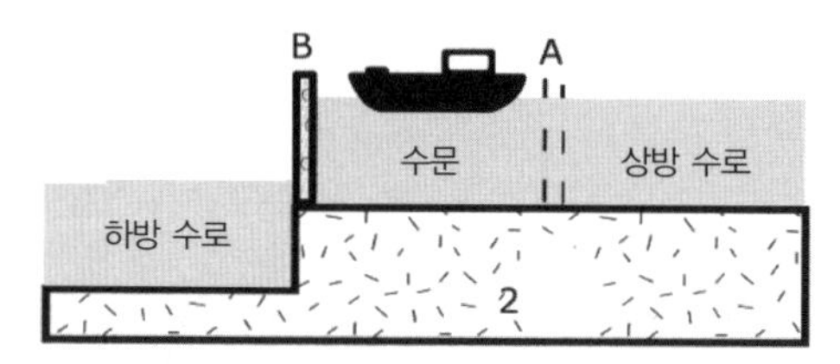

A 차단 벽을 열어 상방 수로와 수문의 높이가 같아지면
배가 수문으로 들어간다.

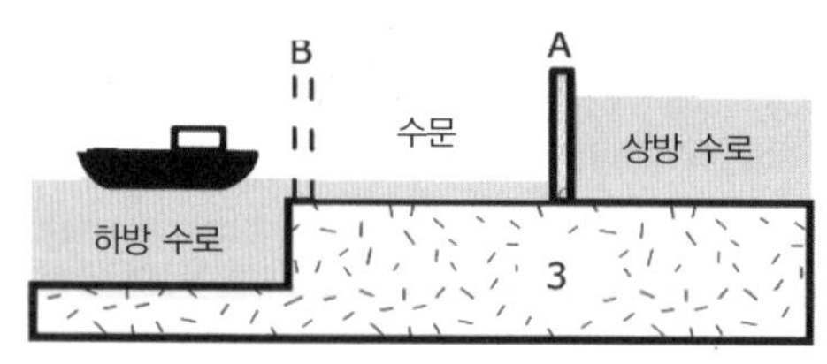

동일한 작업으로 배가 하방 수로로 들어간다.

갑문 통과 원리.

자인 드 리케가 참석하지 못했다는 점이다. 그는 1680년 10월에 사망했다.

인류사를 볼 때 드 리케처럼 행운아인 사람은 많지 않다. 비록 절대군주인 왕족으로는 태어나지 못했지만 출생부터 소위 영주의 아들로 태어나 누구 못지않게 귀하게 자랐다. 더구나 드 리케는 프랑스의 세금을 거두는 징세관이 되었는데 이는 당시에 황금알을 낳는 직책이었으므로 아버지의 영향이 없었다면 감히 넘볼 수 없는 자리이다(당시 프랑스는 세금 징수를 정부에서 하지 않고 민간단체에 위탁했다. 프랑스 혁명 때 유명한 과학자 라부아지에가 단두대의 이슬로 사라진 이유도 그가 징세관이었기 때문이다).

보통 사람이라면 이 정도에서 자신의 삶을 평안하게 끝냈을 것이다. 그러나 드 리케는 어릴 때 아버지가 프랑스를 강국으로 만들기 위해 미디운하에 투신하는 것을 직접 보았고 결국 시도조차 하지 못했다는 사실을 잘 알고 있었다. 자연스럽게 그는 아버지의 유지를 이어야겠다고 생각했다.

아무리 아버지의 한이 맺힌 미완성 프로젝트라 하더라도 실무적으로 들어가면 이런 대역사가 순조롭게 움직일 리 만무다. 그를 프랑스의 위대한 인물 중 한 명으로 꼽는 이유는 프랑스가 원하는 가장 큰 프로젝트를 성공리에

수도교는 다리 위로 물을 흐르게 하여 선박이 달릴 수 있게 했다.

완성시켰기 때문이다. 미디운하를 성공적으로 완공하기 위해서는 기술, 자금, 그리고 정부의 강력한 지원 등 삼박자가 맞아야 한다. 이 모두를 동원할 수 있었다는 것은 결국 드 리케의 능력이 남다르다는 것을 말해준다.

드 리케의 경력을 보면 토목이나 건설에 대한 전문가도 아니다. 그럼에도 그가 루이 14세의 적극적인 지원을 받을 수 있었던 것은 엄청난 재산을 기반으로 수많은 전문가들을 동원하여 완벽한 계획서를 준비할 정도의 기획력이 있었기 때문이다.

드 리케의 장담대로 그때까지 이베리아 반도를 돌아 나오던 선박의 운항 비용이 크게 절감되었다. 특히 운하의 개통으로 프랑스의 주 생산물이라고 볼 수 있는 포도와 곡물 운송 시간이 크게 줄어 툴루즈에서 세트까지 단 4일 만에 주파할 수 있었다. 운하는 항상 붐볐고 프랑스의 산업은 비약적으로 발전하기 시작했다. 얼마나 많은 선박들이 미디운하를 운행했는지는 프랑스에서 일시적으로 경제성장이 최고조에 달했던 1856년 승객 약 10만 명과 화물 110만 톤이 통과했다는 사실로도 증명된다.[38]

이와 같이 운하가 성공리에 운영되자 1777년부터 1789년까지 추가로 로빈 운하가 건설된다. 로빈 항구에서 지중해의 요충지 인 나르본을 경유하여 누벨 항구까지 연장하는 것이다. 따라서 미디운하는 정시옹 운하와 로빈 운하 두 개를 합친 것을 말한다.

대서양과 지중해를 연결하는 미디운하는 19세기 중반까지 호황을 누리다가 기차의 출현으로 급격히 물동량이 줄어들어 1970년에는 산업적인 운하의 기능을 잃어버린다.

그러나 미디운하는 오늘날 또다시 세계의 주목을 받기 시작했다. 1996년에 유네스코 세계문화유산에 지정되면서 미디운하가 새로운 관광 명소로 탈

바꿈했기 때문이다. 매년 수많은 관광객이 아름다운 미디운하를 찾는다. 특히 요트로 운하를 관통하려는 사람들이 전 세계적으로 몰려들고 있어 관광 최전성기인 여름에는 극심한 정체를 빚기도 한다. 최근에는 '두 대양 사이의 운하 건설을 위한 연합' 이 구성되어 대형 선박도 운항할 수 있는 새로운 운하를 건설한다는 계획이 발표되었다.

미디운하는 곳곳에서 아름다운 풍광이 연출되도록 설계되어 이를 통과하는 사람들로 하여금 탄성을 자아내게 하는데 카르카손 지역을 통과하면서 바라보는 카르카손 성과 나르본에서 지중해를 바라보는 풍경이 일품이다. 특히 파라솔 소나무가 좌우로 있는 살레르도드Sallèles d' Aude 지역은 미디운하

운하에서 배가 정체된 장면.

미디운하에서 가장 아름다운 구역 중 하나인 살레르도드.

에서 가장 아름다운 구역 중 하나로 프랑스인들의 자부심이 대단하다.

요트를 몰고 수문을 통과하는 영국인에게 미디운하를 통과하는 데 얼마나 걸리느냐고 묻자 그는 한 달을 계획하고 있다고 한다. 미디운하의 아름다운 풍경을 일일이 음미하면서 운항하고 있으므로 굳이 빨리 통과할 마음은 없다는 것이다. 또한 곳곳에 있는 수문을 직접 조작하는 것도 즐거운 일이라며 엄지손가락을 들었다. 수문을 통과하기 위해서는 수문 통과 전용 동전을 넣고 간단히 버튼만 누르면 된다. 배를 타지 않고 자동차로 수로를 따라가려면 길이 매우 복잡하므로 반드시 정확한 지도를 지참하기 바란다.

2부

고고학 미스터리

THE MYSTERY AND THE TRUTH

크로마뇽인의 동굴벽화

오리냐크의 라스코 동굴은 1940년 어린이들의 호기심 때문에 우연히 발견되었다. 프랑스 남서부에 있는 아키텐 주의 도르도뉴 현 몽테냐크 마을의 나지막한 언덕에는 조그마한 구멍이 있었는데, 어린아이들은 그 구멍 아래에 그곳에서 다소 멀리 떨어진 산 중턱의 작은 성까지 통하는 길이 있다고 믿었다. 열네 살 자크 마르살 등 소년 네 명은 그러한 통로가 정말로 있는지 탐험하기로 결심하고 지름이 약 60센티미터가량 되는 구멍에 돌을 떨어뜨려 보았다. 그랬더니 한참 후에 떨어지는 소리가 들렸고, 상당히 깊은 구멍이라는 것을 알게 되었다. 그들 중 나이가 가장 많은 열일곱 살 마르셀 라비다가 그곳을 파헤쳐 사람 몸이 들어갈 만하게 만들었고 한 사람씩 기어서 동굴로 들어갔다.

하지만 그곳은 상상했던 것처럼 성안으로 들어가는 입구가 아니었다. 대신 어린아이들은 동굴 깊숙한 곳에 그려진 수많은 동물 그림을 발견하고 놀라움을 금치 못했다. 그들은 동굴에서 발견한 그림에 대해 곧바로 학교 선생님인 레옹 라발에게 보고했고, 곧 유명한 고고학자 브뢰이 신부가 찾아왔다.

프랑스 남서부에 있는 아키텐 주의 베제르 계곡. 이곳에는 크고 작은 선사시대 동굴이 30여 개 있다. 그 중에서 가장 유명한 라스코 동굴은 몽티냐크 마을에 있다.

이렇게 하여 라스코 동굴이 세상에 알려지게 되었다.

라스코 동굴벽화는 알타미라 동굴벽화보다 다소 앞선 1만 5,000년에서 1만 7,000년 전에 그려진 것으로 추정된다. 브뢰이 신부는 라스코 동굴을 탐사한 후 라스코 동굴의 중요성을 꿰뚫어 보고 다음과 같이 말했다.

> 이 동굴은 인류에게 남겨진 다른 어떤 것과도 바꿀 수 없는 귀중한 유산이며, 이것을 지키는 것이 우리의 사명이다.[1]

라스코 동굴의 본래 입구.

몇 년 전에 직접 현장을 방문했을 때의 일이다. 현지 안내인이 라스코 동굴의 발견에 얽힌 에피소드를 이야기하는데 좀 의심이 들었다. 어린아이들이 동굴 입구와 연결되었을 것으로 생각한 성이 너무 멀고 높은 곳에 있었기 때문이다. 하지만 세계에서 가장 유명한 동굴 중 하나가 어린아이들에 의해서 우연히 발견되었다는 사실이 시사해주는 바는 매우 크다는 생각이 들었다. 엄밀히 따지자면 아이들이 애초에 한 생각은 틀렸다. 성까지 연결되는 통로는 없었기 때문이다. 하지만 어린아이들의 상상력과 호기심은 동굴 안으로 들어가는 모험을 이끌었고, 결국 성까지 연결되는 통로보다 훨씬 더 중요한 것을 발견하게 했다. 다소 허무맹랑한 상상력이나 꿈 이야기를 모두 허투루 들을 필요는 없을 듯하다.

동굴이 발견된 1940년 당시 프랑스는 독일에 점령된 독일 지역과 독일 정

라스코 동굴을 소개하는 안내판.

라스코 동굴이 있는 몽티냐크 마을.

권에 의해 세워진 비시 정권이 직접 통치하는 지역으로 나뉘어져 있었다. 라스코 동굴이 위치한 지역은 비시 정권이 통치하는 지역이어서 독일 점령 지역에서 피난을 온 사람들이 많았고 전쟁 기간에는 연합군이 지원했던 무기의 은닉 장소로도 사용되었다. 그래서 라스코 동굴은 전쟁이 끝난 1948년부터 비로소 일반인에게 공개되었다.

그런데 일반인에게 공개하기 시작한 지 12년이 지난 1960년부터 푸른곰팡이들이 기생하고 석회암 암벽에도 하얀 얼룩이 생기자 프랑스 정부는

1963년에 동굴벽화의 일반 공개를 금지했다. 오염 원인이 제거되자 그림은 원래 상태로 돌아왔다. 이후 정부 기관의 추천장이 있는 전문가에 한해 그것도 하루 여섯 명 이내의 인원에게만 동굴벽화 관람을 허용하고 있다. 하지만 2001년에도 일부 바위와 동굴 바닥에 박테리아와 곰팡이가 서식하는 것이 발견되어 살균제와 항생제 치료를 받았다.

내가 현장을 처음 방문했을 때가 1980년대 말이었는데 자크 마르살이 동굴 관리인으로 있었다. 동굴을 처음 발견했던 소년은 브뢰이 신부의 말을 듣고 동굴을 지키는 것이야말로 하늘이 자신에게 준 사명이라며 평생 그 자리를 지켰던 것이다. 그러나 다음에 다시 그곳을 방문했을 때는 그를 다시 볼 수 없었다. 40여 년 동안 라스코 동굴을 지키다가 세상을 떠났던 것이다. 라스코 동굴에 대해서는 기존에 다룬 자료가 많으므로 이곳에서는 벽화 제작 기법 등 과학 기술에 관한 내용을 주로 설명한다.

라스코 동굴의 발견자인 브뢰이 신부(왼쪽)와 자크 마르살(오른쪽).

재료에 따라 다른 벽화 제작

라스코 동굴에 그려진 벽화는 제작 연대가 35,000년에서 15,000년 전 사이로 크로마뇽인들이 그린 것으로 추정되면서 세계적인 주목을 받았다. 동굴의 벽면에 그려진 채화와 각화刻畵는 800점이 넘는다. 들소, 야생마, 사슴, 염소 따위가 주로 그려져 있고 드문드문 고양이나 주술사로 보이는 사람도 있다. 동물화는 대개 크게 표현되었으며 주동굴主洞窟에 있는 검은 소 등은 가로가 5미터 이상이나 된다. 빨강, 검정, 노랑, 갈색을 칠한 채색화가 많지만, 홈을 판 선각線刻 그림도 있다. 벽화의 짐승들은 하나같이 역동적이고 생생한 모습이다. 뛰고 있는 들소, 쉬고 있는 사슴, 숨을 헐떡이며 죽어가는 말 등 그림들은 지극히 사실적이다.

그런데 문제는 이들 그림 속의 동물들이 당시 크로마뇽인의 사냥 기술로 사냥할 수 있었던 대상이 아니라는 점이다. 그것은 그림의 주제와 실제 사냥한 동물들이 일치하지 않는 것으로도 알 수 있다. 동굴에서 발견된 동물의 뼈를 보면 순록이 90퍼센트에 이르고 노루와 멧돼지가 5퍼센트 미만으로 나타난다. 소의 뼈는 하나도 없고 말은 0.7퍼센트에 불과하다.[2]

그런데 정작 벽화에서 가장 많이 묘사된 것은 말로 전체 그림의 약 60퍼센트를 차지한다. 그리고 소와 사슴은 각각 16퍼센트를 차지한다.[3] 사자나 이리 따위의 맹수 그림도 많지만 크로마뇽인이 주식으로 삼았던 순록 역시 많이 그리지 않았던 것이다.

사냥하는 데 별로 힘이 들지 않았기 때문에 많이 그리지 않았으리라고 추측해볼 수 있다. 이러한 사실을 근거로 더 많은 사냥을 기원하며 그림을 그린 것이 아니라 순수하게 예술을 위한 예술로 그림을 그렸다는 주장이 제기되었다. 암벽을 재미로 긁다가 재주 있는 크로마뇽인이 놀이 삼아 그림을 그리게 되었다는 것이다.

라스코 동굴에서는 채색화의 대부분이 황소의 방과 정면의 복도 아케이드에 그려져 있다. 이들 벽이 지하수로부터 적출된 방해석方解石층으로 뒤덮여 있기 때문이다. 그러므로 벽면은 흰색이며 단단하다.

방해석은 겉보기에는 치밀하지만 현미경으로 보면 미세한 구멍이 있다. 따라서 그 위에 그림을 그리면 구멍으로 물감이 스며들어 고정된다. 라스코 동굴의 채색화가 1만 5,000여 년이 지난 뒤에도 생생한 빛을 잃지 않는 이유가 거기에 있다. 그런데 오른쪽 측랑은 방해석층이 아니라 부드러운 석회암으로 되어 있다. 그 때문인지 주로 선각(선으로 새김)으로 그림을 그렸다. 그곳에는 무려 1,500개 정도의 형상이 선각으로 그려져 있다.

벽화가 있는 곳은 바깥에서 어떤 빛도 들어오지 않으므로 그림을 그리거나 그림을 보기 위해서는 인공적인 빛을 반드시 필요로 할 수밖에 없다. 라스코 동굴에서는 등잔 백 수십 개가 발견되었는데 가운데 부분이 조금 오목하게 가공된 것도 있었고, 전혀 가공되지 않은 것도 있었다. 등잔에 있는 재를 조사했더니 노간주나무의 가지가 탄 재였다. 등잔의 오목한 곳에 50그램의 동물 지방을 채우고, 작은 나뭇가지로 심을 넣은 채 불을 붙였는데 한 시간가량 불을 밝힐 수 있었다. 이런 등잔 몇 개면 상당히 밝았으므로 전혀 지장을 받지 않고 그림을 그릴 수 있었을 것이다.

학자들을 더욱 놀라게 한 것은 마제석기로 분류될 수 있는 사암으로 된 등잔이 라스코 동굴에서 발견된 것을 비롯해 이와 비슷한 등잔이 근처 라 무트 동굴의 마들렌층에서도 발견되었다는 점이다. 유럽에서 마제석기가 널리 실용화된 것은 훨씬 후대인 신석기시대, 그러니까 기원전 7000년 정도로 추

라스코 동굴벽화 중 황소를 그린 그림.

정되어 왔다. 그런데 이들 등잔이 발견되었다는 것은 구석기시대에도 마제석기의 개념을 갖고 있었다는 것을 의미한다. 일부 학자들은 이처럼 질 좋은 등잔은 의식용으로 사용했을 것으로 추정했다. 물론 동굴에서 벽화를 그리기 위한 조명으로 항상 등잔을 사용한 것은 아니었다. 동굴 안에서 상당한 분량의 재가 발견되는 것으로 보아 횃불도 많이 사용했던 것으로 보인다.

채색화를 그릴 때 사용된 물감은 주로 검정 · 빨강 · 황토 등 세 가지 색이다. 검은색은 산화망간, 빨간색은 산화철, 황토색은 황색 점토가 주성분이다. 이들 세 가지 색은 자연의 가혹한 환경에서도 가장 잘 견디는 견고한 색소임을 감안할 때 크로마뇽인들이 수천 년간의 경험을 통해 가장 좋은 색소가 어떤 것인가를 파악하고 있었던 것으로 보인다.

라스코 동굴에서 발견된 검은 황소 그림. 크로마뇽인들의 그림도 훌륭하지만 그림에 사용되는 안료를 만드는 기술도 뛰어났음을 짐작할 수 있다.

채색하는 도구로는 분필을 사용했는데 이것은 원료를 갈아서 가루를 만들고, 돌 조각 위에 응고시켜 만든 것이다. 물감을 응고시킬 때의 결합제로는 동물의 지방 같은 것을 혼합해 사용했을 것으로 생각되었지만 실험에 의하면 그런 혼합물은 발견되지 않았다. 그들은 동굴 내에 흐르고 있는 탄산칼슘이 많이 포함된 물로 응고시켰다. 크로마뇽인들은 자신들이 쉽게 찾을 수 있고 사용할 만한 방법을 선택한 것이다.

학자들이 동굴벽화를 보고 놀란 것은 채색화를 그릴 때 동물의 윤곽을 분필 혹은 붓을 사용해서 단숨에 그렸다는 것이다. 그것도 동굴의 요철이 있는 벽면에 말이다. 동굴벽화를 그린 화가는 아마도 숙련된 거장이었을 것이다. 그 때문에 어떤 학자들은 이들 크로마뇽인에게는 벽화만 전문적으로 그리는 장인이 별도로 있었을 것으로 추정하기도 한다.

동물의 각 부분에는 여러 가지 기법이 사용되었다. 황소의 방에 그려진 황소는 거친 점으로 강렬한 성격을 표현했고 말은 솜방망이를 이용해서 피부를 표현했다. '바림gradation 기법' 도 이용되었다. 바림 기법이란 입에 물감을 머금고 있다가 대롱으로 불거나 직접 부는 것을 말한다. 말갈기가 바람에 날리는 모양은 깃털을 묶은 붓으로 그렸다고 추측된다. 또 황소를 보다 섬세하게 그리기 위해 몸을 검게 칠한 다음, 윤곽을 새롭게 가느다란 선으로 새겨서 검은 바탕 위에 희게 떠오르게 했다. 이런 기법은 라스코 동굴보다 더 오래된 그라베르문화 시대에도 사용되었다. 바림 기법은 물에 녹인 물감보다는 분말을 사용하는 게 더 좋다는 사실도 파악됐다.

게다가 라스코 동굴의 화가들은 동물을 삼차원 입체로 표현하는 방법도 터득하고 있었다. 그것은 브뢰이 신부가 '반 비틀림 화법' 이라고 불렀던 독특한 방법이다. 동물의 몸은 완전 측면에서 본 것처럼 그리지만, 소의 뿔(말

라스코 동굴벽화 중 말과 황소를 그린 그림. 황소보다 움직임이 빠른 말을 다른 기법으로 그렸다.

의 경우 귀)이나 앞발은 비스듬한 각도에서 보고 그리며, 뒷발은 경우에 따라 비스듬한 각도의 앞이나 뒤에서 본 것처럼 그리는 방법이다.

동물의 움직임에 따라 다르게 표현한 것도 눈에 띈다. 황소의 눈은 크게 부릅뜨고 있는 것처럼 보이는가 하면, 말은 빠른 움직임 때문에 머리 부분과 눈이 흐려져 정확하지 않으며 갈기는 바람에 흩날리고 있다. 몸 전체의 선이 물결을 타고 약동하고 있고 앞발과 뒷발은 각각의 순간을 포착하여 운동하고 있다. 이러한 기법은 현대의 애니메이션에서 흔히 볼 수 있는데 요코야마 유지는 이들 작품이야말로 세계 최초의 애니메이션이라고 말하기도 했다.[4]

벽화동굴은 비거주 공간

전문가들은 동굴 벽화가 두 가지 목적으로 그려졌다고 추정한다. 첫째는

라스코 동굴벽화를 대표하는 중앙 홀. 황소의 방으로도 불린다.

주술 용도이고 둘째는 사냥할 때 요행을 바라는 용도라는 것이다. 벽화에 묘사된 동물의 형상이 토템으로서, 아마도 그 형상들이 상징하는 힘과 속성에 일체감을 느끼는 집단이나 부족에 의해 의식이 진행되는 중에 제작되었을지 모른다는 설명이다. 들소나 코뿔소들은 인간보다 힘이 세고 위험하므로 동물들의 힘을 억누르거나 줄이기 위해 혹은 사냥에 앞서 뭔가 주술적인 행사가 필요했을지 모른다고 추정하는 것이다.

이런 예는 현대에도 종종 볼 수 있다. 사냥으로 살아가는 일부 아메리카

인디언들은 짐승의 머리에서 벗겨 낸 가죽 또는 뿔을 달아 만든 가면을 머리에 쓰고 손에는 활과 창을 쥐고 춤을 춘다. 이들은 사냥에 나갈 사냥꾼들이며 춤은 들소 사냥을 나타낸다. 이윽고 그중 한 명이 지쳐서 쓰러지는 시늉을 한다. 그러면 다른 토인은 그 모양을 보고 끝이 뭉뚝한 화살을 쏜다. 들소는 숨이 끊어진 것이 되어 춤판에서 끌려나간다. 사람들은 그 위에다 칼을 휘두르는 시늉을 한다. 들소가 끌려나가면 또 다른 인디언이 들소 가면을 쓰고 들어온다. 이 춤은 때로는 잠시도 쉬지 않고 2, 3주일 동안 계속된다.[5]

독일의 인류학자 프로베니우스가 1905년 아프리카를 탐험했을 때의 일이다. 그는 탐험 도중 예비 식량이 바닥나자 안내원인 피그미족에게 영양을 잡아달라고 부탁했다. 피그미족은 수렵이 주업이므로 영양 한 마리쯤은 쉽게 잡을 수 있을 것으로 생각했다. 그런데 오늘은 준비가 안 되었으니 내일 사냥하자고 거절하는 것이었다. 다음 날 새벽, 피그미족은 적당한 장소를 잡고 의식을 치르기 시작했다. 먼저 주문을 외면서 집게손가락으로 영양의 그림을 그린 다음, 해가 떠오르기를 기다렸다. 아침 햇살이 땅 위에 그려놓은 그림을 비추자 영양의 그림을 향해 활을 쏜 다음에야 사냥에 나섰다.

둘째는 사냥꾼들이 사냥감을 많이 잡을 수 있게 하려는 의도이거나 그림 속에 묘사된 동물이 더 많이 나타나도록 기원하는 의도라는 것이다. 크로마뇽인들에게도 가장 절실했던 문제는 식량 확보와 자손 번성이었다. 새끼를 밴 모습이나 교미 장면 또는 성기를 과장해서 표현한 것은 자신이 사냥할 동물의 번식을 기원하기 위해서였다는 것이다. 그리고 순록의 숫자가 많았지만 그림을 많이 그리지 않은 이유는 순록은 별로 힘들이지 않고 사냥할 수 있었기 때문이라고 설명한다.

앞에서 설명했지만 사자나 이리 따위의 맹수가 그려져 있지 않은 이유는 맹수는 절대로 사냥의 대상이 될 수 없기 때문이다. 더구나 맹수는 사냥하는 인간을 공격하는 위험 동물이었다. 인간들은 사냥할 때 자신이 맹수로부터 안전해지길 기원했다.

따라서 동물들은 신앙의 대상이 되었다. 동물들이 사냥의 대상이기도 하며 동시에 신앙의 대상이기도 했던 것이다. 그러므로 학자들은 바위 그림이 있는 곳이 바로 신앙 의식을 거행하던 신성한 장소라고 추정하기도 한다.[67]

빙하기 직후의 인류가 햇볕이 드는 동굴 안이라든가 바위틈에서 생활했으리라는 것은 당연한 추측이다. 햇볕이 드는 곳이면 어느 곳보다 생활하기에 편리하기 때문이다. 그런데 동굴벽화는 동굴 안에서도 깊숙한 구석에 그려져 있는 것이 대부분이다. 현대인들마저 들어가기를 기피할 정도로 깊은 구석임은 물론 함부로 들어가기에는 너무 위험한 장소다. 동굴에는 여러 곳으로 구멍이 뚫려 있는 경우가 많기 때문에 지금도 관람객들에게 반드시 공개된 장소 외에는 들어가지 말라는 안내를 하고 있다.

더구나 많은 그림은 흙이나 나무로 만든 받침대를 사용해야만 손이 닿을 수 있는 높이에 그려져 있다. 이것은 예술적인 목적이나 심심풀이로 벽화를 그리지 않았다는 것을 뜻한다. 단지 예술적인 느낌을 표현하거나 심심풀이로 그림을 그렸다면 동굴 입구에 그렸을 것이다.

작업하기 어려운 은밀한 장소에 그림을 그렸다는 것은 반드시 그렇게 해야 할 이유가 있었다는 것을 의미한다. 이는 벽화가 그려진 벽면의 위치 등을 중시했기 때문이라는 추정도 조심스럽게 해볼 수 있다.

더욱 중요한 것은 동굴 대부분이 사람이 살던 곳이 아니라는 점이다. 일반적으로 동굴의 퇴적층을 발굴하면 그곳에서 살았던 인류가 먹고 남긴 찌꺼기인 동물의 뼈나 그들이 사용한 석기 등을 포함한 지층이 발견되는 것이

보통이다. 그 예가 남부 프랑스의 유명한 선사 유적지 토타벨이다.

토타벨에서는 70만 년 전에서 10만 년 전에 이르는 긴 세월 동안 형성된, 성격이 다른 수십 개의 주거층이 발견되었다. 그런데 라스코 동굴에서는 이러한 주거층이 단 하나도 발견되지 않았다.

라스코의 문화층에 남아 있는 것은 벽화를 그릴 때 필요한 등잔이나 물감 그리고 선각을 새길 때 이용된 석기 등이다. 동물의 뼈도 발견되었지만 많은 양은 아니어서 그림을 그리던 크로마뇽인들이 먹었던 흔적으로 추정한다. 더구나 황소의 방에서는 투창 열여섯 개와 바늘 한 개를 포함해서 모두 스물여덟 개의 골각기가 발견되었는데 이것도 주거 유적이 아님을 증명한다.

이런 사실들로 볼 때 크로마뇽인은 라스코 동굴에 그림을 그릴 목적으로 들어온 것이지 생활할 목적은 아니었다는 추정이 가능하다. 이는 라스코 동굴에만 해당하는 이야기가 아니다. 다시 말해 동굴벽화가 많이 발견되는 동굴 자체가 고대인의 신전이었다는 뜻이다. 이런 드나들기 위험하고 은밀한 곳에 그림을 그린 이유를 고고학자 혹스는 다음과 같이 설명한다.

> 벽화를 그린 화가들은 우선 사자와 거대한 곰의 서식처이면서 화랑으로 쓰일 동굴을 찾아야 했다. 또 고작 횃불이나 고래 등 동물의 기름을 쓰는 등불을 밝혀 놓고 작업을 시작해야 했다. 그러다가 불이 꺼졌을 때 부싯돌로도 불을 켤 수 없는 상황을 염두에 둔다면, 이들이 익숙한 외부 세계와 동굴 입구에 있는 가족들의 생활공간과 멀리 떨어진 땅속 깊숙한 곳에 동물의 형상을 재현하려는 의지가 얼마나 강렬했는지 알 수 있다.[8]

이것은 크로마뇽인의 벽화가 예술을 위한 예술로 그려졌다는 것만으로 설명될 수 없음을 뜻한다.[9] 프랑스의 르루아 구랑 교수는 또 다른 시각에서 크로마뇽인의 벽화를 바라본다.

> 구석기시대의 예술은 3만 5000년 전의 오리냐크문화에서 시작되어 1만 2000년 전의 마들렌문화 말기에 끝나는데 그동안의 기술적 진보는 놀라울 정도다. 그러나 2만 년 동안 예술적 테마는 하나도 변하지 않았다. 동굴벽화의 주제는 어느 시대든 말과 소로 정해져 있었다. 이것은 크로마뇽인들이 고집스럽게 전통에 얽매여 있었다는 것을 뜻한다. 빙하시대의 도래와 함께 기후가 변함에 따라 수렵의 주요 대상물이 말이나 소에서 순록으로 변했다고 해서 그림의 주제까지 변화시키지는 않았다.

르루아 구랑 교수가 주장하는 것은 크로마뇽인들이 전통을 중시했다는 것이다. 그의 말이 옳다면 동굴벽화는 선사시대 사람들에게는 조상 대대로 전해오는 전설을 그린 것일 수 있다. 그림을 그리기 전에 동굴의 화로 곁에 둘러앉아 조상이 들려준 전설이나 과거의 수렵 이야기, 그림 그리는 방법 등에 관해 이야기를 나눴을 것이다.

그리고 이러한 행위에는 종교적인 의미가 담겨 있었을 가능성이 제기된다. 라스코 동굴벽화가 제작될 때는 말이 사육되기 이전이었고, 주된 사냥감도 아니었는데 벽화에 자주 등장한다는 것은 말이 그들에게 신성한 동물이었기 때문이라는 것이다. 말에 대한 이러한 정서가 2만 년 동안 변하지 않고 전통과 종교의 형식으로 벽화를 통해 표현되었다는 설명이다.[10]

크로마뇽인이 거주했던 동굴. 중앙에 크로마뇽인 동상이 보인다(위). 프랑스 레제지 마을에 있는 크로마뇽인이 최초로 발견된 장소(아래). 이들은 오늘날 유럽인의 조상으로 추정된다.

상처를 입은 크로마뇽인

라스코 동굴 벽화에는 다른 동굴에서 찾아볼 수 없는 특이한 그림이 하나 있다. 한 남자가 창에 찔려 창자가 쏟아져 나온 들소 옆에서 두 팔을 벌린 채 뒤로 벌렁 누워있고, 나무 위에는 새가 앉아 있다. 들소에게 치명상을 주기는 했지만, 자신도 역시 상처를 입고 쓰러진 상황이다. 프랑수아 보르드 교수는 이 장면을 다음과 같이 해석했다.

> 이 그림은 하나의 공상과학소설과 유사하다. 새를 토템으로 삼은 사람이 들소를 사냥하다 죽자 코뿔소 토템을 가진 그의 친구들이 이 동굴에 와서 죽은 친구를 대신해 복수하는 장면을 그렸다. 그 들소는 창과 화살을 맞았고 아마도 코뿔소의 뿔에 받힌 듯 창자가 터져 나왔다.[11]

한편 브뢰이 신부는 이 장면을 '수렵할 때 일어날 수 있는 사고'라고 해석했다. 이어서 그림 속에 넘어져 있는 사냥꾼을 미개 민족에게서 자주 보이는 '수렵의 모의 댄스gesture dance'와 유사한 '수렵 마술의 의식이 최고조에 달해 황홀 상태에 빠진 사람'이라고 해석했다. 또한 새가 앉아 있는 막대기는 토템이며 새는 사냥꾼의 수호신이라고 했다. 당시 새는 투창기의 장식에 많이 이용되었으므로 역시 수렵에 관한 미술이라는 것이다.

또 다른 해석으로는 새로 변신해서 공중을 나는 능력이 있다는 시베리아의 샤먼을 근거로 사냥꾼을 새의 머리를 한 샤먼으로 보기도 한다. 그러나 사람이 그려진 이 장면은 아직도 풀리지 않는 라스코 동굴의 최대 미스터리다.

이 시대의 기본 생활 수단은 수렵과 채취였다. 그래서 무엇보다 자연을

누워 있는 사람과 들소를 그린 그림. 이 기이한 그림을 두고 해석이 분분하다.

정확하게 파악하는 것이 중요했다. 특히 짐승들의 동작과 습관을 자세히 관찰할 필요가 있었고, 짐승을 실제와 똑 닮게 그렸다. 사냥할 때는 짐승들을 재빠르게 죽일 수 있는 용기와 기술을 익혀야 했다. 그래야만 살아갈 수 있었다. 무리 중에 제법 그림을 잘 그리는 사람이 동굴에 남아 짐승들을 그림으로써 동료에게 용기를 북돋워 주었을 것이다.

고대 인류에게 있어 들짐승은 사냥감인 동시에 신비스러움의 대상이었다. 그 당시 인간의 가치는 오히려 동물보다 못했다는 것이 정설이다. 동물이 있어야 자신도 살아갈 수 있었기 때문이다.

그렇지만 인간은 동물이 갖지 못한 지식을 가지고 있었다. 인간의 숫자가 늘어나고 동물의 습성을 파악하여 손쉽게 자신들이 필요로 하는 양식과 필

라스코 동굴벽화의 주인공인 들소.

수품을 얻을 수 있게 되자 고대 인류는 원시적 용맹성과 자연에 대한 감각을 잃어버리는 대신 합리적 사고를 갖게 된다. 자연 속에서 용맹스럽게 동물을 사냥하는 것이 아니라 가축으로 사육하는 묘수를 발견하게 되는 것이다.

가축을 사육하면서 인간이 동물보다 우월한 존재라는 사실을 알게 되자, 더는 주술적인 의미의 그림은 그릴 필요가 없게 된다. 오히려 인간은 고대 인류가 지녔던 그림 솜씨를 잊어버리고 만다. 인간이 크로마뇽인의 그림 솜씨를 되찾게 된 것은 고대 인류가 동굴 그림을 그린 후 적어도 몇천 년이 지나고 나서의 일이다.

홍산문명

중국은 그동안 황허 강 유역에서 태어난 선진 문화가 각지로 전파되었다는 황허 중심 문화를 기본 정설로 견지해왔다. 따라서 문명화된 세계로서 중국의 이상형은 통일된 '하나의 천하대국'이다. 황허 강의 풍부한 물을 이용해 중원에 선진 문명을 이룩하면서 점차 주변의 야만국들을 흡수했기 때문에 중원中原이 중국의 중심지라는 견해다.[12] 이는 중국 문명이 오늘날 산시 성 남부 및 후난 성 서부인 이른바 중원 지역에서 발전했으며 주변 지역으로 퍼져 나갔다는 말로도 설명된다. 이런 화이관華夷觀을 바탕으로 그들은 국가의 시작을 대체로 기원전 1500년에서 기원전 2000년으로 잡았다.[13,14]

중국은 유물사관으로 무장한 공산국가다. 유물사관에서 과학이라고 말할 수 있으려면 반드시 객관적이고 측정 가능한 데이터를 기반으로 해야 한다. 중국 학자들이 중국의 문명이 다른 문명보다 앞선다고 추정하면서도 가장 낮은 연대를 고수한 것은 증거 위주의 역사관을 바꾸지 않았기 때문이다.[15]

그런 중국에서 근래 놀라운 일이 벌어지고 있다. 중국은 '중화 오천 년'

랴오허 강 유역.

이라는 단어를 내세워 역사의 기원을 기존보다 1,000~1,500년 상향 조정하고 신화와 전설의 시대로 알려진 '삼황오제三皇五帝'가 역사적 인물임을 강조하는 것은 물론 그동안 알려진 세계 4대 문명(이집트 나일 강, 메소포타미아의 유프라테스 및 티그리스 강, 인도 인더스 강, 중국의 황허문명)보다 훨씬 빠른 '랴오허문명遼河文明'이 존재했다고 발표했다.

그런데 중국이 세계에서 가장 빠른 문명을 일구었다는 랴오허문명은 그동안 부단히 고조선의 영역이라고 주장되던 곳이며 더욱 놀라운 것은 단군조선보다도 빠른 기원전 3000년에서 기원전 3500년경에 이미 고대국가가 존재했다는 것이다. 중국은 이 국가를 '신비의 왕국' 이라고 부른다.[16]

중국이 '중화 오천 년' 으로 역사를 올려 잡은 이유는 하夏(기원전 1600~2000년으로 추정) 이전 시기의 전설 속 인물인 '삼황오제' 가 실재 인물이라는 확실한 증거를 찾았다고 믿기 때문이다. 바로 요하문명의 핵심인 홍산紅山의 뉴허량 유적牛河梁遺蹟 즉 요령 지역에서 결정적인 증거를 찾았는데 그 연대가 기

대형 적석총에서 바라본 우하량 전경.

중국 허난 성에 건설된 황제와 염제의 석상. 높이가 106미터로 세계 최고最高를 자랑한다. 황제는 중국의 건국 신화와 관련해 등장하며 염제는 주로 불의 신으로 숭배되었다.

원전 3000~3500년경으로 거슬러 올라간다는 것이다. 중국 학자들은 이들 유적을 근거로 '신비의 왕국(여왕국으로 추정된다)'이라는 고대국가가 이 지역에 존재했다고 발표했다.[17] 한마디로 기원전 3500년경부터 뉴허량 홍산 지역에 국가가 존재했다는 것이다.

더욱 놀랍게도 중국은 그동안 황제黃帝만을 중국인의 시조로 모시다가 1980년대부터는 염제炎帝를 포함해 염·황炎黃이 중국인의 시조라고 선전하기 시작했다. 그러더니 1992년부터 1997년까지 허베이 성 줘루 현의 황제청黃帝城과 황제천黃帝泉이 인접한 평원에 귀근원歸根苑과 중화삼조당中華三祖堂을 건립하면서 황제·염제·치우제의 삼시조시대三始祖時代를 선언했다. 이것은 5,000년 전에 신비의 왕국이 존재했다는 점을 근거로 기원전 2700년경에 황제와 치우 간에 벌였다는 탁록 전투를 전설이 아니라 역사적인 사실로 인식하기 때문이다.[18]

뉴허량 지역 즉 요령 지역은 그동안 빗살무늬토기, 돌무덤, 비파형동검 등이 발견되어 동이족의 근거지로 비정되던 곳이다. 발굴된 유물로 보아 한국인의 첫 국가인 단군조선의 무대(아사달이라는 주장도 있음)라고 알려지기도 했다. 한국에서는 기원전 2333년의 단군조선이 실재했느냐 아니냐로 설전을 벌이고 있는데 중국에서는 단군보다 적어도 1,000년 앞서 이미 국가, 즉 신비의 왕국이 존재했다는 설명을 하면서 자국 역사를 끌어올리는 근거로 삼은 것이다.

중국 역사를 끌어 올린 홍산문명

중국은 21세기 대중화주의 건설을 위해 1996년 5월 '하상주단대공정夏商周斷代工程' 이라는 명목으로 대대적인 유적 발굴과 연구를 추진해, 2000년 9월에 종료했다. 이 결과 나온 것이 고대 왕조인 하夏·상商·주周의 연대이다. 이들은 하나라의 연대를 기원전 2070년에서 기원전 1600년으로 확정 짓고 상나라는 기원전 1600년에서 기원전 1046년(19대 반경왕盤庚王이 기원전 1300년 도읍을 은殷으로 옮겼으므로 이후 은殷나라라고 함), 주周나라는 기원전 1046년에서 기원전 771년으로 다시 설정했다.[19]

이어서 중국은 2001년부터 '중화문명탐원공정中華文明探源工程' 이라는 새로운 역사 작업을 진행했다. 중국고대문명탐원공정은 신화와 전설의 시대로 알려진 삼황오제의 시대를 중국 역사에 편입하여 중국의 역사를 1만 년 전으로 끌어올리고, 이를 통해 중화 문명이 이집트나 수메르 문명보다도 오래된 세계 최고最古 문명임을 밝힌다는 것이었다. 이것이 랴오허 강 일대를 기존의 세계 4대 문명보다 앞서는 1만 년 역사의 새로운 문명권으로 부각시켜는 요

싱룽와문화가 번성했던 유적지.

하문명론遼河文明論이다.[20]

이런 결론은 1980년대 이후 랴오허 강 일대에서 샤오허시문화小河西文化(기원전 7000~6500년), 싱룽와문화興隆洼文化(기원전 6200~5500년) 등 세계적으로도 이른 시기의 신석기 유적이 발견되었기 때문이다.

중국이 자랑해온 황허문명보다 랴오허문명의 연대가 상상할 수 없을 정도로 높이 올라가자 그동안 중국인이 아니라고 강조해왔던 동이를 인정해야 하는 모순이 생긴다. 그리고 황허문명이 랴오허문명의 지류로 전락하게 된다. 한마디로 중국의 한족이 자신들에 비해 뒤떨어지는 야만족이라고 비하하던 동이가 오히려 앞선 문명을 지닌 집단이 되는 것이다. 치우제는 바로 중국 한족이 아니라 동이족과 관련된 인물이었다.

이러한 모순점을 해결하기 위해서 중국은 절묘한 방안을 도출했다. 과거의 역사관을 포기하고 다민족 역사관을 내세운 것이다. 기존의 한족이 중심이 된 중국이 세계의 중심이라는 중화사상과 중국 문명에 대한 기존 입장을 바꿨다. 이는 중국이 과거에 줄기차게 주장하던 중국 문명의 이미지에 변화를 몰고 왔다는 것을 뜻한다.

중국은 오늘날의 다원적 국가를 이끌기 위해 과거의 역사관을 포기하고 55개 소수민족을 포함한 다민족 역사관으로 전환하지 않을 수 없었다. 이 변화야말로 현재 한국과 마찰을 빚고 있는 소위 동북공정東北工程은 물론 '서북·서남공정'의 실체로, 간단하게 말하여 현재 중국의 영토 내에서 일어난 역사는 모두 중국의 역사라는 것이다.[21]

이를 바탕으로 중국은 삼황오제의 경우 황제는 그 세력권이 북경 부근, 고양씨 전욱瑱은 황허 중류 위쪽, 고신씨 제곡帝은 황허 중류 아래쪽이라고 보았다. 그런데 동이족의 기반이라던 랴오허문명의 역사가 중국에서 가장 오래된 것으로 판명되자 중국은 그동안 중국인이 아니라고 강조하던 동이, 서융, 남만, 북적 등을 모두 중화민족에 넣을 수 있는 예상치 못한 논리를 개발

싱룽와문화 유적지에서 발견된 사람과 돼지의 합장묘.

했다. 즉 오제 시대의 삼대 집단을 양사오문화仰韶文化를 바탕으로 조粟 농사가 중심인 중원의 염제 신농씨의 화華족 집단, 벼농사를 주로 하는 동남 연해안의 이(夷 또는 虞) 등 하夏족 집단, 그리고 동북 연산 남북의 홍산문화(수렵과 어로 생활)로 대표되는 황제족黃帝族 집단으로 설정한 것이다.[22]

이를 다시 설명한다면 신화시대부터 황제족이 랴오허 강 일대를 지배했으며 북방의 모든 소수민족은 그 손자인 고양씨 전욱과 고신씨 제곡의 후예라는 것이다. 이것은 그동안 중국인이 아니라고 강력하게 주장하던 동이족이 중국의 상商족 집단에 소속된다는 것으로 간단하게 말하여 동이에 화하華夏가 포함된다는 것이다.[23, 24] 이렇듯 중국과 한국의 역사에 결정적인 전기를 마련해준 뉴허량 홍산 유적에 대해서 알아보자.

세계를 놀라게 한 뉴허량 홍산 유적

뉴허량 홍산 유적은 원래 1930년대 중반 일본에 의해 발굴된 유적지다. 그러나 당시만 해도 학자들은 이 유적지의 중요성을 그리 깊이 깨닫지 못했다.[25] 그런데 1981년부터 시작해 1983~1985년에 진행된 주요 발굴 과정에서 예상하지 못했던 성과가 줄을 이었다. 이들 유적은 중국 최초의 원시 종교 유적이 발견된 둥산쭈이東山嘴에서 약 50킬로미터 떨어진 젠핑建平과 링위안凌源 중간에 있다. 인근의 다른 지역과는 달리 울창한 소나무로 둘러싸인 이곳에서 제단, 여신묘(사당), 적석총과 이집트와 유사한 피라미드 그리고 성으로 둘러싸인 도시 형태와 돌로 쌓은 방형方形(사각형) 모양의 광장이 발견되었다.[26]

뉴허량 홍산 유적은 전체적으로 여신 사당을 중심으로 피라미드형 무덤

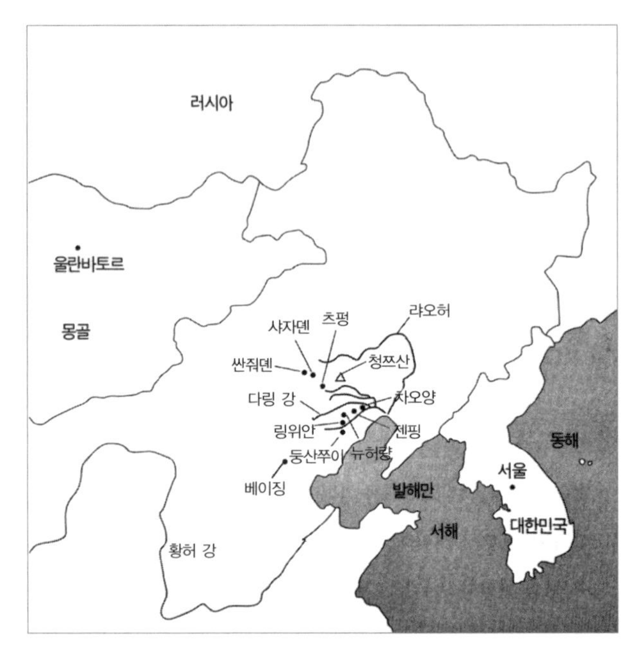

홍산문화 유적지 분포도.

을 전면에 두고 여러 산 정상이 돌무덤들로 둘러싸여 있는 형태이다. 이와 같은 배치는 남북 10킬로미터, 동서 50킬로미터의 광대한 면적 안에 각 시설이 일정 계획에 따라 건설되었음을 의미한다. 더욱 놀라운 것은 전체 배치에서 여신 사당이 중앙의 축을 이루고 있다는 점이다.[27] 이것은 과거 신석기시대로 간주하던 5,000~6,000년 전에도 국가가 성립할 수 있는 '국가 추형雛形(모델)'으로서의 모든 조건을 갖추고 있다는 것을 보여준다. 중국에 '신비의 왕국'이 존재했다는 뜻이며, 중국 측에서 '중화 문명 오천 년'을 들고 나온 근거이다. 중국사회과학원의 왕웨이王巍는 홍산문화의 유적에 대해 다음과 같이 평가했다.

지금으로부터 오천여 년 전에 오랫동안 사람들에 의해 문화 발전이 낙후된 곳이라고 여겨졌던 중국 동북 지역 서부에서 선진 문화가 꽃피었다는 점에 사람들은 의아해했다. 선사시대 사람들의 문화와 사회 발전 수준은 우리의 상상을 훨씬 초월하고 있다.[28]

중국에서 홍산 유적을 보다 중요하게 생각하는 것은 이들 문명이 삼황오제 시대를 전설이 아니라 실제 있었던 사실로 간주하게 하는 요인이라는 점이다. 이는 중국고고학회 상임이사장인 궈다순의 글에서도 알 수 있다.

뉴허량 홍산문화의 발견은 중국인들이 전설로 간주하던 오제와 연관이 있다. 예를 들면 곰熊 숭배를 하나의 증거로 본다면 역사(『신선통감』)에 기재된 "황제는 원래 웅씨였다"는 것을 연상케 한다.

중국의 고고학자 쑤빙치는 홍산문화를 '중국 문명의 서광'으로 부르면서 홍산문화의 중요성을 다음과 같이 설명했다.

황제 시기의 활동 중심은 홍산문화의 전성기와 맞물린다. 홍산문화가 곰과 용을 주요 신으로 숭배한 증거들이 더 많이 발견된다면 오제전설五帝傳說에 관한 기록이 사실임을 인정받을 수 있을 것이다. 그것은 옥웅조룡玉熊雕龍이 황제 또는 오제전설의 열쇠가 될 수 있음을 뜻한다. 뉴허량 홍산문화 유적지는 홍산문화를 갖고 있던 고대국가의 소재지일 뿐만 아니라 '중화 오천 년' 옛 국가의 상징이다. 또한 여신상은 홍산인의 여자 조상인 동시에 중화 민족의 공통 조상이다.[29,30]

제단과 신비의 여신전

고대 국가의 성립 여부를 비정할 때 종교적인 색채가 있는가 아닌가를 매우 중요시하는데, 그 이유는 고대인들을 단합시킬 수 요인으로 정신세계를 묶을 수 있는 믿음을 꼽기 때문이다. 그런데 이곳에서 뉴허량 홍산 유적을 대표하는 많은 제단이 발견된다. 원형과 방형 형태인데 전체적으로 정연한 배치로 남북 축을 갖는 대칭성을 보인다. 이중 학자들이 가장 주목하는 것은 중심에 있는 제단이다. 넓은 대지에 돌로 울타리를 쌓았고 울타리는 3중 원형 형태이다. 원형의 직경은 각각 22미터, 15.6미터, 11미터이며 매 층에 기초가 있는데 높이는 0.3~0.5미터이다. 이곳에서 채색토기들도 발견되었다. 중국 학자들은 뉴허량에서 발견된 이들 제단 유적을 '천원지방天元地方' 사상의 원형이자 북경 천단 구조의 원형이라고 보고 있다. 또한 중국은 제단 유적지의 안내판에 "약 5,500년 전에 국가가 되기 위한 모든 조건들을 갖추고 있는 뉴허량 홍산문화 유적지"라고 설명하고 있다.

둥산쭈이 유적지에서 발견된 원형 제단.

중국 최초의 원시종교 유적은 1979년에 둥산쭈이東山嘴에서 발견되었다. 둥산쭈이는 뉴허량 유적지에서 약 50킬로미터 거리에 있는 랴오닝성 카쭤현 둥산쭈이 촌에 있는데 남쪽으로 대릉하와 인접해 있고, 동·서·북쪽으로는 황토로 된 언덕으로 둘러싸여 있는데 길이 60미터, 폭 40미터에 총면적은 2,400제곱미터다. 돌로 쌓은 유적은 돌의 가공 기술과 축조 기술이 상당히 발달한 수준으로 바깥쪽에는 돌을 하나하나 교착시켜 쌓았다. 또한 긴 기단석은 돌을 떼어내어 각 모서리가 돌출해 있고 표면은 넓다.[31]

둥산쭈이 유적지에서 발견된 소상.

둥산쭈이 유적에서 발견되는 제단 유적은 매우 많은데 이 중에서 장방형 대지에 자리 잡은 직경 2.5미터의 원형 제단이 돋보인다. 모두 가공한 돌을 사용하였고 제단 부근에서는 시체를 묻은 묘장墓葬이 발견되었다. 또한 이들 유적에서 도기, 석기, 골기, 옥기, 석제 장신구, 도인상 등이 대량 출토되었다. 도기는 일상생활에 사용되는 것으로 제기의 일종인 그릇, 항아리, 잔, 병, 접시 등이 포함돼 있는데 채도도 있다. 도안이 간결하며 모두 삼각형 문양이나 평행선 등 기하학적인 문양을 하고 있다.

또한 돼지 뼈와 사슴 뼈가 다수 발견되었는데 이는 오랫동안 제사 활동을 거행한 흔적으로 추정한다. 출토된 유물 중에는 소형 임산부 소조상이 유명하다. 머리는 없지만 배가 볼록 나오고 둔부가 크며 왼쪽 손을 복부에 올려놓고 있는 모습으로 동방유납사東方維納斯 라고 부른다. 이곳에서 발견된 인물 소조상도 실물대의 반이나 될 정도로 대형이다.

둥산쭈이 유적지에서 발견된 임신부 소상.

뉴허량 북쪽 구릉 꼭대기에 있는 여신묘女神廟도 매우 큰 주목을 받았다. 여기서 묘廟는 무덤이 아니라 신전이나 사당을 뜻하는 말이다. 이 여신전의 대지는 길이가 175미터, 폭이 159미터나 될 정도로 상당히 넓은 면적이다. 신전터는 남북으로 제일 긴 거리가 22미터이고, 동서로 좁은 면은 2미터지만 넓은 면은 9미터가 된다. 신전은 본채와 부속 건물로 나뉘는데 본채는 여신전을 포함해 여러 개의 신전 용도 건물로 이루어져 있고 부속 건물에는 지하 공간이 있다. 탄소연대측정법에 의하면 여신전의 조성 연대는 5575년(±80년) 전이다.

여신전은 비교적 보존 상태가 좋은데 신전의 밑부분이 땅을 파고 들어선 반지하식으로 지하 부분의 깊이는 0.8~1미터이다. 주실 부분은 방 일곱 칸이 서로 연결된 구조이며 좌우가 대칭을 이루고 있는데 테라코타(점토를 불에 구운 것)의 원기둥들이 지붕을 받쳤을 것으로 추정한다.[32] 담장의 재료는 나무와 흙에 풀을 섞었던 것으로 보이며, 놀랍게도 주홍색과 흰색으로 채색된 기하학적인 문양의 벽화가 그려져 있었다.

신전의 터에서 발견된 유물 중에는 인물 조각상, 동물 조각상, 도기가 있다. 진흙으로 빚은 동물은 용 두 점과 새 한 점이다. 용 조각 중 하나는 머리와 앞으로 뻗친 손톱이 남아 있고 다른 하나는 채색 조각으로 아래턱 부분만 남아 있다. 새 모양 조각은 발 한 쌍만 남아 있는데 길이가 약 15센티미터로 맹금류를 조각한 것으로 추정한다. 학자들이 주목하는 것은 용 두 점으로 궈다순은 이들 용이 돼지 형상의 저룡猪龍이 아니라 곰 형상의 웅룡雄龍이라고 추정한다.

여신전에서는 인물을 묘사한 소상이 여러 개 발견되었다. 주실에서 실제 사람과 비슷한 크기인 인물상의 오른쪽 어깨와 팔, 가슴, 왼쪽 손이 발견되었고 서쪽 측실에서는 사람 두 배 크기의 팔과 다리 부위가 발견되었다. 또한 주실의 중앙에서는 코 일부분과 큰 귀가 발견되었는데 인물상 크기는 사람의 세 배 정도여서 지위가 가장 높은 신이었을 것으로 추정한다.[33]

여신전에서 발견된 소상 중 가장 중요한 유물은 흙을 빚어 구운 소조등신여신상塑造等身女神像이다. 두상의 높이는 22.5센티미터이며 귀에서 귀까지는 23.5센티미터로 실제 사람 크기이다. '동방의 비너스' 로 알려진 이 소조등신여신상에 학자들이 주목하는 이유는 사실에 가까우면서도 신격화된 형상을 하고 있다는 점 때문이다. 여기에 여러 종류의 새와 동물의 모습을 한 신들, 공들여 흙으로 제작한 제사용 그릇 등이 신전 안에 모셔져 있다.

'동방의 비너스' 로 알려진 두상의 뒤쪽은 편평하여 벽에 걸어놓기에 좋은 형태이다. 입술은 붉게 채색되어 있으며 입술은 비교적 큰 편이고 윗입술은 얇다. 입가는 둥글고 위가 살짝 치켜 올라가 미소를 머금고 있으며, 둥글넓적한 얼굴에 광대뼈가 튀어나왔다. 눈은 제법 크게 만들었는데 눈초리는 위로 올라가 있으며 눈썹은 선명하지 않다. 콧대는 낮고 짧으며, 코끝과 콧방울은 둥그스름하고, 아래턱은 둥글면서 뾰족하다. 전체적으로 둥그런 여성

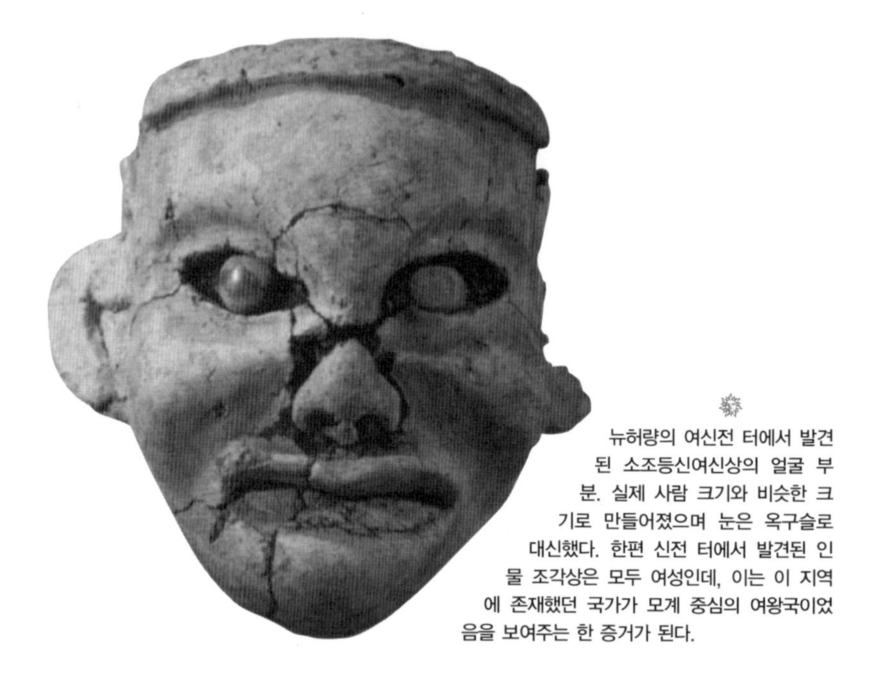

뉴허량의 여신전 터에서 발견된 소조등신여신상의 얼굴 부분. 실제 사람 크기와 비슷한 크기로 만들어졌으며 눈은 옥구슬로 대신했다. 한편 신전 터에서 발견된 인물 조각상은 모두 여성인데, 이는 이 지역에 존재했던 국가가 모계 중심의 여왕국이었음을 보여주는 한 증거가 된다.

상이다. 특이한 것은 푸른 옥구슬을 눈동자로 박았다는 점이다. 이처럼 눈동자를 따로 만들어 넣는 기법은 이제까지 보고된 적이 없는 특이한 양식이다. 중국사회과학원 교수 왕웨이는 여신상의 얼굴 생김새가 몽골 인종의 특징을 뚜렷하게 지니고 있다고 했고,[34] 황규호는 빈약한 코허리를 빼면 우리들과 비슷한 얼굴임을 곧바로 알 수 있다고 했다.[35]

고대사회에서 여신은 흔히 생육生育과 다산, 수확을 상징한다. 많은 학자가는 이러한 여신 숭배 사상은 선조에 대한 상당히 성숙한 숭배 의식이 있을 때 비로소 나타난다고 본다. 중국 역시 다른 고대 문명처럼 여신 숭배사상이 있었을 것으로 여겨졌지만, 막상 이를 증명해줄 유물이 나타나지 않아 학자들이 곤욕을 겪었다. 바로 이 갈증을 풀어준 것이 소조등신여신상이었다.

이 여신상은 당대에 살던 사람의 얼굴을 기초로 하면서도 약간 과장한 면

중국과 한국의 고고학계를 충격에 빠뜨린 뉴허량의 여신전 터. 이곳에서 여신상을 비롯해 인물 조각상, 동물 조각상, 도기 등이 발견되었다.

도 보인다. 학자들은 그 이유가 인간을 그대로 묘사한 것이 아니라 당시의 신을 형상화했기 때문인 것으로 생각한다. 즉 신화적인 여신의 모습을 만들었다는 것이다.

여신상 등이 발견된 여신전에서는 일상생활 도구가 전혀 발견되지 않았다. 여신전이 말 그대로 일반 거주지가 아니라 특수한 용도를 지닌 건축물이었음을 말해주는 부분이다. 흥미롭게도 여신전에서 발견된 인물상 일곱 점은 모두 여성들이었다. 학자들은 이를 홍산문화인들이 다신多神을 숭배한 증거로 생각한다. 당시의 사회가 매우 복잡한 구조로 되어 있었음을 뜻한다.

중국의 고고학자들은 몽골인의 얼굴을 한 여신상을 중화민족의 공동 조상이라고 강조할 정도로 중국 역사에서 가장 중요한 유물 가운데 하나로 평가한다. 일부 학자는 이 여인이 중국 고대 전설 속에 등장하는 '여와'라는 주장을 하기도 한다. 이에 대해 역사가 임창숙은 소조등신여신상이 한민족의 조상임이 분명하다며 『부도지』에 기록되어 있는 '마고麻姑 할머니'로 명명하자고 제안했다.

이 지역이 특히 한국인에게 주목받는 이유는 곰 유물 때문이다. 곰과 한국인과의 연계를 굳이 설명하지 않더라도 이 지역은 단군신화의 무대이므로 뉴허량 여신전에 모셔진 여신은 단군을 낳은 웅녀의 조상이라는 설명도 있다.

샤오허옌 문화

근래 홍산문화 지역에서 주목받는 것은 샤오허옌小河沿문화이다. 샤오허옌의 분포 지역은 매우 넓다. 서쪽으로는 네이멍구 동남부에서 동쪽으로는 차오양朝陽 일대, 북쪽으로는 시라무룬 강에서 남쪽으로는 진시錦西 일대로 홍산문화를 포괄하는 지역이다. 1974년 중국은 츠펑赤峰 시 아오한 기敖漢旗 샤오허옌 향小河沿鄉 난타이디南台地 지역의 유물들을 발굴한 결과 처음에는 홍산문화로 분류했는데 특이한 점이 발견되어 이를 샤오허옌문화라고 명명한 것이다.

이 문화층에서 우리가 주목해야 할 점은 연대이다. 샤오허옌문화의 상한선은 기원전 30세기이며 하한선은 기원전 24세기 무렵이다. 연대적으로 샤자뎬夏家店 하층 문화가 시작되는 시점으로 샤오허옌문화의 하한선을 계승했다고 생각해도 과언이 아니다. 특히 샤자뎬 하층 문화 유적에서 샤오허옌문화 유적 층을 부순 흔적이 발견되는 것을 볼 때 더욱 그러하다. 76호 무덤에서 출토된 나무의 연대를 측정한 결과 4830년(±180년), 4345년(±80년)이란 연대가 나왔다.

이 문화의 성격에 대해서는 두 가지 주장이 팽팽하게 대립한다. 1980년 중국의 리공두는 샤오허옌 유물들이 산둥반도의 다원커우문화大汶口文化와 유사하다는 점에 주목하면서 홍산문화의 하위개념이 아닌 독자적인 문화권으로 '샤오허옌문화' 라 구분 지었다. 반면에 궈다순은 샤오허옌문화가 홍산문화와 다소 다른 면은 있지만 전체적으로 홍산문화의 연장선상에 있으므로 '후홍산문화' 라 칭했다.

샤오허옌문화의 특징은 여러 가지다. 우선 거주지가 단실과 쌍실로 나뉜다. 쌍실은 긴 둥근형으로 집안 중간에 벽을 쌓아 두 칸으로 나누었는데 큰 칸은 사람이 거주하고 작은 칸은 창고로 활용한 것으로 보인다. 이는 당시 집안에 창고를 따로 둘 정도로 보관할 작물이 많이 소출되었다는 것을 뜻하므로 농경 수준이 상당한 정도에 도달했음을 의미한다.

이곳에서 발견되는 그릇은 대부분 모래질에 갈색 그릇으로 전체 출토량의 60퍼센트에 달한다. 그릇의 종류는 대형 단지, 통형 독, 채도, 그릇받침, 두, 보식, 대접, 긴 목 주전자 등이 대표적이다. 그릇 중에는 짐승 모양을 본뜬 것도 있고 아가리가 두 개, 귀가 여러 개 달린 것들도 있다. 이곳에서 부호가 새겨진 그릇은 물론 다양한 종류의 동물 소조상이 나왔고 이 중에는 곰의 형상으로 추정되는 것도 발견되었다.

공구는 돌삽, 송곳, 돌도끼, 끌, 망치 등 간석기들이 대부분이다. 그중에는 뼈에 홈을 내어 여러 색의 돌날을 박아 칼을 만든 것도 보이는데 이 지역에서 발견되는 독특한 기물이다. 흥미로운 것은 바늘귀의 크기로 구멍 크기가 0.5밀리미터 미만임을 볼 때 이 당시 이미 매우 가는 실을 사용했음을 알 수 있다.

질그릇 등을 비롯하여 많은 곳에서 발견되는 부호들도 연구 대상이다. 이들이 어떤 의미를 갖는지는 밝혀지지 않았지만 학자들이 주목하는 것은 한 형태의 부호가 여러 곳에서 보인다는 점이다. 부호의 반복성과 함께 타 지역과 공유된다는 것은 어떤 형태로든지 의사소통을 위한 방편이라 볼 수 있다. 즉 어떤 의미가 있는 표식이라면 초기 문자의 출현으로 간주해도 무방하다는 것이다. 이 문화 시기에 원시 문자가 사용되기 시작했을 가능성이 매우 높다는 의미다.

샤오허옌이 남다른 주목을 받는 또 다른 이유는 이곳에서 발견된 기물들이 산둥 반도 중·후기 다원커우문화의 기물들과 매우 유사하다는 점 때문이다. 다원커우문화는 기원전 4300년에서 기원전 2500년 무렵에 존재했던 문화인데 그중 산과 해를 표현하는 형태는 두 문화에서 공통적으로 나타난다. 물론 이들 간에 확실한 차이점도 있다. 다원커우문화의 대표적인 기물인 삼족기나 뚜껑 있는 기물들은 샤오허옌문화에서 확인되지 않기 때문이다.

그러므로 복기대 박사는 두 문화가 교류하면서 샤오허옌문화가 다원커우문화에 큰 영향을 준 것으로 추정한다.

문제는 샤오허옌문화가 홍산문화를 계승했느냐 하지 않았느냐다. 원래 같은 층의 상층부에서 발견되는 것은 하층부와 연계된다고 인식한다. 실제로 홍산문화와 샤오허옌문화는 상당한 유사점을 보인다.

질그릇을 보면 확연한 유사점을 알 수 있다. 이곳에서 발견되는 질그릇은 경질이며 붉은색이 많고 후기로 갈 수록 검은색 그릇이 많이 나타나며 물고기, 기하무늬 등도 발견된다. 두 문화 모두 도안은 변하지만 홍도紅陶가 계속 유지되면서 그림 그리는 방법이 이어지고 있다.

홍산문화와의 연계가 뚜렷이 보이는 또 다른 증거는 옥기玉器다. 옥기 자체는 많이 발견되지 않지만 치레거리, 짐승을 모방한 것, 상징적 표현 등 다양한데 이 가운데 대표적인 것이 태아 형태의 옥기다. 이 옥기들은 각종 짐승들의 태아 형태를 표현했는데 오직 홍산문화와 샤오허옌문화에서만 출토된다.

무덤에서도 유사성이 발견된다. 무덤의 배열은 집단 무덤떼를 만들고 무덤과 무덤 사이의 간격이 매우 좁다. 이와 같은 유사성을 고려하면 홍산문화를 샤오허옌문화가 계승했다고 생각할 수 있다.

그런데 이들 무덤은 큰 의문점을 제기한다. 홍산문화에서는 주로 석관묘나 석곽묘를 견지했는데 이들 지역에서 이런 무덤은 아직 확인되지 않는다는 점이다. 주검을 묻는 방식도 홍산문화는 곧은 장이 대부분이지만 샤오허옌문화는 모두 굽은 장이다. 부장 기물 역시 홍산문화 무덤은 옥기가 많이 발견되는데 샤오허옌 쪽은 주로 질그릇을 부장했다. 또한 샤오허옌문화에서는 홍산문화 거주지에서 기본으로 활용되던 석성石城들이 발견되지 않는다. 더구나 홍산문화의 무덤을 훼손한 것도 있음을 볼 때 이들은 홍산인들과 다소

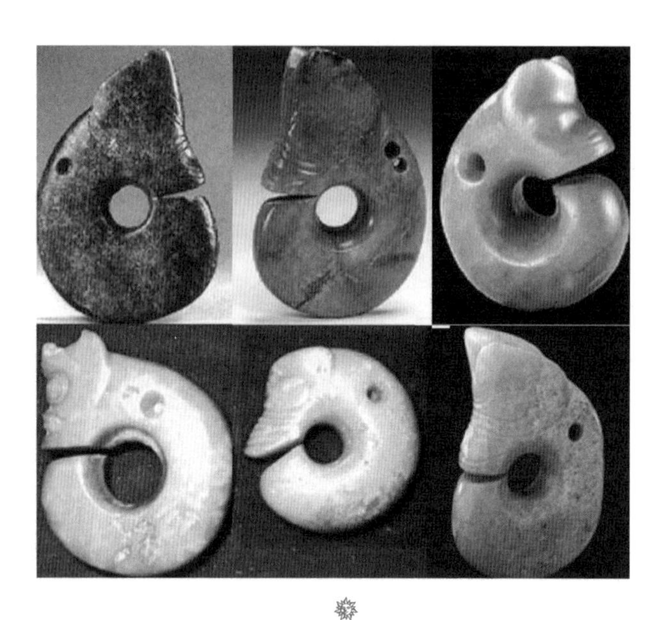

홍산문화와 샤오허옌문화 지역에서만 출토되는 각종 태아 형태의 옥기들.

다른 풍습으로 이 지역에서 광범위하게 거주했을 가능성이 높다는 설명이다. 혹은 다른 지역에서 이주했을 가능성도 있다.

학자들은 그동안 홍산문화가 한국인의 고대사를 거론할 때 반드시 거론되는 샤자뎬 하층 문화로 이어진다고 추정했다. 홍산문화 지역이나 샤자뎬 하층 문화 지역이 큰 틀에서 중복되기 때문이다. 특히 샤자뎬 하층 문화는 대체로 기원전 24세기경에 시작하여 기원전 14세기 전후에 와해되었다고 추정하므로 연대상 단군조선의 시작과 연계된다. 그런데 그동안 학자들을 고민에 빠뜨린 것은 샤자뎬 하층 문화와 홍산문화가 연대상 적어도 600~700년의 차이가 난다는 점이다.

연대상으로 볼 때 홍산문화를 이어 샤오허옌문화, 샤자뎬 하층 문화가 연계되므로 이 문제만 놓고 보면 그동안의 걸림돌이 제거되는 것은 사실이다.

그러나 문제는 앞에서 설명한 것처럼 샤오허옌문화와 훙산문화 간에 무덤의 매장법이 다르다는 점이다. 근래의 연구를 종합해보면 샤오허옌문화와 훙산문화가 매장법 등에서 약간의 차이가 있기는 하지만 이 두 문화가 인적으로 계승되었다는 점에는 학자들의 의견이 일치한다. 샤오허옌문화의 인골을 조사한 결과 크게 분류하면 몽골인종에 속하고 작게 분류하면 동아몽골인종과 북아인종의 특징을 갖고 있는데 이 문화 사람들은 주로 고동북유형古東北類型과 고화북유형古華北類型이 나타난다. 비율상으로는 고동북유형이 더 많은 비중을 차지하는데[36] 이는 중원 지구의 양사오문화와는 현격히 다른 점이다.

무덤의 구조도 대부분 움무덤이 많고 그릇 형태도 매우 유사하다. 또한 흑도들이 많이 발견되는데, 이는 훙산문화에서 기원하여 샤자뎬 하층 문화까지 이어진다. 아직 샤오허옌문화의 유적지는 극히 일부분만 단편적으로 발굴되었기 때문에 이들의 차이를 어떻게 정리해야 할지는 미지수라 볼 수 있다. 앞으로 더 많은 연구가 이뤄지면 의문점이 시원하게 풀릴 수 있을 것으로 기대한다.

연대를 살펴보면 훙산문화 지역에서 한국과 긴밀한 연계가 있는 북방 초기 청동기시대인 샤자뎬 하층 문화夏家店下層文化가 샤오허옌문화를 이어 기원전 23~24세기부터 발달했고 기원전 1500년경부터 샤자뎬 상층 문화夏家店上層文化, 기원전 14세기부터 짜오양 시의 웨이잉즈문화魏營子文化가 등장했다.

여기서 주목할 것은 샤자뎬 하층 문화는 농경문화인데 상층 문화는 유목문화라는 점이다. 이는 농경 위주의 생활을 하지 못할 정도로 기후가 변하여 양과 염소, 말을 기본으로 하는 유목 생활로 전환되었다는 것을 의미한다. 특히 샤자뎬 상층 유적지에서 발견된, 말을 탄 사람과 달리는 토끼를 그린 동제품(공식적으로 기마전투가 기록된 것은 기원전 484년)은 동아시아에서의 기마 풍

샤자뎬 상층 문화 유적지 전경.

습의 출현을 증명하는 최초의 물증으로 매우 중요하게 여겨진다.

또한 서아시아의 스키타이 유물과 유사한 동물 문양의 청동 제품들이 발굴되는 점을 감안할 때 샤자뎬 상층 문화는 유라시아 초원 지대와의 접촉을 통해 유목민들과 문화적 전통을 공유하게 되었을 것으로 추정한다.[37] 중국인들은 이들 북방 초기 청동기시대를 '초원 청동기시대'라고 부르며 유목 민족이 근거했던 기원전 1500년에서 기원전 300년 전의 샤자뎬 상층 문화를 동호

東胡 지역 문화라고 부른다.

샤자뎬 하층 문화는 연대상으로 볼 때 단군조선의 시작과 맥을 같이하는 등 고조선의 중심지로 과거부터 중국, 북한, 한국 학자들이 부단히 거론했던 곳임을 다시 한 번 강조한다. 샤자뎬 하층 문화가 가장 밀집해 분포된 차오양 지역에서 발견된 유적지만 해도 1,300여 곳이나 되는데 이곳에서 빗살무늬 토기, 돌무덤, 비파형 동검 등이 발견된다. 이들 유물들이 무엇을 의미하는지는 한국인이라면 잘 알 것이다. 한마디로 한민족인 동이족의 근거지로 인식되는 장소라는 뜻으로 이는 역으로 말한다면 중국이 자랑하는 5천 년 역사의 홍산문화가 바로 우리의 역사가 될 수 있음을 의미한다. 이 문화에 대해서는 많은 자료가 있으므로 여기서는 설명하지 않지만 흥미로운 점은 한국인에게 매우 낯이 익은 점을 치는 관습으로 주로 짐승의 어깨뼈를 사용하였으며 이것을 그슬려 길흉을 판단했다는 것이다.

신시, 고조선과 연계되는 홍산문명

중국은 뉴허량 홍산문화 유적지를 중국 상고시대의 사회발전사, 전통문화사, 사상사, 종교사, 건축사, 미술사의 연구 대상으로 삼고 화하족의 조상을 제사 지냈던 성지로 간주하면서 동방 문명의 빛이라고 자랑한다.

그런데 중국인들이 홍산문화를 중국의 역사로 인정했다는 것은 한국인에게 매우 중요한 사실을 알려준다. 홍산문화 유적의 발견으로 요령 지역이 먼저 발전되어 중국 문명의 뿌리가 되었음을 인정했다는 것이다. 즉 홍산문명이 황허문명보다도 빨리 고대 국가를 형성했으며 황화문명과 홍산문명은 전

샤자뎬 하층 문화에서 발굴된 채색 토기.

혀 다르다는 사실을 공식적으로 천명한 것이나 다름없다.

이와 같은 발굴 결과는 결국 요령 지역의 홍산문화 전승자는 중국의 양사오-룽산문화와 전혀 다른, 만주 대륙 · 한반도 · 일본열도 전체를 포괄하는 '빗살무늬-민무늬 토기, 비파형 동검' 등을 공유하는 공동체라는 사실을 인정하게 하는 계기가 되었다. 여기서 중국 문명이란 황허문명을 의미한다.

홍산문화가 중국이 견지했던 중국 문화와 전혀 다른 동이족의 문화이며 연대도 앞선 것이 분명해지자 중국의 태도는 돌변한다. 과거에 동이, 즉 북방민족의 유산을 부정하던 인식에서 탈피하여 이들 문화를 중국 문화의 틀 안에 수용하겠다고 나선 것이다. 이것이 주변국과 마찰을 빚고 있는 동북공정의 실체다.[38,39]

홍산문화로 대표되는 랴오허 지역의 선대 문화가 고조선문화와 연결될 수 있다는 가능성은 그동안 한국에서 벌어지고 있던 단군조선의 실체 여부를 확실하게 설명해 줄 수 있는 증거가 될 수도 있다. 그동안 줄기차게 한국학계를 곤혹스럽게 만들었던 단군의 고조선 건국연대인 기원전 2333년은 샤자덴 하층문화의 연대와 거의 일치하고 출토 유물도 단군 신화의 내용과 유

뉴허량에서 발견된 비파형 옥기

사하다.[40,41]

상명대 박선숙 교수는 뉴허량에서 찾은 신비의 왕국을 『삼국유사』의 「고조선조」에 나오는 신시神市로 비정했다. 이와 같은 추정은 신비의 왕국에서 매우 놀라운 유물이 발견되었기 때문이다. 바로 도장이다. 고대 시대에 도장은 지도자의 징표로 여겨졌는데 환인이 환웅에게 천부인이라는 도장을 세 개 준다는 기록이 『삼국유사』에 나온다. 이는 도장을 가진 사람이 지도자라는 것을 의미하는데 그 시기는 단군보다 앞선 신석기시대로 추정한다.

근래 일부 한국 학자들은 그동안 발굴된 자료들을 토대로 후기 홍산문명은 『삼국유사』에 언급된 신시이고 샤자뎬 하층 문화를 고조선 시대로 비정하면 연대가 말끔하게 정리된다고 설명한다. 즉 단군 고조선이 하나라보다 먼저 건국되었다는 것이다. 이와 같은 폭탄선언이 나오게 된 이유는 관련된 자료들이 속속 발견되었기 때문이다. 우리는 그동안 단군 고조선 자체를 멀리했지만 홍산문명, 샤오허옌문명, 샤자뎬 하층 문화에 대한 고고학적 발굴이 계속 이어지면서 샤자뎬 하층 문화에서 하나라보다 800년 앞선 청동기들이 출토된 것이다.

하나라를 이은 은나라의 유적지인 허난 성 안양 현의 은허에서도 기원전 11세기에서 기원전 9세기의 것으로 추정되는 동도장 세 개가 발견됐다. 이것은 중원 문화에서 도장을 사용했다는 증거로 중국에서 매우 중요시하는데, 홍산 지역인 내몽골자치구 나이만치에서는 옥으로 만든 도장 두 개가 출토되었다. 놀라운 것은 이들 옥인장의 연대가 무려 6,500년 전에서 5,000년 전 사이로 올라간다는 점이다.

이 옥인장은 몸체에 구멍이 뚫려 있어 끈을 넣어 사용했던 것으로 보인다. 동물 모양을 '동물형뉴動物形紐' 옥인장, 머리가 두 개인 새처럼 보이는 것을 '쌍두조형뉴雙頭鳥形紐' 옥인장으로 부른다. 중국인들은 이들 도장이 은나라에서 발견된 것보다 적어도 2,000년 이상을 상회하므로 '중화민족제일인中華民族第一印'으로 명명했다.

도장 면은 지금 도장과 똑같이 양각했는데 두 인장의 도장 면에 모두 붉은색 안료가 묻어 있었다. 이 안료는 주사가 아니라 자석분石粉(붉은 돌가루 성분)으로 판단됐다. 박선숙 교수는 이 당시에 종이가 없었으므로 천에다 찍었을 것으로 추정했다. 이는 중국인들이 과거부터 사용해온 도장 문화 역시 홍산 지역에 근거를 두고 있다는 설명으로 한민족의 도장 문화가 중국으로 흘러갔음을 뜻한다. 홍산문화와 황허문화는 서로 섞이지 않았다가 청동기시대에 들어간 후 교류했으므로 청동기시대 한민족의 도장 문화가 중국인들에 건너간 것으로 추정된다.

랴오허 지역에서 도장 문화는 매우 오래된 문화로 인식되는데 신비의 왕국보다 먼저 일어난 샤오허옌의 채색 도기(채도)에도 글자와 비슷한 부호가

샤오허옌에서 출토된 소도호小陶壺라는 홍도관.

나타난다. 이러한 부호들이 발전해 도장 문화가 되었으리라고 추정하는 것이다. 어떤 사람이 옥으로 만든 도장을 소유했다는 사실은 곧 그가 귀인이며 지배자임을 상징했다. 참고적으로 한자 전서篆書는 도장에 새겨 넣던 글자에서 발전한 것으로 여겨진다.[42]

아쉬운 것은 중국이 '통일적 다민족국가론'을 토대로 랴오허문명론을 개발하여 자신들의 역사를 확장하는 일에 주력하는데도 우리나라는 한반도의 역사만을 수용하는 데 급급하여 우리의 고대사를 도외시하는 우를 범하고 있다는 점이다. 사실 랴오허문명이 발전하고 있을 때는 중국도 없었고 한국도 없었다. 단지 중국과 한국의 시원 문화로서 랴오허 강 일대에서 발달된 독자적인 문명권이 있었으며 단군조선보다 거의 1천 년 전에 이미 '신비의 왕국'이 있었을 뿐이다. 그런데 그 주도 세력은 예맥의 선조들이며, 그 주맥이 한반도로 이어져 꽃을 피웠다는 점은 명백한 사실이다. 한민족의 고향으로도 알려진 홍산문화에 대한 보다 많은 연구와 관심이 필요하다고 하겠다.

은허

환허 강의 안양 이름은 헛되지 않았다. 삼천 년 전에는 제국의 수도였다.

중국의 저명한 문학자이자 역사학자인 궈모뤄郭沫若가 안양을 찬미하며 지은 시다. 안양은 바로 중국 상(은)의 도읍지인 은허를 가리킨다.

은허는 중국 후난 성 안양安陽 시 서북쪽에 있는 환허 강洹河의 남북 양안에 위치한다. 충적평원 위에 있어, 지세가 평탄하고 토지는 비옥하여 고대인에게 이상적인 거주지였다. 중국의 자료에 의하면 상(은)나라는 성탕成湯이라는 영웅이 하나라를 멸하고 천하를 통일해 세웠다. 탕은 덕으로 나라를 다스리고 이윤을 재상으로 등용해 국세를 떨친다. 이윤은 원래 탕의 신하로 하나라로 간 적이 있었으나 하의 걸 임금이 학정을 하자 다시 탕에게로 돌아온다. 천하의 인심을 얻은 성탕은 도읍을 박亳으로 옮긴 뒤 열한 차례 접전 끝에 하왕조를 무너뜨리고 천하를 통일한다. 이때가 기원전 1600년이다.

박의 위치는 아직 확정되지 않고 있는데 정저우의 상청商城 또는 옌스偃師 시의 상청商城으로 비정한다. 기원전 14세기에 반경盤庚이 수도를 은殷으로 천

안양의 북쪽에 흐르는 환허 강. 환허 강 북안에서 서북 언덕에 이르는 구릉지대에는 은묘殷墓 1,200여 개가 있다.

도하여 주紂왕 때 나라가 망하기까지, 총 8대 12왕 전후 273년을 보냈는데 이 시기를 상 대신 은이라고 부른다.

주나라는 은나라를 멸망시킨 후 주의 아들 무경武庚에게 은을 계속 다스리게 했는데 무경이 반란을 일으켰다. 주나라가 무경을 토벌한 후 은나라 사람들을 다른 곳으로 이주시켰고 은은 폐허가 되었으므로 이를 은허라고 부르는 것이다.

학자들의 추정에 의하면 상나라 초기 인구는 약 540만 명이며 말기 인구는 850만 명에 달한다. 3,500년 전에 500여만 명의 인구가 있었다는 것은 상

은허의 갑골문 출토지에 세운 비석(위). 출토된 갑골문(아래).

나라가 당대에 얼마나 거대한 제국이었는가를 알 수 있게 한다. 이곳에서는 상과 은을 구별하지 않고 같은 나라로 설명한다.

은허는 중국 고대사와 세계사 연구에서 매우 중요시되고 특히 동이족으로 알려진 한국인에게도 상당히 밀접하게 연계되는 유적지이지만, 일반인들에게 잘 알려지지 않은 채 전문적인 고고학 분야로만 남아 있다. 유네스코 세계문화유산으로 지정되어 있지만 은허를 설명하려면 매우 전문적인 내용이 되지 않을 수 없어 읽는데 다소 딱딱하고 재미없다고 여길 수도 있다. 유네스코 세계문화유산이라 하더라도 모두가 대중적인 인기를 끄는 것은 아니라는 점을 이해하면서 한 박자를 늦추고 다소 이해하기 어려운 분야도 접해보기 바란다.

갑골문으로 은의 존재 확인

1928년 중국 중앙연구원 역사어연구소의 푸쓰녠傅斯年은 후난 성 안양 시 샤오툰 촌小屯村에서 갑골문이 대량으로 발견되자 젊은 고고학자 둥쭤빈董作賓으로 하여금 이들 갑골문의 매장 상황을 조사토록 했다. 소둔촌을 답사한 둥쭤빈은 이들 지역이 전설적인 은나라의 수도일지도 모른다고 보고했다.

당시 중국은 하·은나라가 중국에서 세워진 최초의 나라라고 인식하고 있었지만 하나라와 은나라의 실존이 증명되지 않아 전설 속의 나라로만 간주하고 있었다. 그런데 하나라를 이은 은나라의 유적이 발굴될 수 있다는 말은 중국 정부에 큰 충격을 주었다.

둥쭤빈의 보고를 받은 중국 정부는 은허의 중요성을 인식하고 곧바로 발굴에 착수했다. 1937년 중일전쟁이 일어나 발굴이 일시 중단되기도 했지만 중화인민공화국이 성립된 후에도 발굴은 계속되어 총 15회에 걸친 발굴이 진행됐다.[43]

은허는 발굴할 때마다 끊임없이 범위가 확대되고 있다. 은나라가 상상할 수 없을 정도로 넓은 영토에 찬란한 문명을 이루고 있었다는 것을 의미한다. 현재까지 발굴된 결과에 의하면 은허는 안양 시 서북의 궈자완으로부터 베이신좡까지 6킬로미터, 남으로 톄루먀오푸에서 싼자좡까지 4킬로미터로 거의 8백만 평이나 된다.

은허 안에서 왕궁 주거 유적도 발견되었는데 남북 약 300미터, 동서 약 100미터이다. 이들 궁전은 토지를 평편하게 다지고 그 위에 초석을 놓고 기둥을 세웠다. 길이가 30미터에 이르는 목조 궁전도 있는데 지붕은 짚을 엮어 덮었다. 귀족들의 저택은 소둔촌 서북쪽에 집중되었고 동쪽에는 고관들의 주거지가 집중되어 완전한 형태의 국가 체계를 이루고 있었다.

학자들은 허우강後崗에서 발견된 원형 제사갱祭祀坑에 주목했다. 1976년 무관촌북지武官村北地 은허 왕릉구역에서 제사갱이 발견되었는데 그 숫자가 무려 250여 개에 달한다. 이들 제사갱은 남 · 북향과 동 · 서향 두 종류로 분류되는데 동 · 서향 갱의 시대는 은허문화 2기에 속하고 남 · 북향 갱은 은허문화 1기에 속했다.

이들 갱은 무정武貞 왕에서 조경祖庚, 조갑祖甲, 제신帝辛 왕에 이르는 100여 년 동안 왕실의 제사 장소였다. 제사 갱 주위로 제사를 위한 골료장骨料場, 옥석기 작업장 등 각종 지원 작업 시설도 발견되었는데, 제사 용구를 전문으로 제작하는 장인들이 별도로 배치되었음을 알 수 있다. 사료에서 보듯 은나라가 제사를 매우 중요시했다는 사실이 확인된 것이다.

1930년대 은허 발굴 모습.

왕과 왕족들의 공동묘지도 발견되었다. 왕릉 구역은 후안허 강 북안의 우관춘 그리고 허우자좡 이북의 시베이강 일대에 분포되어 있다. 동서로 450미터, 남북 250미터이며 총면적은 0.11제곱킬로미터로 소위 왕족들이 모두 한 공동묘지에 집중적으로 매장된 것이다. 이것은 당대의 통치가 매우 안정적이었음을 의미한다.

이들의 관 주위에 순장된 사람들의 숫자는 더욱 놀라웠다. 한 대형 무덤은 순장된 사람의 숫자가 무려 천 명에 달했다. 은허보다 다소 빠른 시기인 정저우의 상청 유적에서도 순장한 흔적이 발견되었지만 은허처럼 대규모 순장이 성행하지는 않았다.

순장 상상도. 순장은 동이족의 특징이다.

순장은 동이족의 특징이라고 볼 수 있을 정도로 동이 계열에서 특히 성행했다. 현대적인 감각으로 볼 때 사람을 묻는 것에 많은 사람이 거부반응을 일으키지만 당대에는 순장의 개념이 현대와는 달랐다는 것이 정설이다. 이는 순장된 사람들의 구성이 일반적으로 알려진 포로나 노예뿐만 아니라 사자와 친연이 있는 사람들까지 포함하고 있다는 점, 이들이 자발적으로 자원했다는 데서도 알 수 있다. 후자를 순장이 아니라 순사라고도 하지만 사자가 매장되었을 때 산채로 함께 묻힌다는 것은 죽음을 의미하므로 간단한 일은 아니다. 그러나 당대에는 현생뿐만 아니라 이승도 믿었으므로 이승에서도 현생에서처럼 함께 살겠다는 마음으로 자원했으리란 추측 역시 부정할 만한 것은 아니다.

순장이 이승에서 사자와 함께 살기 위한 의식이라는 점은 묘실에서 발견된 부장품으로도 알 수 있다. 묘실에서 청동기와 옥으로 만든 그릇 등이 발견되었는데 이들의 용도는 주로 신에게 올리는 술잔, 그릇, 악기였었다. 특히 왕이 기르던 말 · 원숭이 · 코끼리 등도 함께 묻었는데, 이 역시 왕이 죽은 후에도 살아 있을 때와 같은 생활을 할 수 있도록 배려한 것이다. 당대의 지배

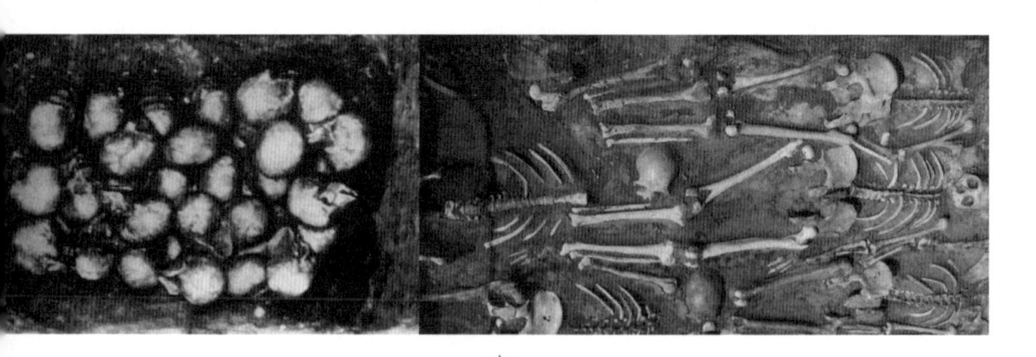

순장 무덤에서 발굴된 인골.

고인과 함께 부장된 전차와 말.

자들은 사두마차를 탔으며 전쟁도 전차전 위주였는데 이를 증빙하듯 네 마리의 말뼈가 들어 있는 마차 유물도 발굴되었다.

은허 유적에서 발견된 아름다운 청동 용기, 옥기, 도기, 상아 제품 등 수많은 부장품이 당대의 생활상을 파악할 수 있게 해주었지만 총 24,794개나 되는 갑골문이 발견되었다는 점도 은허 유적의 중요성을 부각시켜준다. 이들 갑골문을 해독함에 따라 중국에 전설상의 나라로 여겨진 상나라가 실존했다는 사실을 확인할 수 있기 때문이다. 특히 상나라의 역사를 기록한 사마천의 『사기』에 적힌 은나라가 소설이 아니라 사실史實임을 확인시켰고, 더불어 은나라의 선대인 하나라도 실존의 국가일지 모른다는 추정을 가능케 했다는 점에 그 의의가 있다.

상 · 주 시대 청동기

갑골문을 해독할 수 있게 됨에 따라 유물로만 추정해야 했던 고대사를 보다 정확하게 규명할 수 있게 된 점도 중요하다. 갑골문을 통해 은허문화를 총체적으로 이해할 수 있게 되었음은 물론 그동안 확신하지 못했던 상 왕조와 제후국 간의 관계 등 국제 문제도 파악할 수 있게 된 것이다. 한마디로 은나라는 당대에 이미 수많은 제후국을 거느린 제국이었다.

은나라는 수많은 제후국을 운영하면서 신정정치 사회를 견지했다. 왕은 정치와 종교를 동시에 주재하는 신관으로 신의 세계와 인간의 세계에서 매개체 역할을 함으로써 왕의 권위를 공고히 한 것이다. 일반적으로 고대 국가의 성격을 간단하게 제정일치 사회라고도 하는데 은나라는 좀더 왕의 신성

은허의 갑골문 비석.

함이 강조된 국가이자 큰 틀에서 이집트의 파라오와 같은 제국 체제라 볼 수 있다.

은의 국가 구성은 왕이 거주하는 직할지로 '대읍大邑' 이 있고, 나머지 지방은 왕에게 충성하는 방백들이 관할하는 '족읍族邑' 이다. 족읍은 은나라를 유지하는 기본이라 볼 수 있는데 족읍은 원래 혈연관계로 맺어진 씨족공동체의 구성원들이 사는 마을이다. '소읍小邑' 은 족읍에 종속된 작은 혈연단위의 씨족공동체 마을을 말한다. 그러므로 읍은 혈연성이 강한 사람들이 서로 모여 사는 곳으로 이들 구조는 대읍, 족읍, 소읍의 3층으로 구성된다. 읍 상호간에도 '중층적인 예속관계' 가 존재하는데, 읍 거주민은 기본적으로 부역, 병역 등의 의무를 이행해야 했다. 이 3층 구조의 읍이 춘추전국시대 이후 국, 도 등으로 바뀐다.

왕위는 초기에 형제 상속이었는데 후기로 가면서 부자 상속을 기본으로 하는 틀이 잡힌다. 은나라의 체제가 공고해지자 왕은 방백들을 '후, 백' 등으로 임명하여 더욱 결속을 다졌다. 이것은 서양의 공작, 후작, 백작 등과 같은 작위제로 은나라가 봉건 제도를 시행했다는 증거로 제시된다. 결과적으로 은 왕조는 다수 도시국가를 거느리는 중앙정부 성격을 갖는 봉건국가로 볼 수 있다.

그러나 은 왕조는 이 봉건적인 체제를 일반 계약관계로 다루지 않았다. 왕은 신성함을 물려받은 존재라는 점을 강조했다. 하늘의 자손이 지배자가 된다는 개념으로 이는 조상 숭배를 기본으로 한다. 즉 은 왕은 하늘에 의해 점지된 자로서 신성불가침이라는 '천명사상' 을 견지한 것이다.[44]

고대 전제 왕조답게 현대와는 다소 다른 개념을 차용했지만 이들은 통치의 기본을 청동기로 삼았다. 즉 자신들이 원하는 체제를 유지하는 방법으로

복원된 은허 궁전.

수많은 청동 용기를 활용한 것이다. 취사 용기, 식기, 무기, 공구는 물론 여러 가지 생활 용기를 청동으로 만들었는데 그 숫자가 어마어마하다.

중국 각지에서 발굴 · 출토된 상 · 주의 청동기들은 수천 개나 되며 은나라 수도였던 은허에서 출토된 은 말기 청동기만 해도 1,000개가 넘는다. 이들 중 대다수는 고분에서 나온 부장품이다. 물론 당시에 사용되던 청동기가 많이 발견된다고 해서 일반 사람들도 청동기를 사용할 수 있었던 것은 아니다. 엄격한 등급 제도가 정해져 있어 왕족이나 귀족만 청동기를 사용할 수 있었고 일반 서민들은 도기와 골기, 석기만 사용해야 했다. 예를 들자면 신분이 비교적 낮은 귀족은 각 류의 청동기를 한 개만 사용할 수 있고 중간급은 2~3개, 경대부는 4~5개, 그리고 제후국의 제후와 왕조의 중신들은 6~7개, 왕(천자)은 9개를 사용할 수 있었다. 한마디로 은나라의 체제 유지 기간은 청동기의 숫자가 말해준다는 것이다.

상 · 주 시대에 청동기를 무덤에 넣은 이유는 간단하다. 고대 사람들은 사람에게 영혼이 있고 죽은 뒤에도 그 영혼은 항상 살아 있어 저승에서도 생전과 같은 생활을 한다고 믿었다. 이는 신정정치의 기본 틀이기도 하다. 그래서 사자가 현생에서 사용했던 물건은 물론 사람들까지 매장하여 영혼이 저승에서도 이승의 생활을 그대로 누릴 수 있게 한 것이다.

이 개념을 적용하면 은허에서 발견된 수많은 제사갱을 이해할 수 있다. 고대인들은 사람이 죽은 후에도 영혼은 계속 살아 있다고 믿었다. 영혼이 수시로 인간 세계에 내려와 그들의 후손은 물론 일반 사람들에게조차 영향을 준다는 것이다. 은나라 왕들 역시 왕조가 오래도록 평온하게 유지되길 바라는 마음에서 조상의 신령들에게 자주 제사를 올리는 일을 게을리하지 않았다. 선조의 신령을 공경스럽게 모시면 행복과 평온을 가져다주고 잘 모시지 못하면 신령이 화를 내어 재앙을 내린다고 믿었기 때문이다.

제사 등 선조를 위한 일이 당대의 큰 관심사이므로 이들을 위한 청동기 제작은 특권층에서 가장 신경 써서 해야 하는 일이다. 학자들은 이 같은 청동기 제작은 정교한 금속 주조 기술, 즉 고도로 발달한 선진 물질문명이 확보되어야만 가능한 일이므로 그 기술의 기원이 어디인가를 찾는 데 열중했다. 일반적으로 청동 제조 기술은 메소포타미아 등 서방에서 발견되어 동방으로 전해졌다고 설명하지만 아직 이 문제가 명확하게 규명된 것은 아니다.

전설에 따르면 금속 주조술을 개발한 사람은 하 왕조의 시조인 우禹왕이라고 한다. 하 왕조는 근래 신화 속의 국가가 아니라 실존하는 국가로 인정되고 있는데 이는 기원전 1700~1500년대의 청동 예기가 얼리터우異里頭에서 발견되는 등 청동기 체제가 존재했음이 발견되었기 때문이다. 이곳에서 발견된 제기는 작爵이라 불리는 세 발 달린 잔으로 각진 형태에 아무 문양이 없으며 얇은 칸막이들이 있다. 형태는 투박해 보이지만 이것은 중국 금속 주조술에서 나타나는 특징, 즉 속심 둘레에 짜맞춰진 조립식 점토 주형 속에 금속을 녹여 부어 주조하는 기술을 모두 지니고 있다. 이들 제조 기법은 중국에서 매우 중요하게 다루는데 이들 기술을 토대로 후대에 더욱 형태가 전문화되고 체계화되는 기술로 발전했다고 믿고 있기 때문이다.[45]

고대 중국에서 청동기기는 특권층이 누리는 특권 중의 특권이라고 볼 수 있는데 중국에서 가장 큰 청동기는 은허의 왕릉 구역에 있는 1217호 대묘동묘도大墓東墓道에서 발견되었다. 이 묘는 은나라 말기 왕인 무정의 부인 중 한 명인 부호묘婦好墓로 무려 460여 개의 청동기가 발견되었다. 이 중 사모무대동정司母戊大銅鼎은 현재까지 중국에서 발견된 청동기 중 형체가 가장 크고 중량도 가장 무거운 것으로 무려 875킬로그램(길이 1.16미터, 폭 0.79미터, 높이 1.33미터)이나 된다.

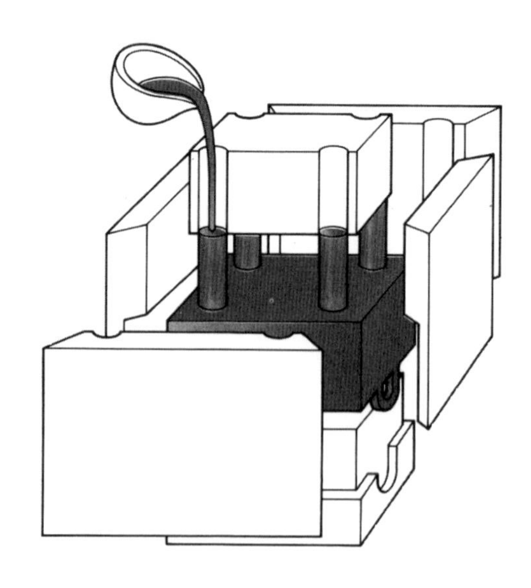

청동기 제작 원리. 주형 속에 녹인 금속을 부어 주조하는 방식이다.

상대 후기의 대표적 청동기인 사모무대동정.

부호묘는 남 · 북 5.6미터 동 · 서 4미터 깊이 8미터로 그다지 크지는 않지만 중국 역사에 황제가 등장하기 이전 시대의 묘지 건축 양식을 고루 반영하고 있는 것이 특징이다. 외부에 장례식을 주재하던 건물이 설치되었고, 깊은 갱도 바닥에는 나무판자를 깔았다. 물론 순장된 사람들도 빠지지 않는다. 부호묘가 중요한 이유는 도굴꾼의 손에 훼손되지 않아서 크지 않은 묘임에도 출토된 청동 기물, 옥석기 등의 숫자가 타의 추종을 불허한다는 점이다. 부호묘에서 발견된 유물은 1,928건이나 된다.

부호婦好는 중국 역사상 최초로 문자가 기록된 여장군으로 상왕 무정과 무정의 아들 조갑祖甲의 부인 중 한 명으로 추정한다. 이들에게는 '무戊' 라는 이름의 부인이 각각 한 명씩 있었다. 상 왕조에서 가장 강대한 세력을 지녔던 시기 중 하나가 바로 무정에서 조갑에 이르는 시기다. 갑골문의 기록에 따르면 부호가 여러 차례 출정하여 사방을 토벌하였다고 한다.[46]

은허박물관의 또 다른 특징은 중국의 역사를 알려주는 갑골문이 세계에서 가장 많이 전시되어 있다는 점이다. 중국의 우표에 등장하는 갑골도 이곳에 보관되어 있다. 특히 은나라 때 활용된 전차가 복원된 것은 물론 발굴 현장 외곽을 건물로 덮어 보존했기 때문에 전차와 사람과 말들의 유골이 원형 그대로 전시되어 있다.

복원된 은나라 때의 전차.

부호가 누구의 부인이었든 당대에 청동기는 매우 귀한 물건이었다. 그럼에도 무덤 안에서 청동기가 460개나 발견되었다는 것은 청동기에 얼마나 깊은 뜻이 있는지를 알 수 있다. 한마디로 부호가 무덤 속에서도 현생과 같은 생활을 할 수 있다고 믿지 않았다면 귀중한 청동기를 그렇게나 많이 매장하지는 않았을 것이라는 이야기다.

상나라는 동이족 국가

근래 중국 고고학 연구의 진전은 상상을 초월할 정도인데, 그 중 가장 놀라운 발표는 그동안 부단히 중국 화하족의 근원이라고 역설했던 상나라를 동이족이 건설했다고 공식적으로 천명했다는 점이다. 상 왕조가 동북에서 기원한 민족이 건립한 국가라는 주장은 큰 틀에서 동이의 홍산문화로 인식되는 샤자뎬 하층 문화와 상문화가 밀접한 관계가 있다는 뜻이다.[47]

'홍산문명(신비의 왕국)'의 장에서 설명했으므로 이 문제를 여기서 길게 설명하지 않지만 은나라는 사해・홍룽와문화(기원전 6000~5000년)를 거쳐 홍산문화(기원전 4500~3000년), 샤자뎬 하층 문화의 전통을 이어받은 나라라고 설명한다. 즉 기후가 변화하여 적응이 어렵게 되자 샤자뎬 하층 문화를 누렸던 사람들 가운데 일부가 남하하여 중원의 상문화를 형성하였다는 것이다.[48] 중국에서 제시하는 증거는 다음과 같다.

★ 상 조상의 탄생 신화는 동북 민족이 공유한다.

★ 상의 선공先公과 선왕先王은 대부분 북방 지역에서 활약했다.

★샤자뎬 하층 문화와 상문화의 토기에 친연성이 있다.

★상인의 후예에는 동북과 관계된 사적事績이나 동북 지역에 대한 추억이 많아 양자의 문화에 동일한 습속이 보인다. 두 문화 모두 동북 방향을 귀하게 여겼기 때문에 양 문화의 주요 건축물은 모두 동북쪽에 건설되었다.

★양 문화는 모두 도철문獸面文을 주요 장식 문양으로 사용했다.

중국이 갑자기 상(은)의 원류를 중국의 동북방에서 발달했던 홍산문화 혹은 샤자뎬 하층 문화와 연계시키는 것은 '동북공정'의 일환으로 '동북문명'이 중국 문명의 기원이 되었다는 것을 입증하려는 노력에 지나지 않는다는 설명이 있는 것도 사실이지만[49] 홍산문화와 샤자뎬 하층 문화의 후예가 중국 중원으로 옮겨 하나라를 격파하고 새로운 국가 즉 상(은)을 건설했다는 주장이 무리한 이야기만은 아니다. 사마천의 『사기』 「은본기」 기록을 보자.[50]

은나라 시조 설契의 어머니는 간적簡狄이다. 그녀는 제곡(황제의 증손자라 함)의 둘째 부인이다. 간적 자매가 목욕하러 가는데 제비가 알을 떨어뜨리는 것을 보고 간적이 이를 받아 삼켜 잉태했다. 그가 설이다.

중화 오천 년 역사를 강조하기 위해 뉴허량에서 발굴된 대표적인 유물인 옥웅룡玉熊龍을 크게 조각해놓았다.

세 사람이 목욕하러 갔을 때 검은 새玄鳥가 알을 떨어뜨리는 것을 보고 간적이 삼켰더니 임신하여 설을 낳았다는 것이다. 은나라의 건국신화가 난생설화임을 말해준다.

사마천이 적은 상나라 시조인 설契(은설殷契이라고도 불림)은 요순시절우禹의 치수를 도운 덕에 상商(허난 성의 옛 지명)이라는 곳에 봉지와 자씨子氏를 받았다. 그래서 상이라는 나라 이름이 생겼다. 상토相土(설의 손자)는 마차를 발명했으며, 그 세력을 '해외'에까지 넓혔다. 그리고 왕해王亥(7대)는 비단과 소를 화폐로 삼아 부락들을 상대로 장사하여 부를 쌓았다.

은나라 시조 설의 어머니 간적簡狄이 새의 알을 삼켜 낳았다는 신화는 중국 동북 지역의 민족들이 공유하고 있는 신화이다. 이들 내용은 부여, 고구려, 만주족에게서도 보이므로 중국 측은 상인의 기원이 동북 지역과 관계있다는 중요한 증거로 제시한다.

중국은 상나라의 선공, 선왕들의 도읍지 및 주요 활동 지역이 북방 및 동북 지역과 관련 있다는 자료를 제시하는 일도 게을리하지 않는다. 『순자』에 "설현왕契玄王은 소명을 낳았으며 지석砥石에 살다가 상으로 옮겼다"라는 기록이 나온다. 그런데 『회남자』는 "요하는 지석에서 나온다"라고 적었고 다음과 같이 주석을 달았다. "지석은 산의 이름이다. 새외에 있는데 요수遼水가 나오는 곳이다. 요수는 남해南海로 들어간다." 진징팡은 이 기록에 근거하여 지석은 요수의 발원지로서 현재 네이멍구 자치구 적봉 시 인근(홍산문화의 근거지)이라고 설명했다.

설을 '현왕'이라고 불렀는데 이 칭호는 『순자』뿐만 아니라 중국의 사료인 『국어』와 『시경』에도 보인다. 그런데 현玄은 북방색이다. 『여씨춘추』에는 "하늘에는 아홉 개의 분야가 있다. …… 북방을 현천玄天이라 한다"라고 적혀

있다. 진징팡은 이들 기록에 따라 설은 현왕, 즉 북방의 왕이라고 했다.[51]

푸쓰넨이 은허 발굴을 주도했는데, 그는 『이하동서설夷夏東西說』에서 은설 사화를 실으며 "이러한 난생설화는 동북 민족과 회이淮夷의 신화"라고 밝혔다. 그러면서 『논형』에 나오는 탁리국(부여) 시조 동명과 『위서』의 고구려 시조 주몽 그리고 고구려 호태왕비에 나오는 추모왕의 난생설화를 원문대로 싣고 은과 부여 · 고구려의 시조 사화가 같음은 주목할 만하다고 발표했다. 상(은)나라를 동이족이 건설했다고 인정한 것이다.

근래 중국에서 출간된 『사기해독史記解讀』이나 갑골문 연구자인 멍스카이가 출간한 『하상사화夏商史話』에서도 은나라를 이인夷人 또는 동이족의 한 가지分支라고 쓰고 있다.[52]

상문화의 기원이 동북 지역과 관련 있다는 사실은 인류학적으로도 지지받는다. 판지평은 은허의 중소 귀족 무덤에서 출토된 상인의 인골은 대부분 북방 인종의 특징을 갖고 있다고 발표했다.

> 은허의 씨족 무덤 가운데 어느 정도 규모를 가지고 있는 중형 무덤은 모두 세트를 이룬 청동 예기를 수장하고 있으나 노예가 배장培葬되어 있다. …… 그들은 아마도 봉건 귀족으로 왕족과 밀접한 관계가 있거나 혹은 그 자신이 왕족 성원이었을지 모른다. 은허에서 발견된 상나라 귀족들의 시신들은 대다수 동북방 인종의 특징을 갖추고 있다. 인골들의 정수리를 검토해보면 북아시아와 동아시아인이 서로 혼합된 형태가 나타난다. 이것은 황허 강 중 · 하류의 토착 세력, 즉 한족漢族의 특징과는 판이하다는 결론에 이른다.

위의 설명은 상족의 조상이 북방 지역의 고대 거주민과 많은 친연성이 있

홍산문화의 발원지인 네이멍구자치구의 츠펑 시.

다는 것을 보여준다. 동아시아와 북아시아의 두 유형이 혼합된 인종 특징은 황허 강 유역 중 · 하류의 원시 거주민에게 고유한 것이 아니기 때문이다.

상족에게 동북 방향을 숭상하는 신앙이 있다는 것도 한 증거로 제시된다. 고고학자 양시장은 "상대 왕실과 귀족은 동북 방향을 존중했다. 그것은 그 선조의 기원지에 대한 추억과 존경을 표시하는 것으로도 볼 수 있다"라고 말했다.

쑤빙치도 홍산문화의 특대형 제사 유적과 그 주변에 분포한 상 · 주 교체기의 구덩이에 매장된 청동기군을 연계시키고 상 · 주 시대에 교郊, 요, 체 등의 중요한 의례 활동을 이 일대에서 거행했다고 주장했다. 즉 상인이 동북 방향을 존중하였던 것을 이와 연계시킨다면 상의 기원이 동북 지역과 관련 있다는 증거가 될 수 있다는 설명이다. 상나라 왕실에서 고위층 귀족들에 이르기까지 동북 방향을 받들었다는 사실은 그들의 고향에 대한 짙은 향수와 숭배를 나타낸 것이라는 해석이다.[53]

쑤빙치의 설명은 상인이 중원을 차지한 후 각 지역의 수많은 문화적 요소를 받아들여 많은 변화를 일으켰지만 그 중심적인 문화 요소는 여전히 동북 문화의 특징을 나타낸다는 것이다.[54]

하나라를 멸하고 천하를 통일한 상나라 성탕은 바로 상나라의 역법을 새로 만든 것 외에도 옷 색깔(복색)을 바꿔 흰색을 숭상했다. 조정의 회합會合도 백색을 존중하는 의미에서 백주에 가지기로 했다. 『예기』에는 다음과 같은 기록이 있다. "하나라는 흑색을 숭상하여 군사행동 때는 흑마를 탔고, 제사 때는 흑색 희생물을 바친다. 반면에 은나라는 백색을 숭상하여 군사행동 때는 백마를, 제사 때는 흰색을 바친다. 주나라는 적색을 숭상했다."[55]

동이족과 은나라, 이어서 한민족과의 연계는 사료뿐만 아니라 은나라 유적에서 발견되는 유물로도 알 수 있다. 은허殷墟 유적에서는 홍산문화와 한반도에서 발견되는 옥기, 청동기는 물론 후대에 발견되는 토기들도 보인다.

홍산 옥기 중에서는 대표적인 곰, 호랑이, 용, 매, 제비 모양 옥기 등은 물론 옥선기玉旋璣, 결상이식玦狀耳飾도 발견되며 한국인이 자랑하는 빗살무늬토기는 물론 덧띠무늬토기도 보인다. 놀라운 것은 그동안 북방 기마민족의 대표적인 유물로 부단히 이야기되어온 가야와 신라 지역에서 대량으로 발견되는 각배角盃도 발견된다는 점이다.[56]

또한 역으로 홍산문화의 본거지라 볼 수 있는 츠펑 지역에서는 상(은)의 대표적인 유물인 중국식 동검 등이 발견된다. 이는 양 지역이 같은 동이족으로 구성되어 있고 상(은)이 건설된 이후에도 양 지역에 부단한 연계가 있었다

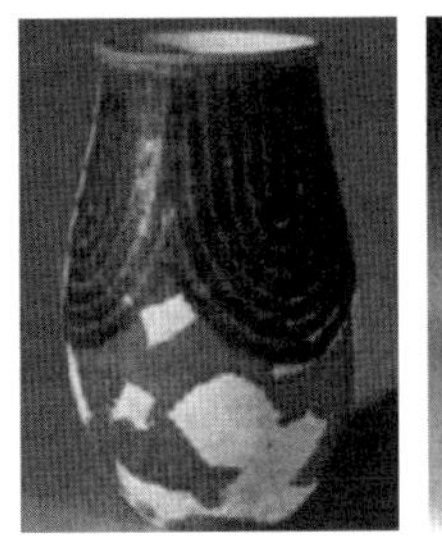

츠펑 시에서 출토된 채문 도기.

는 것을 보여준다.

물론 사료에 나타나는 동이족을 모두 한민족의 동이족과 동일하게 간주할 수 없다는 설명도 있다. 기수연은 한漢 대 이후 동북 지역에서 나타나는 동이를 그 이전 시기 산동 일대에 존재했던 동이와 같은 계보로 묶을 수는 없다고 설명한다. 상(은)나라를 동이가 건설한 것은 사실이라고 하더라도 이들 중 상당수가 후대에 중국에 동화되어 중국인으로 자리 잡았으므로 이들 모두를 한민족이라고 주장하기에는 무리가 있다는 지적이다.[57]

피라미드의 보물

이집트의 기자에 방문한 사람들을 감탄하게 하는 것은 피라미드의 위용이다. 4500년 전에 건설되었음에도 '세계 7대 불가사의' 에 들어갈 정도인데 그 장관을 보면서 사람들이 가장 먼저 떠올리는 것은 피라미드 안에 있을 보물이다. 그중에서도 쿠푸의 대피라미드가 주 관심사인데, 파라오를 위한 안식처라면 매장 당시 수많은 부장품도 함께 넣었을 것이기 때문이다.

그런데 대피라미드에서 파라오의 현실玄室(관을 안치하는 네모진 방)로 추정되는 방에 있는 석관은 비어있다. 그렇다면 현재 이 공간은 도굴되었음이 분명하다. 그러나 아직도 어딘가에 쿠푸의 보물이 있을 것으로 추정하는 이유는 현재 파라오의 방으로 알려진 곳이 파라오의 진짜 현실이 아닐지도 모른다는 지적 때문이다. 즉 피라미드 안 어딘가에 쿠푸 왕의 진짜 현실이 따로 존재할 수도 있다는 이야기다.

상식적으로 이해가 가지 않은 이러한 가정은 어떻게 나왔을까? 학자들이 현재 파라오의 현실이라고 알려진 왕의 방이 진짜가 아니라고 추정하는 가장 큰 이유는 '현실의 위치가 정중앙에서 벗어나 있다' 는 점 때문이다. 고대

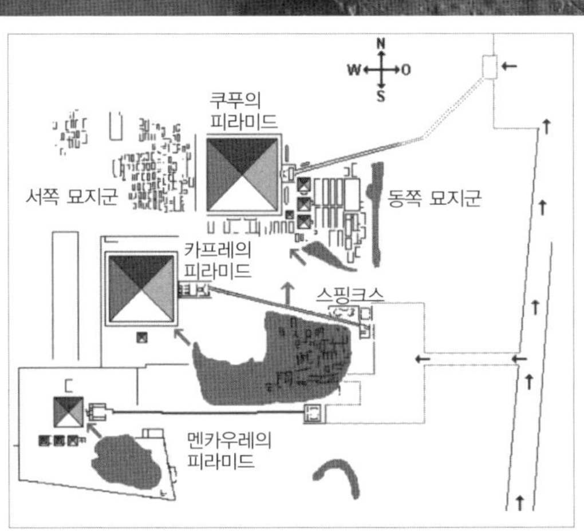

기자의 피라미드 전경(위)과 배치도(아래).

이집트에서 신이자 우주의 중심으로 추앙받던 파라오를 정중앙이 아닌 곳에 안치한다는 것은 고대인의 믿음에 어긋나는 일이기 때문에 진짜 파라오의 방은 따로 있는 게 아니냐는 가설이 나온 것이다.

첫째, 설계 실수라는 말이 있으나 대피라미드의 각 변이 동서남북에 정확히 일치하고, 한 치의 빈틈도 없이 높은 곳에서도 거대한 돌들을 정확하게 맞추어 끼운 기술을 고려하면 정중앙을 정확하게 찾지 못했다는 말은 설득력이 없다. 둘째, 현재 파라오의 방 현실 상부에 있는 다섯 개의 하중 분산용 공간이 사실은 알려지지 않은 비밀의 방을 보호하기 위해 건설되었을지 모른다는 사실이다. 이 지적에 대해서 구조학자들 대부분은 가능한 가정이라고

쿠푸의 대피라미드.

피라미드를 지키는 스핑크스.

인정한다. 셋째, 820년 칼리프 알 마문이 쿠푸의 석관을 열었을 때도 아무런 부장품이 없었다는 설이 있다.

파라오의 방에 얽힌 미스터리를 해결하기 위해서는 대피라미드 전체를 보다 정확하게 조사할 필요가 있다. 그러나 세계 7대 불가사의 중 유일하게 남아있는 대피라미드를 무작정 훼손하면서 연구할 수는 없는 일이다. 고대 유산 연구가 어려운 이유다.

대피라미드의 수난사

사실 쿠푸의 대피라미드에서 보물을 찾아내기 위해 사람들이 기울인 노력은 대피라미드의 수난사와도 직결된다. 그 첫 번째 당사자가 아라비아의 유명한 칼리프 아룬 알 아시드이며, 그의 도굴 작업은 956년에 사망한 여행가이자 학자인 알 마수디가 기록했다. 쿠푸의 현실까지 진입하기 위한 아룬 알 아시드의 작업 과정은 다음과 같다.

> 왕의 방까지 도달하는 통로를 찾기 위해 우선 외부의 석회석들을 제거해야 했다. 그들은 석회석을 녹이기 위해 수많은 식초를 뿌리고 불을 붙였다. 이 작업이 다소 성공을 거두자 성벽을 파괴하기 위해 사용되었던 거중기와 기계들이 투입되었다.
> 상상할 수 없는 노력을 들인 끝에 노동자들은 수천 개의 금화가 있는 사각형의 방에 도착하였다. 그 금화는 각자가 1디나르(7세기 말부터 수 세기 동안 사용된 아라비아의 화폐 단위)의 무게를 가졌다. 이때 발견된 금화가 대피라미드를 조사하는 데 투입한 예산과 거의 비슷했다. 그 후에도 계속하여 발굴하려고 했으나 워낙 작업이 어렵고 입구 부분이 붕괴될 우려가 있자 쿠푸의 방을 찾는 일을 포기했다.

아룬 알 라시드의 아들인 칼리프 압둘라 알 마문(재위: 812~833년) 역시 대피라미드에 관심이 있었다. 바로 자신의 과학적 지식 욕구 때문이었는데, 반드시 대피라미드를 발굴하겠다는 다짐으로 820년 이집트에 도착했다.

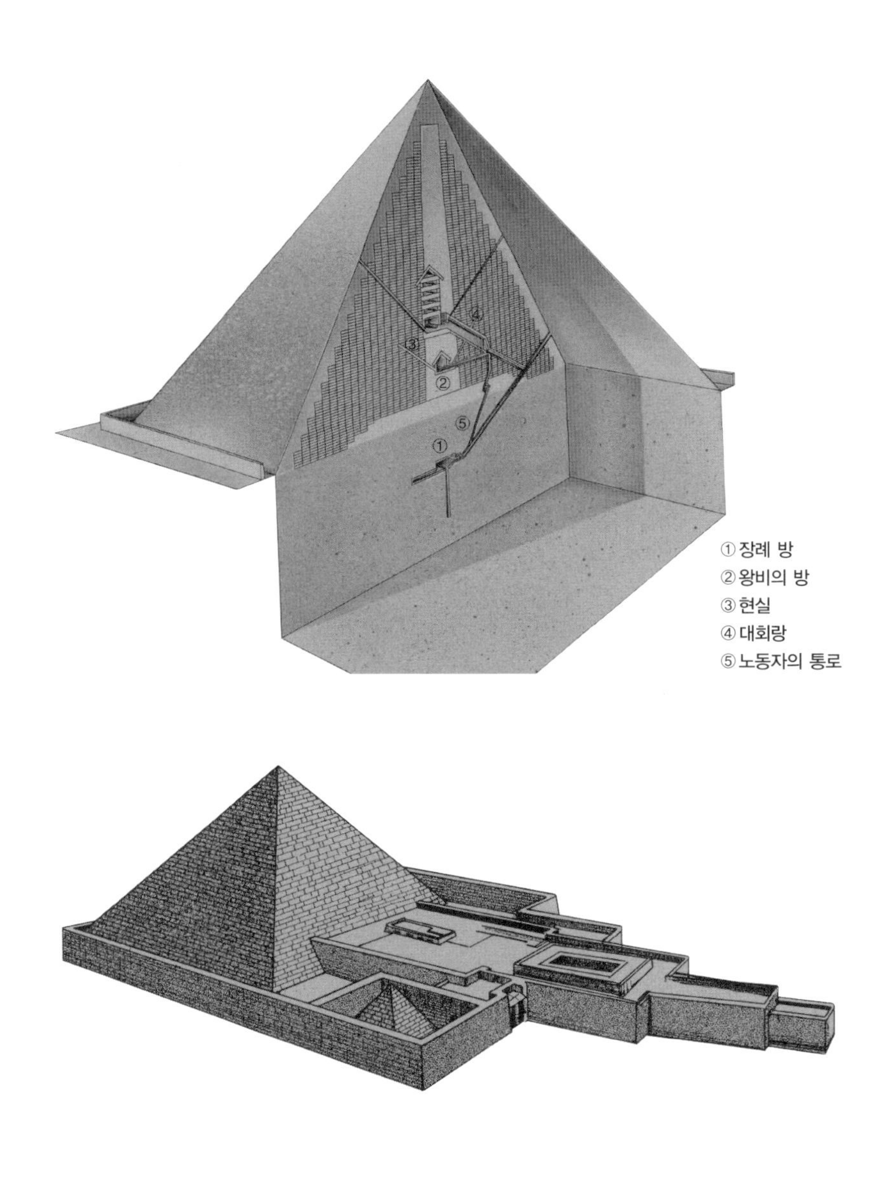

피라미드의 내부와 외부 구조.

알 마문은 과학, 특히 천문학에 강한 흥미가 있었다. 그래서 지구와 천체의 지도를 만들려는 계획을 세우고 수많은 자료를 모으던 중 아버지가 발굴하다가 포기한 이집트의 거대한 피라미드 안에 고대의 아주 정확한 지도들과 피라미드 건축가들이 건설할 때 사용한 자료들이 있다는 얘기를 듣게 된다.

이후 그는 자신이 원하는 것을 얻기 위해서는 피라미드를 발굴해야 한다고 생각하고 발굴단을 이집트로 파견하기로 결정한다. 하지만 문제가 있었다. 발굴에 필요한 엄청난 자금을 확보하기가 쉽지 않은 데다 아버지가 앞서 대피라미드 안에서 보물을 발견했다는 사실은 자금을 확보하는 계획에 있어

1954년 기자의 피라미드 옆에서 발견된 태양의 배. 파라오를 영원한 안식처로 건네주는 배였다.

상당한 부담으로 작용했다. 피라미드 발굴 후 손에 넣게 될 보물로 발굴 경비로 충당하려는 계획에 차질이 생긴 것이다. 그때 그의 귀를 번쩍 뜨이게 하는 정보가 들어왔다. 자신의 아버지가 금화를 발견한 곳은 파라오의 현실이 아니었다는 사실이다. 파라오의 현실이 아닌 방에서 그 정도 금화가 발견됐다면, 진짜 파라오의 현실에는 훨씬 더 많은 보물이 들어있을 것이었다.

알 마문은 수많은 인원을 대피라미드로 파견한 것은 물론 자신도 현장에 도착하여 작업을 진두지휘했다. 하지만 대피라미드 탐사는 그야말로 고난의 연속이었다. 방법론도 알 라시드가 사용한 것과 같았다. 장애물로 나타난 돌이 깨질 때까지 불로 가열한 다음 차가운 식초를 뿌렸다.

하지만 그가 아버지인 알 라시드와 다른 점은 중도에 포기하지 않았다는 것이다. 알 라시드는 끊임없이 나타나는 커다란 돌들 때문에 결국 작업을 포기했지만, 그는 이에 굴하지 않고 무작정으로 외부에서 돌을 깨부수며 들어갔다. 무려 300미터 두께의 벽을 파고 들어간 끝에 그들은 마침내 1.2미터 높이의 급경사로 된 비좁은 회랑에 도착했다. 그 회랑의 상부 쪽 끝에서 그들은 고대 이집트인들이 만든 입구를 발견했는데 그 입구는 지상으로부터 15미터 높이에 있었고 돌로 차단된 문에 의해 막혀 있었다.

알 마문 일행은 이 돌들도 제거하고 회랑을 내려갔는데 그곳에서 제일 처음에 건설하다가 포기된 방을 발견했다. 그러나 그곳에는 아무것도 없었다. 아쉽지만 다른 곳을 찾아야만 했다.

알 마문은 회랑으로 다시 돌아와 위로 향하는 또 다른 회랑을 찾았다. 다행히도 곧 상부로 연결되는 회랑을 발견했다. 그러나 굴착 작업은 더욱더 어려웠다. 회랑을 막고 있는 커다란 화강암 돌덩이가 계속 나왔기 때문이다. 그러나 악착같은 의지로 모든 난관을 헤쳐나갔다. 상상할 수 없는 고통을 무릅

피라미드 내부로 진입하는 모습을 그린 그림.

쓴 작업 끝에 위로 향하는 아주 낮은 회랑에 도착했다. 그곳에는 수평으로 된 통로가 교차되어 있었다.

이 수평 통로는 각 변이 5.5미터인 정사각형 방으로 연결되어 있는데 천장은 6미터 높이에 이중경사로 이루어져 있었다. 이곳이 바로 왕비의 방이라고 불리는 곳이다. 그러나 이곳에도 역시 왕비의 흔적과 보물은 없었다. 탐사대의 실망은 대단했다.

알 마문은 작업을 계속했고 인부 중 한 명이 조그마한 방을 찾아냈다. 그곳에는 푸른색의 돌로 조각된 남자 조각상이 있었다. 이 조각상은 여러 가지 보석으로 장식된 옷을 입고 있었다. 그의 가슴에는 값비싼 보석으로 장식된 칼이 있었고 머리에는 달걀만 한 루비가 있었다. 알 마문은 이 조각상을 자신의 궁전으로 갖고 갔는데, 아랍의 역사학자 캐시는 1117년에도 궁전에서 이 조각상을 볼 수 있었다고 적었다.

이에 고무되어 계속 다른 방을 찾던 그들은 수평 통로와 하향 회랑에 연결되는 부분이 또 다른 회랑과 연결된다는 사실을 발견했다. 8.5미터 높이의 반들반들한 석회암으로 마감 처리가 되어 있는 대회랑이었다. 이 회랑은 계속해서 오르막길로 되어 있었는데 그 끝에는 일종의 대기실이 있었다. 이 방을 통하여 피라미드의 가장 큰 방에 도달했는데 그 장소가 바로 현재 쿠푸의 현실로 불리는 곳이다.

알 마문은 손에 횃불을 든 채, 내부를 보기 위해 서둘러서 들어갔다. 그러나 그곳 역시 비어 있었다. 붉은색의 화강암 벽을 따라 적갈색의 돌로 된 다소 파괴된 석관과 몇몇 파손된 잔해만이 있을 뿐이었다. 석관은 통로보다 크기 때문에 이 방을 만들기 전에 이미 이 곳에 놓여 있었음이 분명했다. 당황한 그들은 보물이 은닉되어 있을지 모른다는 기대를 하며 벽과 바닥의 일부를 부수었지만 아무것도 찾을 수 없었다.

진짜 현실은 따로 있다

알 마문이 대피라미드의 현실에서 보물을 찾지 못했다는 사실은 오히려 다른 곳에 보물이 있을지 모른다는 추측을 일으킨다. 더욱이 앞에서 설명한 바와 같이 대피라미드가 구조적으로 여러 부분에서 이상한 점이 있다는 사실도 이런 가설에 부채질을 했다.

물론 쿠푸의 대피라미드는 철저하게 도굴되었다는 의견이 정설이다. 우선 알 라시드와 알 마문이 쿠푸의 대피라미드 안으로 들어갔을 때의 정황도 목격자에 따라 엇갈리고 있다. 한 증인은 쿠푸의 석관 안에서 황금으로 덮이고 휘황찬란한 보석으로 장식된 미라를 발견했고 머리 근처에서 달걀만 한 루비를 발견했다고 했다. 반면에 어떤 증인은 쿠푸의 현실에서 아무런 보물을 발견하지 못하였고 단지 미라만 있었다고 했다.

피라미드에 정통한 학자들은 두 번째 증인의 말이 더 신빙성 있다고 생각한다. 말하자면 알 마문이 피라미드를 뚫고 현실에 들어갔을 때 이미 도굴되어 비어있었다는 것이다. 쿠푸의 현실 안에서 커다란 루비 등 보물을 발견했다는 이야기도 알 마문이 조각상에서 발견한 보물이 와전되었다는 것이 정설이다.

쿠푸의 대피라미드는 약 4,500년 전에 건설되었다. 이집트에 있는 모든 피라미드는 도굴되었으며 신 왕조가 건설한 왕가의 계곡에 있는 파라오의 무덤들도 모두 약탈당했다. 카터가 발견하여 사상 최고의 발견이라 불리는 유명한 투탕카멘의 무덤도 사실은 두 번이나 도굴당했었다. 특히 이집트 역사에는 왕조가 중단되는 등 몇 번의 극심한 혼란기가 있었는데 이 당시의 무법자들로부터 쿠푸의 대피라미드가 온전할 수 있었다는 말은 믿기 어렵다. 오히려 가장 큰 피라미드이므로 어느 지배자라 하더라도 약탈하고 싶은 유혹을 뿌리치기 어려웠을 것이다.

그러나 현재 쿠푸의 현실이라고 알려진 공간이 사실은 '미끼'이며, 도굴범들의 약탈을 막기 위해 현재의 현실을 파라오의 현실처럼 꾸몄지만 그것은 가짜이고 진짜 현실은 다른 곳에 있다는 주장은 여전히 살아 있었다.

상당히 많은 이집트 전문가들이 이러한 주장에 동조한다. 그 이유는 고대 이집트에서는 가짜 무덤을 만드는 일이 보편화되어 있었기 때문이다. 자신

대피라미드로 들어가는 입구.

의 무덤을 서너 개 만들어 진짜 무덤이 어느 것인지를 알 수 없게 하는 것도 일반화된 일이었다.

대피라미드를 건설할 정도로 막강한 힘을 갖고 있었던 쿠푸라면 무덤을 여러 개 만드는 것도 무리한 일이 아니라고 볼 수 있다. 특히 비밀리에 대피라미드 안에 진짜 현실을 만드는 것도 어려운 일이 아니었을 것이다.

물론 이러한 일부 주장에 학자들은 강력하게 반발한다. 쿠푸의 대피라미드는 다른 피라미드와는 달리 방 세 개와 회랑 세 개가 있으며 가장 하부에 있는 회랑은 바위를 뚫고 만들었다. 또한 왕비와 파라오의 현실이라 불리는 공간과 회랑은 매우 정성 들여 건축했다. 다른 곳은 석회석으로 되어 있는데 이곳은 가공하기 매우 어려운 화강석으로 만들어졌다.

더구나 화강석은 900킬로미터 멀리 떨어진 아스완에서 갖고 온 것이며 지표면에서 42미터 높이에 있다. 하중을 경감시킨다는 목적을 가진 상부 공간 다섯 곳을 합하면 65미터나 되며 이것 중 가장 작은 화강석이 5톤, 어떤 돌은 70톤이나 된다. 단지 '미끼' 를 만들 목적으로 이 엄청난 돌들을 채석장에서 채취한 후 피라미드 장소까지 배와 썰매로 운반해와서 거대한 높이로 쌓아 올렸다고는 믿을 수 없다는 것이다.

한편, 대피라미드가 도굴당하지 않았을 것이라는 강력한 근거 중 하나는 도굴꾼들이 침입하여 보물들을 약탈해갔다면 어떻게 장애물인 화강암 돌들을 통과할 수 있었을까 하는 점이다. 앞에 설명한 도굴꾼이 만든 통로라는 것도 사실과 다르다는 설명이다.

일부 학자들은 도굴할 때 만들어놓은 통로가 세월이 흘러서 자연 붕괴되어 그 흔적을 찾을 수 없게 되었다는 가설을 내세우기도 하지만 피라미드의 외형을 볼 때 전혀 그런 흔적을 찾아볼 수 없다. 더구나 도굴범들이 도굴을 완료한 후 피라미드를 원상대로 복구해놓지 않았을 것이라는 사실은 아직도 엄청난 재화가 대피라미드 속 어디엔가 감춰져 있을 것이라는 근거로 작용한다.

피라미드 속의 탐사

대피라미드 내부에 또 다른 미지의 공간이 있다는 가설은 프랑스 건축가 도르미옹과 골뎅에 의해 더욱 구체화되었다. 1985년 그들은 대피라미드를 조사하면서 이제까지 다른 사람들이 주목하지 않았던 몇몇 새로운 사실들을 발견했다.

돌덩어리 몇 개가 일반적인 조적법造積法(벽돌 · 블록 · 돌 등의 비교적 작은 개체를 모르타르로 쌓아 구조체를 만드는 방법)처럼 서로 엇갈려 포개져 있지 않고 상하로 쌓여 있으며 벽의 중간 부분에 반짝이는 돌을 여러 개 박아 넣었다는 것이다. 게다가 어떤 돌들은 가공하지 않은 채 시공되기도 했다. 그들은 이 이상한 구조가 대피라미드 내부에 비밀 공간이 존재하는 증거라고 판단했다. 수천 년 동안 많은 호사가들을 설레게 했던 쿠푸의 진짜 관과 수많은 금은보화가 들어 있을 것이라고 생각한 것이다.

이 발견은 당시 이집트 연구자들을 비롯한 전 세계인들의 이목을 집중시켰다. 이집트 정부는 두 건축가의 제안을 근거로 한 EDF(프랑스 전력회사)의 탐사 계획을 허가하였고 그들은 대피라미드 발굴에 착수했다.

EDF의 지원을 받는 CPGF(프랑스 지구물리학 탐사회사)가 마이크로 중력 장치를 사용하여 대피라미드 내부를 조사하기 시작했다. CPGF와 EDF가 대피라미드 복도와 대피라미드 표면의 질량을 측정하자 평균 밀도가 2.05로 나왔다. 학자들이 생각했던 것보다 훨씬 가벼웠다. 일반적으로 석회석의 밀도는 2.4이므로 2.05는 매우 낮은 수치이다.

특이한 것은 파라오 현실 상부의 평균 밀도가 1.85밖에 되지 않는다는 것이다. 대피라미드 전체를 분배해서 비교해보면 각 부분이 서로 다른 비중을 차지하고 있다는 뜻으로 이 결과는 비밀의 방이 존재한다는 믿음을 더욱 부추겼다. 밀도가 낮다는 것은 공간이 있다고 추론할 수 있다는 얘기다.

그러나 탐사 팀은 두 건축가가 예언한 장소에서 비밀의 방이나 비밀의 복도를 발견하지 못했다. 반면에 왕비의 방으로 가는 서쪽 복도에서 발견되는 약간의 질량 결핍을 근거로 공간으로 예상되는 지점의 벽을 뚫기 시작했다.

드디어 두꺼운 석회암 벽이 뚫리고 공간에 도착했다는 신호가 포착되었다. 수천 년 동안 비밀스럽게 간직되었던 대피라미드의 신비가 모습을 드러내는 긴장된 순간이었다. 그들은 소형 카메라를 공간 안으로 들여보냈다. 그러나 그곳에는 기대와는 달리 반짝이는 고운 모래층 외에는 어떤 것도 없었다. 즉 마이크로 중력 장치가 공간이라고 지적한 장소는 모래나 잡석들만 쌓여 있는 무용의 공간이었다. 쿠푸의 대피라미드는 그 비밀에 접근하려는 인간의 시도를 다시 한 번 좌절시킨 것이다.

프랑스 조사단에게 미지의 공간에 대한 발굴 허가를 내주었던 이집트 정부는 사쿠지 요시무라 교수가 이끄는 일본 팀에게도 똑같은 발굴 조사 허가를 했다. 일본 팀은 마이크로 중력 측정 장치 외에 레이더도 사용했다. 레이더를 사용한 이유는 마이크로 중력 장치의 단점을 보관하기 위해서였다. 그들이 하는 말에 의하면 중력 결핍은 서쪽 면에서 빠짐없이 나타났으며 새로운 통로의 크기는 4.50×3.50미터라고 했다. 이는 프랑스 팀이 조사한 결과와 많은 차이를 보였다.

일본 팀의 조사에 신빙성이 있는지를 두고 학자들 간에 격론이 벌어졌다. 레이더 장비는 습기를 먹은 흙이나 돌의 공간 유무를 판독하기 어려우므로 일본 팀의 발표가 부정확할 수 있다는 지적이었다. 이집트 당국은 결국 일본 팀에게 더는 발굴 허가를 내주지 않았고, 일본 팀은 발굴을 포기할 수밖에 없었다.

로봇은 무언가 찾았다

독일 팀은 프랑스와 일본 팀과는 다른 이유로 대피라미드 내부를 조사하고 있었다. 1990년 8월 이집트 고고청은 독일 고고학 연구소에 대피라미드 환기 시스템 설치를 의뢰했다. 독일 고고학 연구소장 라이너 슈타델만은 독일의 로봇 기술자인 루돌프 간텐브링크에게 최첨단 소형 로봇을 이용하여 환기창을 탐색하도록 허가했다. 간텐브링크는 왕비의 방 남쪽 갱도에 있는 좁은 입구로 카메라가 달린 로봇을 투입하여 놀라운 사실을 포착했다. 약 64미터 지점에서 석회암으로 만들어진 소형 문 혹은 마개와 같은 물체를 발견한 것이다. 이 마개에는 구리 핀 두 개가 붙어 있는데 아마도 손잡이로 추정된다고 발표했다. 이 문을 촬영한 비디오는 1993년 4월 런던의 『인디펜던트』에 게재되어 세계적인 주목을 받았다. 당시 기사는 다음과 같다.

> 고고학자들은 이집트 최대의 피라미드 내부에서 이제까지 알려지지 않았던 방의 입구를 발견했다. …… 몇 가지 증거에 의하면 이 방에 쿠푸 파라오의

보물이 소장되어 있을 가능성이 있다. 보물은 거의 틀림없이 완전한 상태로 있을 것이다. 방의 입구는 폭과 높이가 20센티미터에 길이가 65미터인 긴 통로 끝에 있다. …… 이 통로는 큰개자리의 시리우스 별을 가리키며…….

이 내용이 발표되자 전 세계의 매스컴이 들끓었다. 런던의 『더 타임』은 "비밀의 방이 피라미드의 수수께끼를 풀어줄지도 모른다"라고 보도했다. 프랑스의 『르몽드』와 미국의 『로스앤젤레스타임스』 역시 "피라미드의 미스터리"라고 보도했다.

그러나 이 같은 발견에 대해서 간텐브링크로 하여금 갱도를 탐사하게 했던 독일 고고학 연구소조차 의문을 제기하였다. 연구소 측에서 "갱도 끝에 방이 있을지도 모른다는 생각은 난센스다"라고 단호히 발표한 것이다.

결국 이집트 정부는 이들의 논쟁이 가열되자 독일 탐사 팀에게 대피라미드 탐사 재개를 허가하지 않는다는 통보를 보내 시끄러운 논쟁에 종지부를 찍었다. 이집트가 대피라미드의 발굴을 허가하지 않은 이유는 간단했다. 파라오의 안식을 해칠 수 없다는 것이었다.

그러나 피라미드에 또 다른 방이 있다는 말처럼 전 세계인들의 흥미를 끄는 소재는 없었다. 피라미드 내에 있는 미지의 방이 계속 세계인들의 주목을 받자 이집트 정부는 독자적으로 피라미드를 탐사하려는 계획을 세웠다.

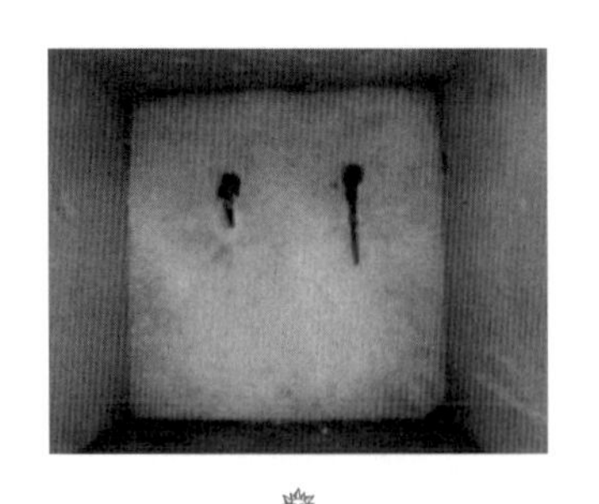

로봇이 발견한 비밀의 문.

이집트 고유물최고위원회 자히 하와스 박사는 2002년 9월 17일 '피라미드 여행자Pyramid Rover'라는 이름의 광섬유 카

피라미드 여행자pyramid rover라는 이름의 탐사 로봇. 광섬유 카메라를 장착한 이 로봇은 미리 드릴로 뚫어놓은 구멍을 통해 왕비의 방으로 연결된 작은 통로의 모습을 생생히 전했다.

메라를 장착한 로봇을 간덴브링크가 말한 왕비의 방으로 연결되는 작은 통로 속으로 들여보냈다. 이 로봇은 1분에 1.5미터 정도의 속도로 전진하여 목표 지점인 돌문 앞에 다다랐다. 로봇은 돌문에 미리 드릴로 뚫어놓은 구멍 속으로 카메라를 집어넣어 그 내부를 세계인에게 보여줄 예정이었다.

그러나 구멍으로 들어간 카메라에 비친 것은 칠흑 같은 어둠과 뒤이어 나타난 돌문의 모습이었다. 돌문 바로 뒤에 또 하나의 돌문이 가로막고 있었던 것이다. 결국 세계인의 기대를 모았던 로봇 탐사는 또 다른 비밀 통로가 있을 것이라는 의문을 남겨둔 채 끝났다.

자히 하와스 박사가 두 번째 돌문 너머에 무엇이 있는지 밝히는 작업이 남았다고 말한 것으로 보아 이들을 연구한 결과가 발표될지는 아직도 미지수지만 그들의 발표 내용에 따라 세계는 또다시 깜짝 놀라게 될지 모른다.[58]

둔황의 실크로드

세계 지도를 보면 동화 속에서나 나올 법한 지명이나 도로 명이 많다. 샹그릴라, 엘도라도 같은 다소 상상을 부추기는 지명이 있고 그랜드캐니언, 옐로스톤과 같이 이름만 들어도 그 지역이 어떤 모습인지 연상할 수 있는 지명이 있다.

그런 이름 중에서 가장 신비하게 느껴지는 이름은 동서양을 이어주는 실크로드일 것이다. 한마디로 도로가 비단으로 되어 있다는 뜻으로 비단 위를 걷는다는 건 상상만 해도 즐겁다. 물론 실크로드로 명명된 근본 이유는 비단 위를 걷는다는 뜻이 아니라 이 길을 통해 동양의 비단이 서양으로 들어갔음을 의미한다.

더욱이 실크로드는 엄밀한 의미에서 다소 과장된 면이 있다. 이름과 같이 안락한 비단길이 아닌 세계에서 가장 통과하기 어려운 고통의 길이기 때문이다. 또한 중국과 중앙아시아와 중동을 연결하는 대상로는 잘 알려진 실크로드를 포함하여 여러 갈래가 있으므로 동서양을 잇는 길이 실크로드로만 한정되는 것은 아니다. 더구나 실크로드를 통해서 비단만 전달된 것이 아니

다소 신비한 느낌마저 드는 실크로드.

라 다른 많은 종류의 물품들이 이동했기 때문에 실크로드라는 말 자체에 상당한 모순이 있는 것도 사실이다.

그런데 실크로드란 이름이 붙여진 지는 그리 오래되지 않았다. 독일인 페르디난드 폰 리히트호벤1833-1905이 다소 서양식 패권주의 관념을 적용하여 만든 용어이다. 이 용어로 인해 실크로드에 있는 수많은 오아시스는 역사적인 사실로서의 과거가 무시되고 신비에 싸인 몽환적인 존재로서의 느낌만 부각되었다는 지적도 있다. 즉 실크로드라는 말이 고정화되면서 역사적 진실과 관련한 어떤 다른 시각이 존재할 여지를 원천적으로 박탈했다는 것이다.

피터 홉커크는 이를 또 다른 각도에서 더욱 신랄하게 비판한다. 실크로드에 얽힌 환상적인 이야기 속으로 사람들의 의식을 인도하여 실크로드가 갖고 있는 유물들을 약탈의 대상으로 삼으면서도 마치 탐험의 대상인 것처럼 미화했다는 주장이다. 그럼에도 실크로드라는 이름이 워낙 매력적인 것은 사실이다. 중국에서도 이를 그대로 번역하여 '사주지로紗幮之路' 라고 부르는 이유다.

물론 천산남로에 있는 허텐和田 지방 사람들은 실크로드보다 '실크타운絲綢之鄕'이라 부르기를 좋아한다. 실크로드가 비단이 지나갔던 길만이 아니라 비단을 생산하는 곳이기도 했다는 것을 의미한다. 민간에는 한나라에서 이곳으로 시집왔던 여왕이 모자 안에 누에를 숨겨서 비단 생산 기술을 전해주었다는 전설도 있다. 이들 내용을 그린 벽화는 현재 영국 대영박물관에 소장되어 있다.[59]

악마가 사는 실크로드

일반적으로 동서 대문명국인 중국과 로마의 수도를 이어주는 교역로, 즉 장안에서 로마에 이르는 길을 넓은 의미에서 실크로드라 한다. 그러나 실크로드를 좀더 좁혀보면 동서 두 문명권에서 그다지 멀지 않은 지역의 교역로를 말한다. 그러므로 실크로드는 장안(오늘날의 시안)에서 시작하여 장안의 서북쪽인 간쑤 성의 좁은 복도(하서주랑)를 거쳐 고비 사막 안에 있는 오아시스 도시 둔황 등을 포함하는 지금의 신장 위구르 자치구에서 내륙 아시아 지

하서주랑河西走廊. 동쪽 오초령烏嶺에서 시작하여 서쪽으로 위먼관玉門關(옥문관)에 이르는 약 900킬로미터 구간의 서북에서 동남 방향으로 펼쳐있는 폭이 수 킬로미터에서 100킬로미터 가까이 되는 좁고 긴 평지를 일컫는다.

방을 통해서 유럽으로 들어가기까지의 구간을 말한다.

실크로드가 세계의 어떤 도로보다 유명세를 얻게 된 것은 실크로드의 대부분을 차지하는 타클라마칸(투르크어로 '들어가면 당신은 나오지 못하리라' 는 뜻)사막의 지형적인 특수성 때문이다. 타클라마칸사막의 면적은 22만 5,000제곱킬로미터로 남북한 면적보다 조금 넓은데 삼면이 세계에서 가장 높은 산맥들에 의해 둘러싸여 있고 나머지 한 면은 고비사막에 의해 닫혀 있다. 중국이 핵실험을 하는 장소로도 유명한 이곳은 한 번 들어갔다가는 다시 나오지 못하는 악마가 사는 장소로도 알려져 악명을 떨쳤다.

과거에 많은 여행자가 티베트나 카시미르 혹은 아프가니스탄과 러시아로부터 넘어오는 얼음 고개 위에서 추위에 얼어 죽거나 아니면 발을 헛디디는 바람에 끝없는 벼랑 아래로 떨어져 목숨을 잃었다. 무사히 험준한 산맥을 넘어 사막에 들어서면 또 다른 위험이 도사리고 있다. 몇 시간이나 계속되는 카라부란(검은 폭풍)이 몰아치면 한낮에도 온 천지가 깜깜한 밤 같아서 아무것도 분간할 수 없게 된다.

1905년에는 기병 60명이 은괴를 호위하며 투르판으로 가는 도중 강력한 폭풍을 만나 모두 흔적도 없이 사라지기도 했다. 이들을 찾는 수색대는 몇몇 유류품과 낙타 뼈만을 발견했다고 한다. 유명한 현장(삼장법사)이 7세기에 인도로 가기 위해 타클라마칸사막을 건넜는데 그는 사막에 사는 악마에 대해 다음과 같이 기록했다.

> 이런 바람이 일어나면 사람이고 짐승이고 모두 제정신을 잃고 망연자실해져서 완전히 무기력한 상태에 빠진다. 때로는 슬프고 애처로운 선율이나 가엾게 울부짖는 소리가 눈앞의 여러 광경과 소리들 사이로 들려온다. 사람들은 혼란에 빠져서 어쩔 줄 모르다가 죽음을 당한다. 이것은 모두 악마와 요괴들의 짓이 틀림없다.

유럽인들이 감히 들어갈 수 없는 곳이라고 여겼던 둔황을 방문하여 사막을 건넌 몇 안 되는 유럽인인 스벤 헤딘조차 "세상에서 가장 위험한 최악의 사막"이라고 평했고 오렐 스타인은 아라비아사막은 타클라마칸사막에 비하면 '길들여진' 곳이라고 말할 정도였다. 중국인들은 타클라마칸사막을 '유사流沙(움직이는 사막)'라고 불렀는데 이는 쉬지 않고 사막을 할퀴는 바람으로 누런 사구가 항상 움직이기 때문이다.

이러한 악조건 속에서도 사람이 살 수 있는 것은 인간에게 절대적으로 필요한 물이 있기 때문이다. 타클라마칸사막 아래 매장된 지하수는 장장 여덟 개를 합친 수량과 맞먹는 8조 세제곱미터에 이른다. 이 지하수를 전부 뽑아 올리면 타클라마칸사막 전체를 36미터 높이로 채울 수 있다고 하며 이 양은 사하라사막 지하수의 약 세 배에 달한다.

믿어지지 않겠지만 사막에서도 눈이 온다. 사막의 기후는 매우 변덕스러운데 타클라마칸사막은 일 년 중 안개가 끼는 날이 3.5일에 지나지 않지만 서리가 내리는 날은 무려 140~230일에 달하며 심지어 1~5센티미터 가량의 눈도 내린다. 소나기가 쏟아지는 경우도 있는데 1988년에는 84.9밀리미터의 비가 내렸으며(세계 연평균은 26.4밀리미터) 하루 20밀리미터에 가까운 강수량을 기록한 적도 있다.

1979년 7월에는 집중호우가 발생해 둔황에서 가옥 4,815채가 파손되고 수재민 7,279명이 발생했다. 유명한 모가오 굴莫高窟 등 귀중한 문화유산은 피해를 면했지만 사막에서 홍수가 난다는 사실에 어리둥절한 사람들이 많을 것이다. 아무튼 둔황은 연평균 증발량이 2,500밀리미터나 되므로 1년에 수십 밀리리터에 불과한 강수량으로는 증발량을 감당할 수 없다. 비가 내리다가도 바로 하늘로 증발한다는 말이 과언이 아니다.

둔황으로 들어가는 입구.

타클라마칸사막에서 유명한 곳이 『서유기』의 고향인 화염산이다. 낮 평균 기온이 50도를 넘어 화염산이라는 이름이 붙었다. 일반적으로 사막이라면 다소 밝은색을 연상하는데 사막의 색깔은 지역에 따라 다르다. 이는 사막을 구성하는 모래 성분 때문이다. 모래 성분은 90퍼센트 이상이 석영과 장석인데 타클라마칸사막은 운모의 함유량이 광물 전체 함유량의 20퍼센트(일반 사막은 3퍼센트)가 넘기 때문에 '반짝이는 사막'이라는 별칭을 갖고 있다. 중앙아시아의 카라코룸 사막은 광물의 성분이 40종이 넘어 색이 짙어지므로 검은색이라는 뜻의 '카라'라는 이름을 갖고 있다. 중앙아시아의 키질코룸 사막은 '붉은 사막'으로 불리는데 암석 가루와 붉은 토양의 잔유물이 많아 붉은색을 띤다(키질은 붉은색이라는 뜻). 반면에 신강 준갈 분지 동부의 아크코룸 사막은 모래 입자가 아주 가늘고 석영 성분이 많아 흰색을 띠므로 흰색을 뜻하는 '아크'라는 이름을 얻었다.[60]

사막지대의 위험성은 지형 조건에만 있는 것이 아니다. 이 불모의 산간 지역에 들어온 불법 침입자는 모두 사냥하려는 유목 부족민들이 있기 때문이다. 현재는 이들의 위협이 사라졌지만 과거에 이 지역을 통과한 서양인들은 무장한 채 여행하지 않으면 안 되었다. 유목 부족민들에게 외부인들은 침입자이므로 그들을 살해한 후 소지품을 모두 차지하는 걸 당연한 권리로 알고 있을 정도였다. 이 장에서는 실크로드에서 가장 중요한 거점 역할을 했던 둔황과 모가오 굴에 대해서만 설명한다.

둔황의 명물 월야천

둔황은 주 이름으로는 사주沙州라 했으며 현재의 성省 이름인 '간쑤甘肅' 은 감주甘州와 숙주肅州를 합한 것이다. 둔황은 고대에 서방과 교통하던 '허시후이랑' 의 서단西端으로 과거 중국의 사서에서는 서역西域으로 불리는 지역이다. 남쪽으로는 기세가 뛰어난 치렌 산祁連山, 서쪽으로는 광활한 타클라마칸 사막과 이어지며 북으로는 베이사이 산, 동으로는 싼웨이 산에 미친다. 연간 강우량은 15~16밀리미터 정도밖에 안 되므로 인간이 살 수 없는 지역이다. 하지만 둔황이 남다른 이유는 오아시스가 있기 때문이다.[61]

둔황은 천산북로와 천산남로가 만나는 곳이기 때문에 육로를 이용하는 한 중국으로 들어오거나 나가는 모든 여행자가 반드시 통과하지 않으면 안 되는 요충지 중의 요충지이다. 이곳은 또한 상인들이 두 개의 관문인 옥문관과 양관을 통과해 타클라마칸사막의 첫 번째 오아시스를 만날 때까지 식료와 물을 공급받을 수 있는 마지막 장소였다. 장건이 서역을 개척하기 위해 나설 때도 이 길을 통과했는데 당시 장건은 천산북로와 천산남로를 모두 통과했다.[62]

현재 둔황은 인구 15만 정도가 사는 마을인데 이곳에는 세 가지 명물이 있다. 첫째는 둔황 서북 25킬로미터 떨어진 사막 속에 있는 밍사 산鳴砂山이며, 둘째는 오아시스인 웨야촨月牙川이고, 셋째는 밍사 산 기슭에 만들어진 모가오 굴이다.

밍사 산이란 바람이 강하게 불 때 산에서 무너져 내리는 모래 소리가 영락없는 천둥소리로 들린다고 하여 붙여진 이름이다. 과학자들은 천둥소리가 난다는 밍사 산에 대해 남다른 관심을 기울였는데 아직 그 이유를 정확하게 결론 내리진 못했지만 다음 몇 가지가 복합적으로 작용하여 나는 소리라고 추정한다.

첫째는 사막들의 지세가 비슷하다는 점을 꼽는다. 모래 언덕 대부분이 초승달 모양인데 모래 언덕의 반대편에 작은 산이 있고 작은 산과 모래 언덕 사이에는 계절성 하천이 흐르는 특이 지형을 갖고 있다. 둘째, 적당한 습도로 근처에 있는 웨야촨이 마르면 소리를 내지 않는다고 한다. 셋째, 모래의 두께와 관련한 특수성이다. 넷째, 모래 입자가 가늘면서 밀도가 일정하다는 점이다. 이들 모두가 하나로 융합되어 특유한 소리를 내는데 이를 '황사교향악'이라고도 부른다.[63] 중국에는 밍사 산처럼 소리를

간쑤 성 박물관에 있는 장건 동상.

밍사 산. 특수한 지형적 조건 때문에 특유한 소리가 나는 사막이다.

내는 사막이 세 개 더 있는데 닝샤후이족자치구 중웨이 현의 사포터우, 신장웨이우얼자치구의 밍사 산, 네이멍구자치구의 샹샤만 사막이다.

밍사 산을 세계적으로 유명하게 만든 웨야촨은 밍사 산 안에 있는 초생달 모양의 작은 못으로, 남북의 길이가 약 200미터, 폭이 50미터 정도다. 서쪽에서 동쪽으로 갈수록 수심이 깊은데, 제일 깊은 곳은 5미터 정도이며 물색이 맑아 거울을 보는 것과 같다. 웨야촨의 물은 둔황 남쪽에 솟아 있는 쿤룬산맥의 눈이 녹은 물이 지하로 흘러 비교적 저지대인 이곳에서 솟아나는 것이라고 알려진다.

1만 2,000여 년 전에도 존재했다는 웨야촨은 '사막의 샘沙井' 이라고도 불리고, 또 그 주변에 약초가 많이 난다 하여 '약초의 샘葯泉' 이라는 이름도 얻었다. 웨야촨이란 이름이 굳어진 것은 청대 말이다. 이 못은 사막 한가운데 있으면서 아무리 가물어도 물이 마르지 않는다 하여 경탄의 대상이었고, 그래서 '기적의 연못' 으로도 불렸다. 둔황이 메마른 사막으로 변하자 이를 슬퍼한 천녀가 흘린 눈물이 오아시스가 되었다는 아름다운 전설이 깃든 곳이기도 하다. 또한 신선이 산다 하여 도교 사원이 있다.

현재 웨야촨은 물이 줄어들어 마침내 사라질 위기에 처했다는 발표가 나왔는데 1960년대만 해도 수심이 8미터에 달했던 웨야촨은 이곳으로 흘러드는 당허 강黨河에 댐이 건설되면서, 수량이 급격히 줄어들었다고 한다. 당하 댐의 물은 주변 지역의 농업용수로 대거 사용되고 있는데, 이는 지방정부가 농업을 적극 장려했기 때문이다. 현재 웨야촨의 크기는 60년대에 비해 3분의 1로 줄어들었고, 수심도 1미터 안팎으로 얕아져 길이 300미터, 폭 50미터에 불과하다. 란저우 대학의 장밍취안張明泉 교수는 "공급되는 수량보다 물 사용량이 많은 것이 원인" 이라고 지적했다.

밍사 산 입구.

둔황의 명물인 마르지 않는 오와시스 웨야촨.

천재天災에 인재人災가 겹친 것으로 현재 많은 학자가 웨야촨의 수량을 늘리기 위해 머리를 싸매고 있는데 아직 확실한 방법은 도출되지 않았다. 사막 한가운데서 초승달 모양을 한 채 오랫동안 모래의 공격을 용케도 버텨왔지만, 웨야촨이 정말로 마지막 숨을 몰아쉬고 있는지는 가까운 시일 내에 알려질 전망이다. 참고로 웨야촨이 아직 마른 적은 없으므로 밍사 산의 천둥소리가 계속 들릴 수 있다는 말도 있다.

중국인들은 밍사 산 정상에서 웨야촨까지 미끄럼을 타고 내려오면 재앙을 물리칠 수 있다고 믿는다. 밍사 산을 방문했을 때도 많은 사람이 밍사 산 정상에서부터 웨야촨까지 썰매를 타고 내려오는 모습을 볼 수 있었다. 밍사 산에서 관광객들에게 미끄럼을 타게 하는 것이 꼭 상술만은 아닌 것 같다. 무더운 기후인데도 많은 사람이 어렵게 정상까지 올라가서 썰매를 타고 내려오는 모습이 매우 신선하게 느껴졌다.

둔황 모가오 굴

둔황이 세계 역사에서 중요한 역할을 하게된 이유는 실크로드의 핵심 요충지로 세계 역사의 한 축을 담당하는 위치에 있었기 때문이다. 교통상의 요지이므로 동서양을 아우르는 핵심 문화가 이곳에서 꽃피었는데 그 증거가 모가오 굴이다. 모가오는 사막보다 높다는 뜻이다.

모가오 굴은 간쑤 성 둔황 현 동남 25킬로미터 떨어진 다취안大泉의 서측, 밍사 산에 자리 잡고 있다. 둔황의 모가오 굴이 세계인들의 주목을 받은 이유는 천불동千佛洞 때문이다. 천불동은 불상이 새겨진 절벽 동굴의 통칭으로서 산시 성 다퉁大同 서쪽의 윈강雲崗, 허난 성 뤄양洛陽 시의 룽먼龍門, 간쑤 성 톈수이天水 현의 마이지 산麥積山, 신장웨이우얼자치구의 투루판吐魯番(베제클리크), 산산鄯善 등도 모두 천불동이라 불린다. 원래 천불동이란 말은 천 개의 불상이 있다는 의미이다. 둔황에서의 천불동이란 다른 곳과는 달리 천 개의 불상이 있는 동굴이 천 개가 있다는 의미다. 얼핏 계산해도 불상 10만 개가 있다는 뜻으로도 설명되는데 현재는 공식적으로 492개 굴이 발견된다.

모가오 굴의 시원은 인도다. 원래 인도에서는 산등성이에 가로로 굴을 파서 사원을 만들기 시작했는데 이렇게 지은 사원은 여름에는 서늘하고 겨울엔 따뜻하다.[64] 둔황 모가오 굴이 언제 개굴開掘되었는지에 대한 정설은 없지만 대체로 당나라 성력聖曆 원년(698년)에 건립된 이회양중수막고굴불감비李懷讓重修莫高窟佛龕碑에 적힌 다음 글에 근거하여 전진前秦의 건원建元 2년(366년)으로 추정한다.

낙준樂樽이라는 사문이 있었다. 숲 속에 머물다가 이 땅에 이르러 삼위·명사

두 산을 마주하니 갑자기 금빛이 빛나는 것을 보고 한 굴을 열었다.

모가오 굴에서 만난 한 현지인은 낙준 스님이 싼웨이 산에서 밍사 산을 보았을 때 광휘가 보였다고 설명하는데 그 이유를 다음과 같이 밝혔다.

첫째는 비가 내린 직후의 황혼이 붉게 보였다는 설명이고, 둘째는 배가 고파서 환각 현상을 일으켰다는 것. 마지막으로 밍사 산이 운모석으로 되어 있으므로 햇빛에 반사되어 반짝였다는 것이다. 아무튼 험준한 암괴가 마치 톱니처럼 우뚝 솟은 싼웨이 산의 봉우리 사이로 떠오른 아침햇살이 몇 줄기의 광선이 되어 정면의 밍사 산을 비추었을 때 이를 본 낙준이 경탄했을 장면을 상상하기란 어렵지 않다.

낙준이 처음 개굴한 동굴은 남아 있지 않지만 모가오 굴에서 가장 오래된 굴은 5세기 초 북량北凉 시대에 개굴한 것으로 추정되는 제268굴이다. 주실 안에 4개의 작은 방이 뚫어져 있는데 한 명의 승려가 겨우 좌선할 수 있을 정도의 작은 감실龕室로 낙준이 처음으로 만든 굴도 이런 작은 굴로 추정한다.

둔황석굴은 현재 채색된 소상이 2,000여 점, 벽화는 45,000제곱미터로 1미터 폭으로 나열하면 45킬로미터나 된다. 초창기에 건설된 석굴의 불상과 벽화는 인도의 양식이 뚜렷하며, 벽화의 내용도 석가모니의 일대기가 주류를 이룬다. 수나라 시대는 39년이라는 비교적 짧은 시기임에도 많은 석굴이 조성되었는데 불상들은 인도적인 양식을 떠나 좌불상의 형식을 주로 띠고 훨씬 부드러운 모습이다. 중국 옷을 입은 인물들이 묘사되고 가섭이나 아난과 같은 제자들의 모습도 나타난다.

둔황을 더욱 풍요롭게 만든 것은 당나라 시대로 당시 융성했던 문화를 배경으로 가장 화려하고 예술성이 높은 석굴들이 조성된다. 규모도 커지고 섬

둔황에서 발견된 송대 탱화. 아난과 가섭 등 제자들도 보인다.

세하고 사실적인 묘사들이 주류를 이룬다. 벽화에는 보살들의 모습이 나타나고 당나라 귀족들의 생활상들도 포함된다. 이후에도 석굴은 계속 만들어져 송과 서하 시대, 원나라 이후에도 추가되었다.

불교의 변천사를 보여주는 모가오 굴

모가오 굴에 있는 수많은 굴의 예술적 가치는 두 가지로 대별할 수 있다. 첫째는 2,000여 점에 달하는 조각상이며 둘째는 벽화이다. 현존하는 벽화만 떼어 벽을 만든다면 5미터 높이의 벽면을 장장 25킬로미터나 전개할 수 있다.

둔황의 모가오 굴은 많은 국가들이 시대별로 장악하고 있었고 또 그 시대마다 특징적인 문화를 접목시켰으므로 서쪽에서 동쪽으로의 예술 전파를 일목연하게 볼 수 있다는 데 큰 의의가 있다.

둔황 모가오 굴의 석굴은 단순히 불교 교리만 표현하는 것이 아니라 당시의 생활 습속까지 나타내는 것이기에 더욱 중요한 의미를 가진다. 둔황의 석굴에 표현된 불상과 보살상에서 읽을 수 있는 불교 신앙의 변화는 다음과 같이 정리한다.

초기에는 미륵불, 석가모니불 등을 중심으로 구복적인 신앙 형태를 보이며 특히 인도불교의 영향이 강하고, 국가적인 면모를 다분히 나타낸다. 그러나 수, 당대는 인도불교의 영향에서 벗어나 중국화된 불상의 모습을 보이며, 삼존불 및 협시보살 혹은 제자들과 보살들이 등장하여 대승불교의 보살 정신을 나타내고 있다. 대승 경전의 변상도 등도 나타나 중국에서 불교 경전이 어느 정도 소화되어 정착되었음을 잘 보여준다.

11세기에 들어서면서 위구르계의 서하가 둔황을 지배하자 이들은 자신들이 직접 굴을 만들지 않고 이미 만들어진 벽화 위에 벽을 새로 발라 벽화를 만들었다. 13세기 후반에는 둔황이 원나라의 지배하에 들어가면서 굴을 만드는 일도 쇠퇴했다. 원대의 굴은 겨우 아홉 개에 지나지 않는다. 이후 둔황에서 굴을 만드는 일은 더욱 쇠퇴한다. 그 이유는 교역의 주류가 육로에서 해상으로 옮겨지면서 둔황의 중요성이 점차 작아졌기 때문이다. 결국 모가오 굴의 새로운 조명은 20세기 초에 비로소 이루어진다.

우선 모가오 굴의 초기 굴은 5호16국에서 북주까지인 4세기 중엽부터 6세기 중엽까지의 약 200여 년 동안에 만들어졌다. 이 시기는 중국에 불교가 들어온 시기로 포교의 시대에 해당한다. 그러므로 수나라 이후 대다수의 굴이 완전히 중국화한 데 비해 초기의 굴에서는 서역의 영향이 많이 보인다.

불교 석굴사원의 고향인 인도에서 석굴이 만들어지기 시작한 시기는 기원전 2세기인데 인도의 석굴 양식은 크게 두 종류로 나뉜다. 하나는 '차이티아' 식으로 불리는 것이고 또 하나는 '비하라' 식이다. 아잔타의 제10굴이 전자를 대표하고 제16굴이 후자를 대표한다.

차이타이식은 말굽형을 취하고 있는데 깊숙한 반원 부분에 원형의 사리탑을 두고 불교도들이 그 주위를 순회하고 예배하면서 걷도록 되어 있다. 우리나라에서 하는 탑돌이의 뿌리도 여기에 근원을 두고 있을 수 있다는 분석이 있다.

6세기 중엽에 건설된 제428굴이 이런 형태이다. 이 굴의 크기는 대략 사방 10미터로 모가오 굴 중에서 큰 편에 속하며 중앙에 방형의 기둥을 세우고 사방에 감실을 두어 불상을 안치했다. 이 방식을 중국에서는 '탑묘굴塔廟窟'이라 한다.

반면에 서위 시대의 제285굴은 비하라식이다. 굴의 중앙에 방형의 넓은 공간을 마련하고 네 벽에 작은 감실이 있는데 작은 감실에 승려가 주거하거나 좌선하기도 한다. 서위 시대의 제285굴이 이런 형태로 남북 양쪽 벽의 밑부분에 각각 4개씩 도합 8개의 작은 감실이 뚫려 있다.

세계인이 감탄하는 불상과 벽화

모가오 굴에 있는 수많은 불상의 기본 재료는 점토이므로 소조상이라고 한다. 이들은 점토로만 만드는 것, 석회에 모래 등을 개어서 굳힌 스투코, 점토를 구운 테라코다로 분류된다. 그러나 기본은 나무 골재에 풀 새끼를 묶고 강바닥에 침전된 고운 점토를 삼베나 모래 등과 섞어 형상을 만드는 것이다. 이 위를 백토로 마감한 뒤 색채나 금박을 입혀 아름다운 상을 만드는데 이른

서위 시대에 만들어진 제285굴.

바 채소라 부른다. 이들 소조 작품은 현재 2,419구가 현존하고 있는데 자연적으로 파손된 것과 도굴해 간 것까지 합치면 이보다 훨씬 많았을 것으로 추정한다. 가히 부지기수라 해야 옳을 것이다.

불상과 함께 둔황을 값지게 만드는 것은 벽화다. 모가오 굴 초기에는 석가의 생애를 기록한 불전佛傳과 석가 생전의 선행 이야기인 본생담本生譚이 주로 그려졌다. 이들은 모두 인도에서 발생하여 쿠차의 키질 석굴 등 실크로드의 서역 석굴사원에서 성행하던 것이 둔황에 전래된 것이다.

다음으로 중요한 요소는 천정이다. 초기 굴에는 말각조정식의 천정이 자주 보이는데 이렇게 삼각형의 틀을 순차적으로 쌓아올리는 방식은 서역 사원의 천정에서 보이는 구조를 도안화했다고 추정한다. 이 방식은 사방에 술 장식을 붙이는 중국의 천개 모양 조정藻井(우물반자 또는 격자천정)으로 대체된다. 물론 이 두 가지 방식을 병용한 것도 있다. 모가오 굴 초기 굴의 천정은 대부분 되를 엎어놓은 것 같은 복두형伏斗形의 방형 구조를 하고 그 하부에는 지붕의 용마루, 서까래, 두공 등을 그려 넣었다. 이는 모두 중국 전래의 건축 양식을 따른 것이다.

모가오 굴을 뚫을 때 가장 고심한 것은 천정을 확실하게 고정시키는 방법이다. 그래서 당대의 장인들이 자신들이 가장 잘 아는 안전한 방식을 택했는데 이는 한 마디로 각 시대마다 다른 천정 구조를 채택했다는 것을 뜻한다.

물론 모가오 굴의 형태를 시대별로 명확하게 구분할 수 있는 것은 아니며 하나의 굴 안에서도 다양한 요소가 섞여 있는 경우가 많다. 불전을 주제로 한 벽화라도 표현 방법이 서역풍이거나 중국풍을 채택하기도 했다.

한편 모가오 굴에서 공통적으로 보이는 특징은 굴의 입구가 모두 동쪽을 향해 열려있다는 점이다. 따라서 입구가 있는 벽면이 동쪽이고 입구를 들어서서 정면이 서벽, 좌측이 남벽, 우측이 북벽이다. 또한 일부 굴을 제외하고 보통 입구 정면인 서벽에 감실을 뚫어 본존불을 배치하는 것이 기본이다.

모가오 굴은 공식적으로 발표된 굴만도 492개나 되므로 일일이 설명한다는 것은 매우 어려운 일이다. 그 중에서 가장 잘 알려진 북위의 제275굴, 당나라의 제45굴, 대불이 있는 제96굴, 열반상이 있는 제158굴, 삼국시대 조우관 인물상이 있는 제220굴에 대해서만 설명한다.

제158굴에 있는 와불.

둔황의 진면목

제275굴은 북위 초기에 만들어 진 것으로 추정하므로 각 시대의 석굴사원 가운데 가장 오래되었다. 불상은 입은 옷도 투명하고 인도 양식 그대로 표현되어 있어 중국적인 분위기와 거리가 멀지만 모가오 굴의 변천사를 보여주는 데 중요한 역할을 한다.[65]

제45굴은 전체 모가오 굴의 중앙에서 다소 북쪽에 있는데 크기는 사방 7미터 정도다. 이 굴에는 칠존상이 있는데 전체 모가오 굴의 조각상 중에서 가장 뛰어난 작품으로 평가된다. 원래 수나라에서는 삼존불이 유독 많이 제작되었는데 이것은 천불사상에 이어 대승불교가 수나라에 접목된 결과로 추정한다. 석가모니불이나 미륵불 외에 다른 부처와 보살들도 무대의 주인공처럼 등장하는데 학자들은 삼존불이 등장하면서 비로소 수나라가 불교문화를 깊이 이해하기 시작했다고 설명한다.

제45굴의 중앙의 본존불 석가는 머리에 나발이 정교하게 조각되어 있고 가사袈裟도 풍성하며 집게손가락과 가운데손가락을 세운 모습으로 전체적으로 정돈된 온화한 상이다. 소상 중에서 가장 유명한 것은 좌측에 선 가섭과 우측에 있는 아난이다. 가섭은 고개를 약간 숙인 상태로 오른손을 올리고 있고 입주위와 턱에 점점이 그려진 수염 깎은 자국은 사실감을 더해준다. 가섭은 석가의 10대 제자 중 한 명으로 번뇌를 잘 떨치는 '두타제일' 로 알려져 있으며 석가모니가 연꽃을 들어 보였을 때 미소로 대답한 승려이다. 석가 입멸 후에는 교단을 통일시켰다.

본존불의 우측에는 두 손을 허리 앞으로 모아 맞잡고 고개를 약간 숙인 아난이 서 있다. 아난을 현대로 치면 석가모니의 비서실장으로 볼 수 있는데 석가에게 끝없이 헌신하고 석가가 입멸한 후에도 그의 가르침과 언행을 경전으로 정리하여 '다문제일' 이라고 칭해졌다. 가섭이 사망한 후 교단 통솔자의 지위를 계승했다. 가섭과 아난의 상과 비견할 작품은 이들의 옆에 선 좌우 2구의 보살이다. 관능적인 미가 가득한 모습으로 고개를 오른쪽으로 약간 기울이고 그와 반대로 허리를 가볍게 구부린 자태는 마치 살아있는 사람인 듯 보인다.[66] 제45굴에서 칠존상의 가장자리를 지키는 두 천왕상 또한 뛰어나다. 갑옷의 조형과 문양, 다리 아래에 악귀를 밟고 있는 힘 있고 강인한 자태가 사실적이다.

조상들이 사실적이고 인간미를 내뿜을 수 있는 것은 조상造像 방법에서도 기인한다. 둔황에 있는 조상은 일부 예를 제외하고 모두 목심소상木心塑像이다. 이들은 다음과 같은 과정으로 만들어진다.

1. 먼저 받침臺을 만들고 척추가 될 한 자루의 목심木芯을 세운다.
2. 다음에 머리, 팔, 손 부분의 가자架子를 나무로 만들어 목심에 끼운다. 머리 부분은 이때 같은 형식으로 심을 만드는 경우도 있고 따로 만들어서 마지막에 붙이는 경우도 있다.
3. 밀짚, 갈대 등의 묶음을 겹쳐놓는다. 때로는 손가락 등의 세부에 철사를 넣는 경우도 있다.
4. 그 위에 진흙을 바르고 아교로 이긴 백토를 발라 형태를 마무리 짓는다.
5. 세부를 마무리한 뒤 채색한다.

이런 방법은 대형 상을 만드는 데는 적합하지 않지만 모가오 굴처럼 등신대의 인간적이고 친근한 아름다움을 느끼게 하는 조상을 만드는 데는 적격

제45굴에 있는 조각상.

모가오 굴의 상징인 제96굴.

이다.

모가오 굴 남구의 북쪽에 위치한 제96굴 역시 많은 사람의 탄성을 자아낸다. 약 40미터 높이의 8층 누각 안에 있으며 이 누각은 모가오 굴의 상징으로 '북대불전北大佛殿'이라 불린다. 대불의 높이는 33미터로 초대형이지만 다른 조각들과 비교하면 작품의 질은 다소 떨어진다고 볼 수 있으며 무측천 시대에 만들었다. 그녀는 자신이 널리 중생을 구원해주는 미륵의 현신이라고 선전했는데 그 일환으로 모가오 굴에 미륵대불을 만든 것이다. 제96굴의 대불은 미인은 아니지만 아래에서 올려다볼 때 위압감이 드는데 일본 학자 다가와 준조는 그것이야말로 무측천이 원하는 것이었을지 모른다고 말했다.

제96굴 미륵대불은 모가오 굴의 여타 조상처럼 목심소상이 아니다. 앞에서 설명했듯 목심소상으로는 거상을 만들 수 없기 때문이다. 그래서 장인들은 먼저 바위를 조각해서 전체상의 밑그림을 만들고 그 위에 진흙으로 형체를 만들어 완성했는데 이를 석태소상石胎塑像이라고 한다.

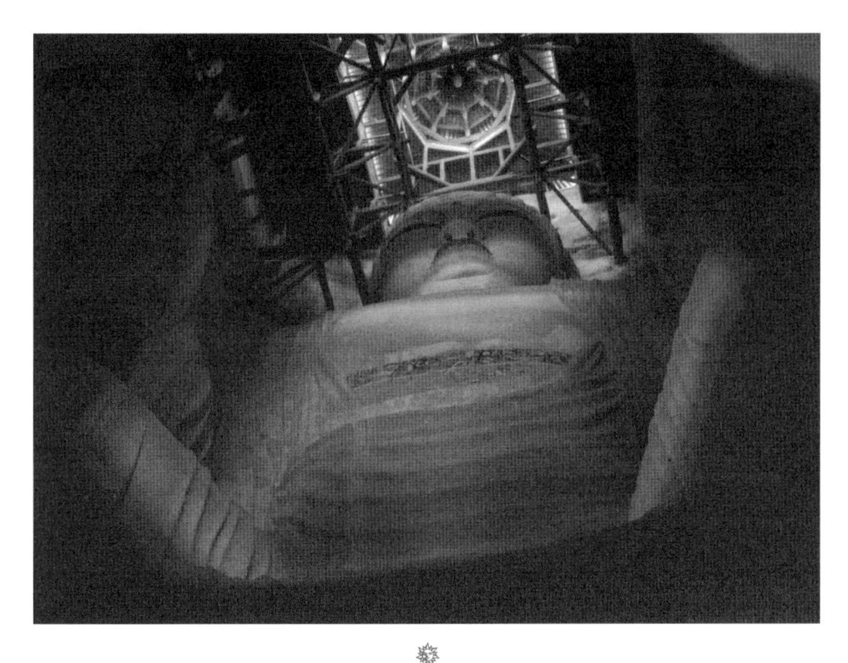

제96굴 내부의 미륵대불.

중국에 있는 열반상 중에서 가장 작품성이 우수하다고 인정받는 제158굴의 길이 16미터 대형 열반상도 석태소상이다. 열반상으로는 송대에 만들어진 허시후이랑의 요충지 장액의 것이 25미터로 최대이나 전체적으로 치졸하여 미적인 측면에 있어서는 당나라 시대에 만들어진 이 열반상이 훨씬 우수하다.

원래 열반상은 머리는 북쪽, 얼굴은 서쪽으로 향하고 오른쪽 어깨를 아래로 하고 누웠다는 기록에 따라 만들어지는 것이 보통이나 제158굴은 석굴의 형태에 따라 머리는 남쪽, 얼굴은 동쪽으로 향하고 있다. 입구가 전부 동쪽을 향하고 있는 모가오 굴에서는 불가피한 조치로 볼 수 있다. 석가의 머리 주위에는 10대 제자, 북쪽 벽의 다리 부근에는 각국 왕자들이 묘사되어 있다. 이 굴이 만들어진 시대는 당 왕조가 차츰 쇠퇴기로 들어섰을 때로 둔황 역시 티베트에 점령되었을 때다. 당나라 때 제작된 소상은 모두 670구로 추정하나 현재 원형을 완전하게 남기고 있는 것은 111구이다. 이들 조상은 모두 아름다운 채색 벽화로 둘러싸여 있다.[67]

제220굴은 당대종 정관 15년(641)에 만들어졌다는 기록이 있는 것으로도 유명하지만 굴 자체는 사방 5미터로 다소 작은 규모다. 남쪽 벽에 '서방아미타정토변', 북쪽 벽에 '동방정토변'이 있어 의식적으로 두 개의 정토변이 한 쌍이 되는 구성을 취했다. 이것은 서방정토를 다스리는 것이 아미타여래이고 동방정토를 다스리는 것이 약사여래라는 정토교의 가르침이 이 당시에 이미 보급되었다는 사실을 알려준다. 이 굴이 한국인들에게 많이 알려진 까닭은 동쪽 벽의 〈유마경변상도維摩經變相圖〉(각국의 사신들이 유마거사에게 설법을 청하는 모습을 묘사한 벽화) 때문으로 삼국시대의 조우관을 쓴 인물이 나타나기 때문이다. 『유마경』은 부처의 10대 제자와 재가불자인 유마힐 간에 있었던 문답의 기록이다. 거의 모든 경전이 석가모니 부처가 주인공이라면 『유마경』은 재가불자 유마힐이 주인공인 셈이다.

둔황석굴에서 조우관을 쓴 삼국시대인은 제220굴을 비롯하여 제138굴, 제159굴, 제335호굴에서도 발견되며 근래에는 제237굴과 제9굴에서도 발견되었다. 조우관은 삼국시대 사람들이 쓰던 모자의 일종으로 같은 시대에도 중국 등 한반도 주변국에서는 사용하지 않던 형식이다. 제237굴 조우관의 특징은 제200굴, 제335굴의 조우관처럼 양쪽에 새 깃털이 꽂혀 있는 형식이 아니라 관모의 앞쪽에 새의 깃털이 몰려 있는 형태다. 정찬주는 제220굴과 제335굴은 당나라 초기라 볼 수 있는 7세기에 제작된 것인데 반해 제237굴은 당나라 중기인 8세기에 조성된 석굴이어서 조우관의 주인공이 통일신라인일 가능성이 높다고 보았다.[68]

제172굴 속 벽화에 묘사된 신라 왕자.

둔황의 문서와 콜렉션

둔황 모가오 굴의 이름이 세계에 알려진 것은 금세기 초, 영국의 지리학자 오렐 스타인Aurel Stein과 프랑스의 동양학자 폴 페리오Paul Pelliot가 모가오 굴에서 대량의 서화와 경권을 헐값으로 빼내어 세상에 발표하면서부터였다.

그들이 많은 자료를 확보할 수 있었던 것은 1900년 당시 모가오 굴의 주지를 맡고 있었던 도교 사원의 주지 왕원록이 우연한 계기로 벽 안에 감춰진

서화와 경전이 대량으로 발굴된 제17굴(장경동).

제17굴(제16굴의 부속으로 장경동藏經洞으로 불리기도 함)을 발견했기 때문이다. 우연한 계기라는 것은 왕원록이 오랫동안 쌓인 토사를 제거하고 있는데 갑작스럽게 벽이 갈라졌고 마침 그때 아편을 피웠는데 연기가 벽 속으로 빨려 들어간 것이다. 이를 보고 미심쩍게 생각하여 두드리니 벽이 무너졌다고 한다.

글자를 읽을 줄 몰랐던 왕원록이 자신의 발견을 상부에 보고하자 둔황 현

제17굴에서 필사본을 조사하고 있는 폴 페리오.

지사 왕종한은 장경동 출토의 문물 다수를 간쑤 성의 엽창치에게 보냈다. 또한 이들 문서를 간쑤 성 란저우로 이관 보존할 계획을 세웠다. 그런데 이들 자료를 운반할 경비가 마땅치 않자 그대로 왕원록이 보관하고 있었다. 이것이 바로 오렐 스타인과 페리오가 왕원록에 접근하여 유물을 빼낼 수 있게 된 결정적인 계기가 되었다.

어떻게 제17굴이 제16굴의 부속굴처럼 만들어져 대량의 서화와 경전들을 보관하게 되었는가에 대해서는 대체로 다음과 같이 설명하고 있다. 우선 제17굴에는 홍변이라는 승려의 상이 안치되어 있는데 이 홍변이 제17굴 조영의 장본인이다. 8세기 말에 유명한 안록산의 난이 일어나 당 왕조의 영향력이 쇠퇴하자 그 기회를 타고 남족에서 토번이 진격하여 둔황을 점령했다. 그

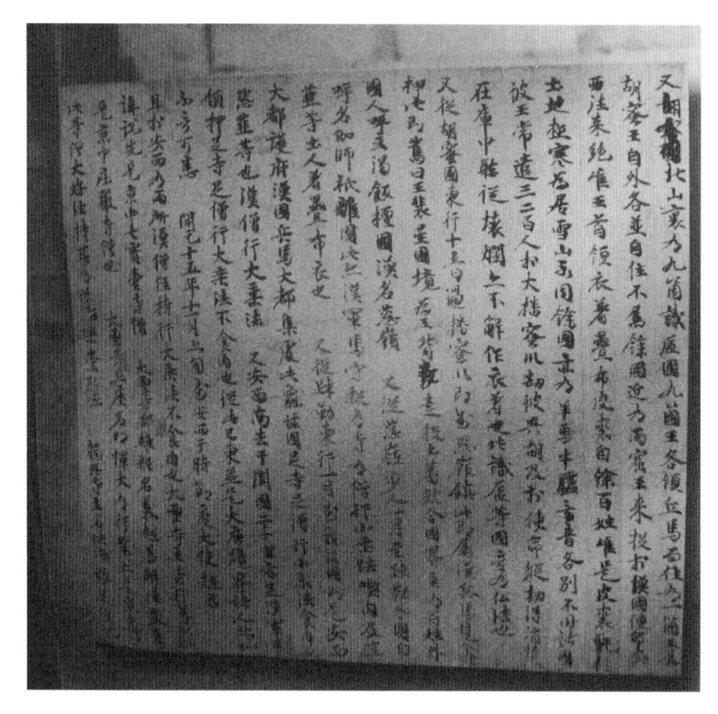

『왕오천축국전』.

후 둔황의 유명한 가문 후손인 장의조가 선종의 대중 2년(848)에 토번으로부터 둔황을 탈환했다. 이것은 지방의 힘만으로 이룬 일로 중앙에서 원조한 일이 아니었다.

장의조가 의병을 일으킨 장면은 제156호 벽화에 잘 나타나 있다. 이것이 유명한 〈장의조출행도〉인데 그림 주제는 불교와는 무관하다. 모가오 굴에는 제156호처럼 불교적인 색채를 띠지 않은 그림도 자주 나온다. 예를 들면 당대의 제323호 석굴 벽화에는 한 무제의 사자로서 서역으로 갔던 장건 이야기가 그려져 있다. 장건 시대라면 아직 중국에 불교가 전해지지 않았을 때이다.[69]

아무튼 장의조는 자신의 공적을 당 왕조에 보고하기 위해 누구를 보내야 할지 고심하며 고승 홍변과 의논했고 홍변은 자신의 제자들을 장안으로 보

둔황 제323굴에 그려진 〈장건출사서역도〉.

냈다. 그들 중 몇 명이 도중에 죽었으나 일부 제자가 무사히 임무를 완수하고 돌아왔다. 장안에서는 장의조의 승전 보고에 기뻐하여 장의조를 귀의군절도사로 임명하고 홍변을 하서도승통에 임명했다. 도승통이란 '모든 승려의 총령' 즉 불교 도장관이라 할 수 있다.

장의조는 귀의군절도사로 임명되자 홍변의 공을 기리는 방법으로 제16굴을 만들고 그 안에 홍변의 상을 안치할 수 있는 부속굴(848년 이후)을 만들었는데 이것이 바로 제17굴이라는 설명이 주를 이룬다.

그런 제17굴을 막아버린 이유에는 두 가지 설이 있다. 하나는 서하가 둔황을 공격해 온다고 하자 불전을 지키기 위해 성급히 봉했다는 설로 그 시기는 대체로 1034~1035년경으로 추정한다. 이 설은 제17굴의 서화나 경전 가운데 위 연대 이후의 기록이 없다는 점을 근거로 삼는다. 두 번째 설은 10세기 말, 송 태조 개보 연간에 카슈가르에서 일어난 카라칸 왕조가 공격해오자 제17굴을 봉했다는 설이다. 이슬람교를 신봉하는 카라칸 왕조는 호탄의 불교 유적을 파괴했는데 이들은 당시 둔황을 지배하고 있던 서하를 공격할 것으로 예상되었다. 그러므로 서하가 그들의 공격에 대비하여 둔황의 보물들을 보관하도록 제17굴을 봉하게 한 후 그 위에 벽화(제16굴)를 위장으로 그리게 하여 완전히 은폐시켰다는 것이다. 그러므로 제16굴은 당나라에 만들어졌지만 제17굴을 은폐한 벽면에 그려진 벽화는 서하 시대 것이다. 두 가지 설 중에서 어느 것이 정확한지는 알려지지 않았지만 대체로 11세기 중반 이전에 제17굴이 봉해진 것으로 추정한다.

장경동에 보존된 유물의 제작 시기는 대체로 359년에서 1002년 사이로 여러 종교, 역사, 문학은 물론 민속 등 이 시기에 발견된 여러 중요한 자료가 무려 5~6만 건이나 된다. 특히 다른 사료에서 발견되지 않는 특수한 것들이 많이 있어 당대의 역사를 가늠할 수 있는 열쇠이자 하나의 대백과사전으로 볼 수 있다.

또 한 가지 특징은 한자 외에도 토번어, 위구르어, 돌궐어, 시리아어, 소량의 법로문法盧文(인도의 한 언어), 히브리어, 서하어, 몽골어 등 십여 종 문자로 적혀 있다는 점이다. 또한 이들 자료는 중국과 한족에게만 해당되는 자료가 아니라 흉노匈奴, 오손, 강족, 누란, 구자, 돌궐, 토번, 위구르, 서하, 몽골과 인도, 파키스탄, 아프카니스탄, 키르기스스탄, 카자하스탄, 페르시아는 물론 한국과도 연계된다.

둔황 문서는 현재 13개국의 43개 기구와 중국의 29개 기구(타이베이의 중앙도서관과 홍콩중문대학 문물관을 포함)에 소장되어 있다. 국외에는 주로 영국, 프랑스, 러시아, 일본, 미국, 덴마크 등에 있는데 한국은 일본인 오타니 컬렉션의 일부를 수집해 소장하고 있다.[70]

둔황 자체가 현대화에 몸살을 앓고 있는 것은 잘 알려진 사실이다. 환경

국립중앙박물관에 전시된 오타니 컬렉션.

파괴와 몰려드는 관광객들로 점점 보전이 어려워지고 있다. 먼저 기후 조건이 석굴을 괴롭힌다. 바람이 끊임없이 모가오 굴의 벼랑을 침식하고 모래가 석굴 안에 쌓일 뿐만 아니라 먼지가 조각과 벽화를 뒤덮기 일쑤다. 더구나 눈과 비가 품은 습기는 벽화를 파괴한다. 그래서 관리 당국은 일부 석굴만 관광객들에게 공개하고 오직 회중전등으로만 내부를 볼 수 있게 규제한다.

중국에서는 둔황을 살리는 또 다른 방법을 준비했다. 길이 5킬로미터의 바람막이 울타리를 석굴 앞에 세운 것이다. 절벽으로 불어오는 모래의 양을 감소시키기 위한 것으로 석굴로 날아오던 모래의 양을 60퍼센트나 줄였다고 한다.[71]

3부
사라진 고대 문명 미스터리

THE MYSTERY AND THE TRUTH

모헨조다로

인더스 강은 파키스탄 국토를 동서로 양분하여 북에서 남으로 흐른다. 강의 원천은 동쪽은 히말라야 산맥, 북쪽은 카라코람 산맥에서 시작되며 멀리 아라비아 해로 흘러들어 전체 길이는 3,000킬로미터에 달한다. 강 유역 면적만 해도 100만 제곱킬로미터, 평균 유량은 매초 당 5,700톤이다. 원래 인더스 강은 인도 제국의 일부였으나 장기간에 걸친 힌두교와의 분쟁 끝에 1956년 회교도가 많이 사는 지역인 파키스탄, 힌두교 지역인 인도로 분리되었다.

인더스 강에는 '수수께끼로 가득 찬 고대 문명도시'로 알려진 모헨조다로를 포함한 인더스문명이 있다. 세계 4대 문명 중 하나인 인더스문명의 유적은 오늘날까지 200군데가 넘는다. 유적의 분포는 동쪽은 뉴델리 근교, 서쪽은 마크란 연안, 남쪽은 구자라트, 북쪽은 시무라 구릉 남쪽 사면, 동서 1,550킬로미터, 남북 1,100킬로미터에 달하는 광대한 범위에 걸쳐있으며 오늘날 파키스탄을 이룬다.

인더스 강 유역의 문명에 대해서 알려진 바가 거의 없지만 문명의 역사적 발전에 따른 윤곽은 확실하다. 인더스 강을 따라 신석기 정착지들이 등장한

모헨조다로 조감도.

것은 기원전 7000년경이다. 인더스문명은 자생적으로 발생했을 수도 있고 메소포타미아에서 온 정착민이나 상인들에 의해 시작되었을 수도 있지만 어느 쪽이든 인더스강 유역의 비옥한 범람원과 관개농업, 그것에 필요한 수단을 접목하여 고대 문명을 일으켰다는 점에는 변함이 없다.[1]

이 중에서 인더스문명의 수도라 할 수 있는 모헨조다로는 인더스 강이 다섯 갈래로 갈리는 분기점과 강어귀 중간에 있으며 인더스 강의 본류와 서쪽 나아라에 둘러싸인 평지에 있는 섬 같은 언덕이다. 언덕은 높지 않아 10여 미터에 불과하다.

철도공사 중에 발견한 세계 4대 문명

1856년 영국의 식민지 인도에서 철도기사였던 존 브런턴과 윌리엄 브런턴 형제는 인더스 계곡의 퇴적토 모래바닥에 철로를 건설하는 도중 큰 문제점에 봉착했다. 선로를 안정시킬 밸러스트(선로에 까는 자갈) 확보가 용이하지 않았기 때문이다. 그러던 중 철길에서 멀지 않은 곳에 브라미나바드라는 고대 도시의 폐허가 있다는 말을 듣고 현장 확인한 결과 도시가 잘 구워진 벽돌로 되어 있다는 사실을 발견했다. 존 브런턴은 브라미나바드를 철도 공사를 위한 자갈 채석장으로 이용했다. 동생 윌리엄은 북쪽 공사장에 있었는데 그곳에서 또 다른 고대도시를 발견했다. 그곳에는 옹기종기 모여 있는 작은 언덕 위에 세워진 하라파 마을이 있었는데 하라파는 언덕에 흩어져 있던 벽돌들을 이용해 세운 마을이다.

인부들은 마을에서 수많은 벽돌과 정교하게 새겨진 도장 등을 발견했는데 공교롭게도 군인이며 고고학자였던 커닝엄 장군이 같은 해 하라파를 찾아왔다. 인부들이 발견한 도장에는 황소 모양을 비롯해 여러 가지 기호가 새겨져 있었는데 커닝엄은 자신이 중요한 발견을 했음을 직감했다. 그는 직접 이 지역의 수수께끼를 풀겠다고 작정하고 도장을 발견한 지 16년이 지난 1872년에 인도 고고학조사단 단장으로 재방문했다. 그는 현장에서 발견한 여러 가지 유물들에 대해 1875년에 논문을 써서 발표했지만 세인의 주목을 받지는 못했다.

이 지역 사람들은 이곳을 1,200년 전에서 1,300년 전에 이 근방에 살고 있던 '하라 파라 왕'의 유적이라고 말했다. 1920년까지만 해도 인도문명의 기원은 알렉산더 대왕이 인도 대륙을 원정한 기원전 327년이며 이보다 몇 세기를 앞선 기원전 6세기경의 불타佛陀 시대에 원시적인 문명이 인도 각지에 산발적으로 존재했다고 믿었다. 인도에서 도시가 생겨난 가장 오래된 예로 라자그리하의 성벽을 꼽았는데 이 성벽은 기원전 6세기에 건설되었다.

20세기 초, 인도 고고학조사단 단장이었던 존 마셜 경은 커닝엄 장군이 발견한 도장과 하라파에서 발견된 또 다른 도장들을 비교한 후 하라파문명이 생각보다 오래되었을지 모른다고 생각했다. 또한 1920년 마셜 경의 발굴

팀원이었던 인도인 고고학자 라이 바하두르 다야람 샤니는 하라파에서 "인도에는 고도로 발달한 문명이 최소한 1000년 동안 존재했다"라는 알렉산더 대왕의 주장을 뒷받침할 수 있는 많은 유물을 발견했다.

1922년 인도의 고고학자 바네르지는 하라파에서 650킬로미터 남쪽에 있는 신드주 라르카나의 모헨조다로(죽음의 언덕)로 불리는 언덕에서 2세기경 불탑의 폐허를 발굴하고 있었는데 그 폐허 밑층에서 상형문자가 새겨진 인장을 발견했다. 그것은 하라파 유적에서 출토된 것과 같은 종류의 인장으로 기원전 2500년 전의 것으로 추정되었다. 이 발굴은 기원전 10세기 이전일지라도 발달한 문명이 존재하기란 불가능하다고 믿던 고고학자들을 놀라게 하

다양한 상형문자와 그림이 새겨진 인장들.

기에 충분했다.

1925년 마셜 경은 모헨조다로와 하라파 간의 거리는 약 650킬로미터나 되는데도 두 고장이 같은 문화에 속한다고 발표했다. 그 후 발루치스탄, 신드에서도 발굴이 진행되었으며 그 결과 고도의 금석병용시대를 영위한 도시문명이 대략 기원전 2500년을 중심으로 전후 약 1,000년에 걸쳐서 인더스 강 유역에서 번영했다고 추정했다. 이 문화가 세계 4대 문명 중 하나라 불리는 인더스문명이다. 추후 발굴에 의해 유사 유적을 포함해 200여 개의 도시가 발견되었고 분포 지역도 인더스 강 하류에서 강어귀의 아라비아 해안을 거쳐 서인도까지 미칠 정도로 광대했다. 그중에서 하라파와 모헨조다로의 규모가 가장 큰데 그 넓이는 수백 헥타르에 이른다. 반면 다른 유적은 10헥타르를 넘지 못한다.

세계 최초의 바둑판 도시

모헨조다로가 신비의 문명으로 인식되는 이유는 어떤 기록도 없기 때문이다. 물론 인장이 있기는 하나 다른 문명의 글과는 달리 해독이 안 된 상태다.

모헨조다로는 주위 약 5킬로미터로 서쪽의 성채와 동쪽의 광대한 시가지로 나뉘어져 있는데 시가지에는 최소한 4만 명 이상이 살았을 것으로 추정한다. 당시의 생활 여건이 원시적인 영농이었음을 감안하면 엄청난 인구라고 볼 수 있다. 더욱 놀라운 것은 완벽한 도시계획이다. 모헨조다로의 성채와 시가지는 약 6미터의 성벽으로 둘러싸여 있는데 내부에 12미터 높이의 요새(크기 182×366미터)가 별도로 건설되어 있다.

요새 안에서 가장 돋보이는 것은 벽돌로 정교하게 만들어진 길이 12미터 폭7미터, 깊이 3미터의 인공 욕조를 갖춘 대형 목욕탕이다. 욕조는 타르를 입힌 벽돌이 정교하게 맞물려져 있어 물이 조금도 새어나가지 않으며, 배수 시설 또한 갖추고 있다. 대형 목욕탕 주변에 있는 우물에서 항아리로 물을 길어와 공급했으며 개폐 시스템을 통해 북쪽에 있는 운하로 물을 빼내도록 했다. 운하는 이곳에서 계단을 통하여 갈 수 있다.

대형 목욕탕은 기둥으로 이루어진 건축물로 둘러싸여 있었던 것으로 보이는데 북쪽과 동쪽 및 여러 방과 통로로 연결되어 있었다. 또한 계단의 흔적이 남아있는 것으로 보아 2층 이상으로 건축되었을 것으로 추정된다. 이 대형 목욕탕이 주민들을 위한 공중목욕탕인지 아니면 종교의식을 위한 목욕탕이었는지 그 용도는 불분명하다. 특히 북쪽에는 욕조 여덟 개와 상층으로 향하는 계단을 갖추고 있는데 이들의 용도도 불분명하다.

대형 목욕탕 주변에서 대사제와 같은 중요 인물이 거주했을 것으로 추정되는 1~2미터 두께의 벽으로 둘러싸인 가로 70미터, 세로 24미터의 큰 건물이 발굴되었는데 이 역시 명확한 용도는 알려지지 않았다. 대형 목욕탕 서쪽에는 모헨조다로의 곡물 창고가 있다. 곡물 창고의 면적은 가로 46미터, 세로 23미터며 27개의 거대한 벽돌 블록 27개로 이루어져 있다. 벽돌 블록 하단부

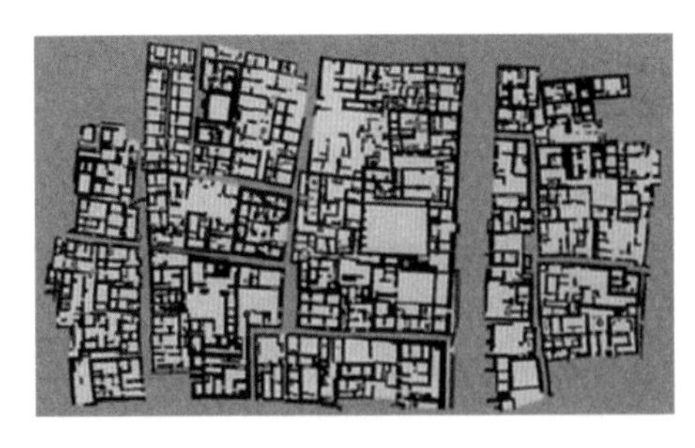

모헨조다로 배치도.

모헨조다로의 대형 목욕탕.

하라파 복원도.

에는 토대가 있어 좁은 간격 사이로 공기를 통하게 함으로써 곡물이 부패하지 않도록 했다.

폐허의 밭이라고 불리는 시가지는 현재 그 전체가 발굴되었다. 이 시가지에는 폭이 10미터나 되는 도로가 동서로 2개, 남북으로 3개 길게 뻗어 있으며 12개 블록으로 구분되어 있다. 그 중심에는 남북과 동서를 잇는 9미터 폭의 대로가 서로 교차하여 약 240미터×360미터 면적의 직사각형 섬 4개가 형성되어 있는 듯한 모습을 띤다. 거리의 집은 대개 이 층으로 구운 벽돌로 되어 있으며 시가지에는 여러 가옥과 연결된 골목길들이 있다. 모헨조다로의 시가지는 지금까지 발견된 가장 오래된 바둑판 형태의 도시라고 할 수 있다.[2]

창문은 일부 집들만 갖추고 있었는데 이 창문은 집 내부에서 폭이 2미터에 불과한 길 쪽으로 열렸다. 몇몇 대문은 짐승의 출입이 가능할 정도로 크게 만들었다. 대부분 연립주택 형태고 일부만 단독주택이지만 모두 이 층 이상의 구조다. 작은 집은 마당 없이 직접 도로와 연결되었고 저택의 경우 대문과 현관문 사이의 거리가 25미터나 되며 마당에 수위실도 있었다. 대문 앞에 수

위실을 두는 것은 오늘날까지 인도에서 유지되고 있는 전통이다. 저택에는 좁고 굽은 통로가 천장이 없는 내부 안뜰로 연결되어 있는데 이 안뜰 역시 다른 방과 마찬가지로 벽돌 바닥으로 시공되었다. 인더스 강은 시시때때로 범람하므로 모든 집들이 벽돌로 만든 기단 위에 건설되어 있다.

또한 놀랍게도 대부분 주택은 지하실 또는 이 층에 욕실과 수세식 화장실을 설치해놓았다. 배수는 빗물이나 오수를 일단 한 장소에 모았다가 다시 가로의 하수구로 흘러나가게 하는 구조로, 여러 곳에 정기적인 청소용 맨홀까지 구비되어 있다. 이처럼 완벽한 도시 계획은 이들 도시가 순차적으로 만들어진 것이 아니라 처음 만들어질 때부터 완벽한 설계에 따라 건설되었다는 의미다.

인간에게 가장 필요한 것이 식수인데 이 문제도 정교한 수리시설로 해결했다. 많은 집들이 독자적인 원형 우물을 갖고 있었고 그렇지 못한 경우에는 골목길에 있는 공중 우물을 이용하도록 배려했다. 집들 대부분이 욕실을 갖고 있다는 것도 특징이다. 이들에 공급되는 물은 건물의 벽 안에 있는 점토로 된 수로로 해결했으며 오수는 외부에 있는 도랑과 연결되었다. 놀라운 것은 일부 가옥에 벽돌로 만든 좌변기가 설치되었는데 이들이 하수도와 연결되어 있다는 점이다. 배수시설을 갖출 수 없는 집은 벽에 구멍을 내어 하수를 흘려보냈다. 또한 하수가 길거리로 퍼지는 것을 막기 위해 땅속에는 밑 없는

배수 시설.

공동 우물.

항아리(오늘날의 맨홀)를 묻어 하수가 그 속으로 흘러들어가게 했다.

각 집에서 나오는 오수는 건물의 벽을 관통한 개별 배수로를 통해 지하에 만들어진 본 하수도로 들어간다. 이러한 놀라운 하수 시스템은 도로 하부에 건설되어 인간이 사는 거주 공간과는 폐쇄된 채 모든 하수가 도시 밖 하수처리장으로 보내졌다. 조성된 지 4천 년이 넘는 모헨조다로가 오늘날의 일부 인더스 강 주변 촌락보다도 더욱 현대적인 도시 형태를 띠고 있는 것이다.

신앙으로 뭉친 도시

학자들을 의아하게 하는 것은 모헨조다로에는 다른 고대 문명 지역과는 달리 신전과 궁전으로 보이는 건조물이 없고, 무기류 또한 일부 창날을 제외하고는 아무것도 발견되지 않는다는 점이다. 다른 고대문명들은 모두 신전이나 궁전을 중심으로, 종교적 권위를 지닌 왕이나 신격화된 왕에 의해 지배되고 있었다. 그러나 모헨조다로에서는 그와 같은 지배자가 있었음을 증명할 만한 것이 아무것도 발견되지 않았다. 4만 명이나 살았다면 당연히 지배층이 있어야 하는데도 모헨조다로는 기존 상식을 뒤엎는 이상한 도시 구조를 갖고 있었다.

도시란 원래 직접적으로 생산에 종사하지 않는 사람들이 모여 사는 공간이다. 그러므로 도시가 원활히 돌아가기 위해서는 농촌의 잉여생산물이 곧바로 도시로 공급되어야 한다. 도시 지배자는 도시 내부의 통치와 함께 잉여생산물을 산출하는 농촌, 물자를 나르는 도로 등을 확보해야 하는데 이 문제에 관한 한 모헨조다로는 일반 도시의 기본 틀을 갖고 있다.

그럼에도 무기류가 빈약하다는 것이 의문이었는데 근래 제시된 잠정적인 결론은 매우 단순하다. 지배자들이 무력 대신에 원시 신앙을 주 무기로 삼았다는 것이다. 즉 인더스문명의 지배자는 성스러운 힘을 갖추고 도시민들을 통치해나갔다는 뜻으로, 무기가 없다고 해서 지배자가 행사하는 강제력이 미약했다고 볼 수는 없다는 설명이다.

학자들은 앞서 설명한 대규모의 곡물 창고가 신전이나 궁전에 버금가는 권력의 상징물이라고 본다. 1944년 모헨조다로와 하라파를 재발굴한 영국인 모티머 휠러는 '마을의 경제적 중심' 이라고 평했다.

결국 절대 권력의 왕은 존재하지 않았을지 모르지만 신관과 같은 강력한 지배자는 존재했다는 것이다. 단지 그 지배자가 개인인가 집단인가는 아직 확실하지 않다. 도시의 양상이나 유물로 볼 때 인더스문명은 거의 적이나 경쟁 상대가 없이 장기간 평화롭게 지낼 수 있었다. 평화로운 환경에다 철저히 신관에 의해 지배되는 도시였기 때문에 다른 문명에서는 당연하게 등장하는 자유로운 시민도 대두하지 못했을 것이라고 믿는다.

인더스문명은 기원전 2500년경에 세워져 기원전 1500년경에 멸망했는데 그동안 인더스 사람들이 메소포타미아에 가서 무역을 하고 있었다는 증거가 여럿 나타난다. 메소포타미아의 우르, 우르크, 라가슈, 수사 등에서 인더스 사람들이 몸에 지니고 있던 도장이 발견되었다. 이들 도시에서 발견된 점토판 문서에서는 인더스와 메소포타미아의 무역에 관한 내용도 발견된다.

무역이 가장 활발했던 시기는 기원전 2300년경 악카드의 사르곤 왕 무렵이다. 인더스에서 목재와 면직물이 수출되었고 메소포타미아로부터는 보석류가 수입되었다. 메소포타미아에 온 인더스 사람들은 각각의 도시에서 거주권을 얻었다. 이익을 서로 나눈다는 조건하에 인더스와 메소포타미아와의 해상교통 비용은 우르의 부자들이 부담한다는 문서도 발견됐다. 점토판에는 리그문이라는 이름의 항구가 적혀 있는데 최근 연구에 따르면 리그문은 페르시아 만 연안의 쿠웨이트에 가까운 바레인 섬임이 밝혀졌다.

모헨조다로에서 발견된 사제상.

지력 상실은 문명의 종말을 초래

모헨조다로 시민의 삶에 대해서는 어느 정도 알려졌다. 일종의 장난감으로 추정되는 개, 비둘기, 암탉 등의 친숙한 동물 형상의 테라코타로 유물이 다수 발견되고 있는 점은 여타 문명과 다름이 없다. 마노로 만든 공예품과 다량의 그로테스크한 조각상 및 흙으로 구운 작은 여성상 등도 발굴된다. 문명이 있는 지역에서 당연히 발견되는 목걸이, 구슬, 반지, 팔찌 등의 장신구와 붉은 바탕에 흑색의 기하학적, 상형적인 무늬를 입힌 도자기도 출토되었다. 이들은 기원전 2500년이나 넘은 시기인에도 모헨조다로에 산업이 발달했었다는 것을 알려준다. 흥미로운 것은 오늘날의 파키스탄 신드 지역에서 여전히 사용되고 있는 소 또는 황소 두 마리가 끄는 이륜차 형태의 유물도 발굴되었다는 점인데, 이들의 사용 연한이 매우 높음을 알 수 있다.

출토품을 통하여 인더스 강 연안에 위치한 모헨조다로가 평화를 추구했고 아이들을 사랑했으며 여성의 지위가 높은 사회를 이루고 있었음을 알 수 있다. 하지만 모헨조다로의 문자가 해독하기 전까지는 이 모든 것이 확실한 근거가 없는 추정에 불과할 뿐이다.

모헨조다로에서는 약 천여 개의 사각형 인감과 도장이 발견되었는데 대다수의 인감과 도장에 의미가 있다고 생각되는 문양(동물 또는 상상의 동물)이나 문자가 새겨져 있다. 현재 396개의 그림문자를 찾아내었지만 아직까지 어떠한 학자도 의미를 해독해내지 못했다. 이 문자들은 전기 에람, 초기 슈메르, 미노아, 이집트 등의 상형문자와 거의 같은 시대의 것으로 알려졌다. 최근에 스웨덴 및 구소련의 연구가들이 컴퓨터를 사용하여 인더스 문자를 분석했는데, 그 결과 드리비다어와 유사하다는 결론을 얻었다고 발표했다.

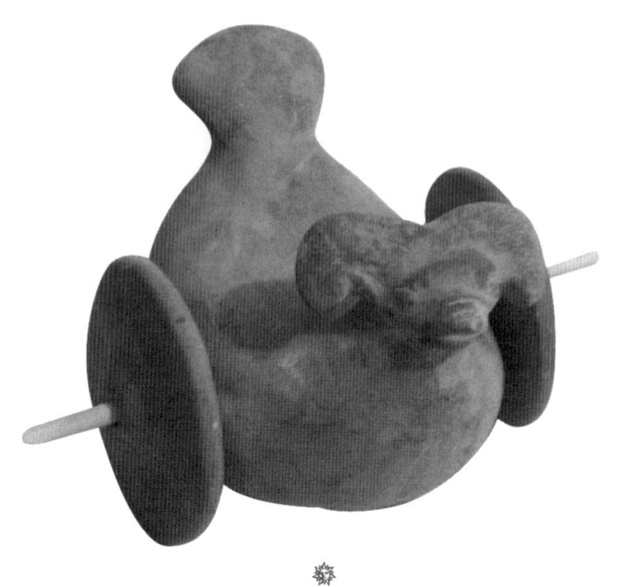

모헨조다로에서 출토된 장난감.

신비로운 모헨조다로 문자의 비밀을 풀기 위해 여러 가지 해석이 제기되었다. 그 중 하나는 모헨조다로 문자와 파크 섬 문자 사이의 연관성이다. 학자들은 이들 지역의 심층부를 발굴한다면 샹폴리옹이 해독한 이집트 상형문자처럼 다언어로 이루어진 문서가 존재할 수 있다고 추정한다. 한마디로 어떤 연유로든 신비의 모헨조다로 문자도 해독할 수 있을지 모른다는 추정이다.

1938년에 오스트리아의 겔데른은 기원전 1500년경에 시작되는 중국 은왕조 시대의 중국 문자와 인더스 문자 및 이스터 섬의 '롱고롱고'가 닮았음을 근거로 이들 문명이 인더스 강의 유역에서 출발하여 은 왕조를 거쳐 태평양의 섬들에 퍼져 나갔다는 가설을 발표했다. 북반구의 태평양에는 쿠로시오해류가 시계 방향의 해류로 흐르고 있다. 이 해류를 통해 인더스문명이 태평양 전역에 퍼졌다는 추정이다.

© amir taj amy dreher

아이를 안고 있는 여성상과 붉은 도자기.

모헨조다로는 약 1,000년간 번성하다 갑자기 사라졌다. 모헨조다로를 비롯한 인더스문명은 여타 고대문명과 다르다. 더구나 아무런 증표를 남기지 않고 사라졌다. 모헨조다로가 왜 지금과 같은 모래더미 위의 폐허가 되었는지 그야말로 백지상태라고 볼 수 있다. 존 마셜 박사는 인더스문명에 대해 다음과 같이 지적했다.

> 흡사 수천 년이나 전의 아무도 모르는 사회로부터 전해져 내려온 후 아무도 모르게 사라졌다.

지금은 비록 폐허로 변했지만 당시에는 농사를 지었고 울창한 숲으로 덮여 있었음이 틀림없다. 우선 모헨조다로에서 구운 벽돌이 많이 사용되었는

인더스문명의 발원지인 인더스 강.

데 벽돌을 구우려면 나무가 많이 필요하다. 모헨조다로가 현재보다 습윤한 기후로 주위에 많은 나무가 자랐다는 뜻이다. 인장에 새겨진 동물을 보더라도 습윤한 지역에 많이 사는 호랑이, 코뿔소, 코끼리, 소 등은 보이지만 건조한 지역을 좋아하는 사자는 보이지 않는다. 오늘날 모헨조다로 지역의 강우량은 연평균 150밀리리터 이하로 극도로 건조한 지대이지만 과거에는 도시 주변에 농경지와 방목지가 펼쳐진 살기 좋은 낙원이었다는 뜻이다.

인더스문명이 괴이하게 사라진 이유에 대해 학자들은 다음과 같은 분석을 내놓았다. 인더스 계곡에 정착한 사람들의 가장 큰 고민은 강물이 넓은 지역으로 범람하여 그 흐름이 자주 바뀐다는 점이었다. 그러므로 많은 주민을 부양하기 위해 관개시설을 하고 강물을 저장하기 위한 대역사를 벌였다. 그런데 관개시설을 정비하자 지하 수맥이 높아지는 것은 물론 토양이 점점 염화됨에 따라 지력이 상실되어 작물의 수확이 감소하기 시작했다.

이런 사실은 모헨조다로의 유적의 벽 밑 부분이 지면에서 약 1미터쯤 되는 높이까지 염해鹽害에 의해 하얗게 변해 있다는 것으로도 알 수 있다. 토양이 염분을 먹기 시작했는데 일단 염분이 침투하면 염분에 견뎌내는 극히 한정된 식물을 제외하고 모두 사라진다. 갑작스러운 기후 변화로 더는 식물이 자라지 못하자 모헨조다로를 비롯한 인근 문명들도 정착을 포기할 수밖에 없었다는 이야기다.

또 하나의 원인은 삼림 황폐이다. 인더스인들은 경작지를 만들기 위해 삼림의 일부를 벌목했다. 건축 자재로 벽돌을 사용한 점도 벌목을 더욱 부추겼다. 인더스인들은 메소포타미아처럼 햇빛으로 말린 벽돌을 사용하기도 했지만 대부분 구운 벽돌을 이용했다. 벽돌을 굽기 위해서는 화덕을 이용해야 하므로 엄청난 양의 나무가 필요했고 결국 울창한 나무들도 사라져갔다. 그 결

과 인류가 살 수 있는 여건이 사라졌다는 설명이다.[3]

현재도 인더스문명의 유적은 계속 파괴되고 있다. 결국 유네스코가 대책 마련에 나섰지만 역시 염해 공격을 막을 근본적인 대책을 세우지 못한 채 응급 대책으로 지하수를 퍼내는 방법을 채택했다. 모헨조다로는 현대인에게 유적의 파손을 막을 대책을 묻고 있지만 아직 염해라는 악마를 막을 방법을 도출하지 못한 것이다. 인간이 환경의 변화에 맞서기에는 아직도 역부족이다.

인골에 얽힌 수수께끼

모헨조다로의 유적 중에서 특히 고고학자들을 고민에 빠지게 하는 것은 유적의 상층부에서 발견된 인골군人骨群이다. 그들은 묘에 매장된 것이 아니라 갑작스러운 죽음으로 방치된 유체인데 두 가지로 구분된다. 한 가지는 남녀노소의 유골이 거리와 집안에 산재해 있는데 그 어느 것이나 무기에 의한 상흔이 역력히 남아 있다. 이러한 사실로 미루어 외적의 침입으로 인한 대규모 학살이 있었을 거라고 상상할 수 있다. 학자들은 모헨조다로에 살았던 사람들은 서아시아로부터 발루치스탄을 거쳐 인도로 옮겨온 드라비다인이며 이들을 정복한 종족은 아리아인이라고 추정한다.

그런데 모헨조다로의 유적에서 발견된 또 다른 유골들은 매우 특이한 형태를 보이고 있다. 인도의 고고학자 가하 박사는 이 인골군에 대해 주목할 만한 보고를 하였다.

나는 백골 그룹의 몇 개에서 고온 가열의 증거를 발견하였다. 이들은 일시에,

급격하게 이상한 죽음을 당한 것이다.

이 유골들을 근거로 일부 학자들은 '고대에 일어났던 핵전쟁' 을 거론하기도 한다. 특히 초고대 문명을 지지하는 사람들은 세계 각지에 남아 있는 신화나 전설을 근거로 고대의 처절한 전쟁이야말로 핵전쟁을 의미한다고 주장한다. 이스라엘이나 이라크의 사막, 사하라 사막 또는 고비 사막에서 발견되는 고열에 의해 유리로 변한 지층, 터키의 카파도키아 유적이나 알제리의 타시리 유적 등에서 발견된 고열로 인해 변형된 바위들도 좋은 증거로 제시된다.

모헨조다로 유적을 포함하는 인도 대륙의 신화나 전설에는 유달리 핵전쟁과 유사한 전투 기록이 많은 것으로 유명하다. 기원전 3000년으로 거슬러 올라가는 대서사시 『마하바라타』가 좋은 예이다. 바라타족의 전쟁을 이야기하는 대서사시인데 그 안에는 영웅 아스와토만이 적에게 발사한 '신까지도 저항하기 어려운 아그네아의 무기' 에 대한 서술이 나온다.

태양이 흔들렸다. 우주는 불타버렸으며 이상한 열을 발하고 있었다. 코끼리들은 그 무기의 에너지에 의해 불타면서 불꽃을 피할 길이 없어, 공포로 헐떡이며 뛰어다녔다. 물은 증발했으며, 그 안에 살아있는 생물은 모두 타버렸다. 모든 각도에서 불타고 있는 화살의 비가 격렬한 바람과 함께 퍼부어졌다. 벼락보다도 격렬하게 폭발한 이 무기로 인해 적의 전사들은 사나운 불에 타버린 나무처럼 쓰러졌다. 이 무기에 의해 불탄 거대한 코끼리들이 주위에 쓰러져 무섭게 울부짖었다. 화상을 입은 다른 코끼리들도 공포로 미친 것처럼 물을 찾아 주위를 빙빙 돌며 달렸다.

일본의 히로시마에 떨어진 원자폭탄을 상상케 하는 장면이다. 역시 인도의 고대 문헌 중의 하나로 라마 왕의 일생을 전하는 서사시 『라마야나』에도 고대 핵전쟁으로 야기되었음직한 광경을 다음과 같이 묘사하고 있다.

> 천지의 온갖 원소로 만들어져 스스로 불꽃을 뿜어내며, 그 무섭게 반짝이며 빛나는 거대한 창이 쏘아졌을 때 30만 대군도 한순간에 다 죽어버린다.

이 전투의 시기를 인도의 고고학자들은 기원전 2030년에서 기원전 1930년으로 추정하며 이는 탄소14의 분석 결과로도 확인되었다. 1978년 영국과 이탈리아의 공동 조사단은 모헨조다로에서 녹색의 광택이 있는 검은 돌들을 발견했다. 그것은 세계 최초의 원자폭탄 실험이 있었던 미국의 뉴멕시코 주

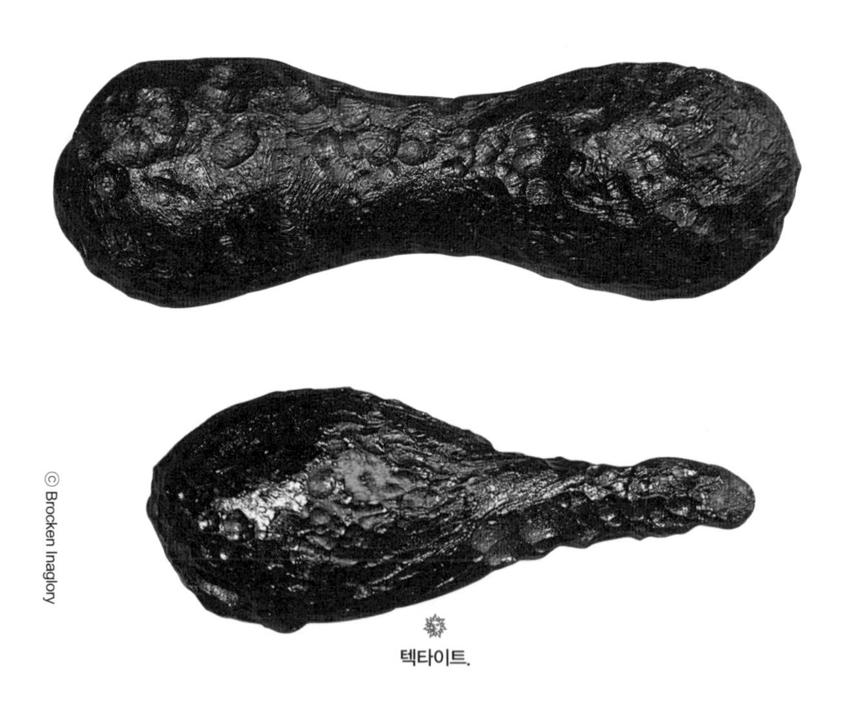

텍타이트.

의 사막에서 발견된 핵폭발의 높은 열로 모래가 녹아 굳어 버린 유리 모양의 소위 '텍타이트'와 유사하다. 영국의 다벤포트는 고열로 녹아서 유리 모양으로 굳어버린 항아리의 파편과 벽돌의 잔해를 모아 분석했다.

텍타이트는 리비아에서 자주 발견되기 때문에 '리비아 글라스'라고도 불리는 물질이다. 텍타이트에서는 알미늄26과 헬륨10의 방사성 동위 원소가 분석 추출되고 있는데 이것은 핵폭탄이 폭발하였을 때나 생성되는 물질이라고 한다.

조사 결과 항아리의 단편은 바깥쪽에서 안쪽으로 재가열된 후 급속히 냉각되었는데 외부에서 가해진 온도는 최소한 950도에서 1,000도라는 것이 밝혀졌다. 또한 검은 돌은 석영石英, 장석長石 및 유리질로 된 광물로 이들의 용해점은 1,400~1,500도지만 외형으로 판단할 때 그 이상의 온도가 단시간에 적용되었다는 사실도 확인되었다. 다벤포트는 이 증거물을 제시하면서 모헨조다로는 고대 핵전쟁의 싸움터였다고 주장했다.

> 우리들이 이것을 핵폭발의 결과라고 주장하는 이유는 모헨조다로에서 우리가 관찰한 흔적을 남길 정도의 열파와 충격파를 순간적으로 발생시킬 수 있는 폭발물은 핵무기밖에 없다고 생각하기 때문이다.

그는 모헨조다로의 상당히 높은 상공에서 히로시마형보다 소형인 수 킬로톤의 핵무기가 폭발했다고 설명한다. 그러나 4,000~5,000년 전에 핵폭탄이 개발되었다고 주장한다면 문제는 매우 심각해진다. 과학기술이 고도로 발달된 현대에도 핵폭탄을 개발한다는 것이 간단한 일은 아니기 때문이다. 핵폭탄 개발은 조그만 무기 공장과 같은 소규모 시설로는 어림도 없다. 모헨조다로에서 핵폭탄을 개발하였다면 보다 명확하고 결정적인 증거, 즉 충분한 기록과 유물이 있어야 한다는 것이다. 또한 그런 고도의 과학을 갖고 있었던 문명이라면 지구 구석구석까지 영향을 끼쳤을 것임이 틀림없다.

시베리아 퉁구스카 대폭발의 비밀

1908년 6월 30일 러시아 시베리아 중앙의 작은 마을 니주네 카렐린스크의 사람들은 서북쪽의 하늘을 수직으로 낙하하는 파란 불빛을 보았다. 10분 후에는 세로로 길게 뻗어서 하늘을 둘로 갈랐고 검은 구름이 거대하게 피어올랐다. 잠시 후에 천지를 진동시키는 큰 소리가 났다. 마을 사람들 대부분은 심판의 날이 온 것으로 생각하고 무릎을 꿇고 기도를 했다. 오늘날 '시베리

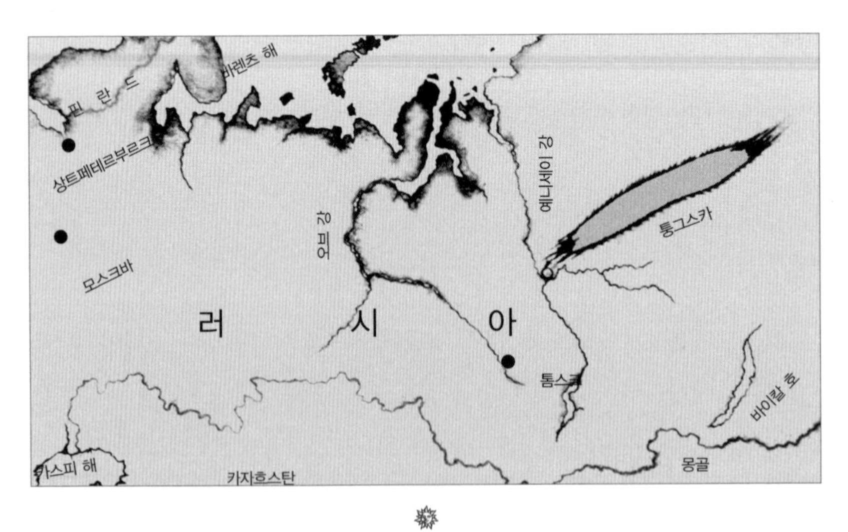

퉁구스카 지역. 오랜 기간 학자들을 괴롭혀온 '퉁구스카 대폭발'은 1908년 6월 30일 러시아 시베리아 지역의 퉁구스카 강 상류에서 일어났다.

아 퉁구스카 대폭발' 로 알려진 사건이다.

시베리아의 삼림지대 퉁구스카 지방을 뒤흔든 이 대폭발은 북반구의 다른 나라에서도 포착되었다. 폭발 순간에 런던은 한밤중이었는데도 신문의 작은 글자까지 읽을 수 있을 정도로 밝게 빛났으며 스톡홀름에는 새벽 1시인데도 플래시 없이 찍은 사진이 지금도 남아 있다. 믿어지지 않는 일은 죽은 사람이나 중상자는 한 사람도 발생하지 않았다는 것이다. 폭발을 일으킨 물체는 지구상에서 보기 드문 '안전지대' 에 낙하한 것이다.

이 폭발은 20세기 초 러시아의 복잡한 내부 상황 때문에 외부 세계에 잘 알려지지 않았지만 1921년 신생 소련의 종합 과학 정책의 일환으로 정밀 조사가 시작되었다. 레오니드 크리크를 단장으로 한 조사단이 현지의 기상학자를 통해 낙하점의 확인 작업에 착수했다. 시베리아의 대삼림 지대는 지구상에서 가장 접근이 어려운 지역 중 하나로 대부분 사람의 발자취가 닿지 않은 지역이지만 우여곡절 끝에 폭발 현장을 찾아냈다. 현장에 도착했을 때는 나무가 무려 20킬로미터에 걸쳐 모두 같은 방향으로 쓰러져 있었다. 그들은 이 폭발의 원인이 거대한 운석 때문이라고 생각했으므로 운석 조각을 발견하는 데 전력을 기울였다. 그리고 드디어 물이 채워져 있는 수많은 구멍이 발견되었다. 운석의 파편 때문에 땅이 패여 생긴 구멍일 것으로 추정하고 물을 퍼냈지만 구멍은 텅 비어 있었다. 그 후 계속된 조사에도 운석이 떨어졌을 때 생기는 쇳조각이나 암석 조각은 끝내 발견하지 못했다.

증언에 의하면 충격파는 두 번 있었다. 최초의 폭발 파가 일어난 후 곧이어 탄도파彈道波가 있었다는 것이다. 섬광이 번쩍했다는 증언도 있었다. 그러나 운석의 잔해가 발견되지 않았으므로 폭발의 진상은 초유의 미스터리로 굳어지는 듯했다.

퉁구스카의 폭발 흔적. 거대한 불덩이가 공중에서 폭발하면서 무려 2,015제곱미터에 달하는 숲이 날아가 버렸다.

그 후 텍사스 대학의 A. A. 잭슨은 초소형 블랙홀로 말미암은 폭발이라고 주장했다. 커다란 원자 크기의 블랙홀이 통상적인 행성 간 물질과 동일한 속도로 지구 대기에 돌입하면 커다란 충격파를 만들어낸다. 그 충격이라면 퉁구스카 대폭발과 같이 수목들을 쓰러뜨리고 공기를 이온화하며, 섬광을 일으키고 지진을 발생시키기에 충분했으리란 주장이다. 또한 초소형 블랙홀은 운석이 떨어진 흔적 같은 커다란 크레이터를 만들지 않을 수 있다. 초소형 블랙홀이라면 지구를 뚫고 반대쪽으로 나타났을 것이기 때문이다.

처음에 많은 학자가 이 주장을 선호하였으나 블랙홀이 빠져나갔을 아이슬란드와 뉴펀들랜드에는 그날 어떤 이상한 폭발도 보고된 바가 없었다. 특히 블랙홀의 충돌이 사실이라면 당연히 발생했을 지구 심층부로부터의 충격파에 관한 기록도 남아 있지 않았다.

반물질이 폭발의 원인이라고 주장하는 학자도 있었다. 반물질로 만들어진 반암석反岩石이 대기권 안에서 지구의 물질과 만나면서 감마선의 불기둥이 솟구치며 폭발이 일어났을 것이라는 추측이다. 이 경우에도 섬광으로 인한 화상만이 발생하고 버섯구름이 없으며 잔여 물질이 존재하지 않는 이유를 설명할 수 있다.

반물질은 소립자에 대한 지식이 쌓이면서 알려졌다. 1928년 영국의 물리학자 폴 디랙은 전자電子와 동일한 입자이면서도 음전기가 아닌 양전기의 전하를 가진 소립자가 있으리라는 가설을 제시하였다. 그 후 1932년 양전자가 발견되어 각종 소립자에는 상대적인 반입자反粒子가 있다는 것이 증명되었다.

미국의 화학자로 방사성탄소에 의한 연대측정법을 발견하여 노벨상을 받은 윌라드 리비 박사는 시베리아에서 일어난 폭발이 반물질의 운석에 의한 것인지를 연구했다. 그는 반물질의 운석이 지구의 대기 안으로 떨어지면 물질과 반물질 모두가 에너지로 변한다고 주장했다. 그는 반암석인 운석이 붕괴할 동안 잠시 공기 속에서 탄소14의 양이 늘어나므로 1908년 폭발로 수년간은 수목樹木의 목질부木質部에 탄소14의 함유량이 비정상적으로 많아야 한다고 생각했다. 그러나 실제 측정 결과 1909년에 탄소14 함유량이 최고에 달했으나 이 증가량은 반물질이 떨어졌다고 생각할 때의 예상치에 비해 7분의 1에 지나지 않았다. 결국 시베리아의 폭발은 반물질에 의해서 일어난 것이 아니라는 결론이 내려졌다.[4]

좀더 현실적인 가설은 혜성설로, 혜성이 지구와 충돌했다는 것이다. 그러나 반론도 만만치 않다. 혜성이라면 '핵'의 폭발을 수반할 가능성이 희박하고 또한 지구에 도달하기 훨씬 전부터 천문학자들에게 발견되었어야 한다는 지적이다. 이 반론에 천문학자들도 재반론을 편다. 혜성이 태양의 방향에서 날라오면 발견이 지극히 어렵고 또 혜성이 폭발하면 태양의 플레어(태양 표면에 생기는 단시간의 폭발적인 에너지 방출 현상)의 폭발과 같은 현상이 생길 수도 있다는 것이다. 그러나 전 세계의 어떤 천문 관측소에서도 혜성을 관측했다는 보고는 없었으므로 혜성 충돌설은 크게 지지받지 못했다.

퉁구스카 대폭발에 대한 미스터리가 점점 증폭되자 구소련에서도 폭발 원인을 규명하기 위해 적극적인 자세를 취하기 시작한다. 탐사팀은 1929년에 굴착한 탐사공에서 채취한 흙을 현미경으로 분석한 결과 대기권을 통과하는 도중에 운석에서 떨어졌다가 다시 굳어져서 생긴 작은 공 모양의 입자를 발견하였다. 입자 안에는 산화철의 하나인 자철광(마그네타이트)도 포함되어 있었다. 산화철인 자철광은 운석이 산소가 풍부한 대기 중에서 용해될 때 생기는 전형적인 광물이다. 그 밖에 석질 운석의 규소 광물로 형성되었다고 생각되는 유리질의 구상 입자, 그것이 혼합되어 생긴 구상 입자 등이 발견되었다.

이 분석 결과를 통하여 퉁구스카 대폭발의 원인에 대해 최종적으로 내려진 결론은 다음과 같다. 1908년 6월 30일 지구는 궤도상에서 소행성과 우연히 만났다. 소행성은 얼음과 금속 그리고 규소 화합물이 섞인 반지름이 40미터 정도의 다소 큰 규모였다. 소행성이 지구 대기에 돌입했을 때의 속도는 초속 25~40킬로미터 정도였다. 대기를 통과하는 동안에 그 질량의 대부분을 잃었지만 퉁구스 상공 약 8킬로미터에서 폭발했을 때의 질량은 아직도 2~7만 톤 정도였다.

이 당시의 폭발 에너지는 TNT 화약으로 환산할 때 15~20메가톤의 원자폭탄과 맞먹는 것으로 히로시마에 투하된 원폭의 750~1,000배가 된다. 폭발 에너지의 대부분은 충격파가 되어 주변의 나무들을 쓰러뜨렸다. 폭발 지점 바로 아래는 충격파에 대한 단면적이 작으므로 오히려 나무들이 쓰러지지 않았다. 폭발의 결과로 생긴 분진의 구름이 상층 대기에까지 올라가 잠시 머물렀다. 그 결과 태양광의 이상異象 반사가 일어나 시베리아와 유럽의 넓은 지역에서 백야白夜와 같은 현상이 일어났다.

소행성은 혜성, 탄소질 소행성, 철질 소행성, 석질 소행성으로 구분된다. NASA 에임즈 연구센터 차이버팀은 시뮬레이션 연구를 바탕으로 퉁구스카에서 폭발을 일으킨 것은 석질 소행성이나 탄소질 소행성이었다는 결론을 내렸다. 현장에서 수집한 구상 입자에 포함된 이리듐이나 희유원소의 함유율이 석질 운석과 일치하였기 때문이다.

학자들은 '황소자리 유성군 복합체Taurid complex' 라는 소행성 무리가 태양을 하나의 초점으로 하는 타원궤도를 돌고 있는데 이것이 매년 6월 말에서 7월 초에 지구 궤도와 만나며 그때 '유성流星 샤워' 가 쏟아진다는 것을 알았다. 그 가운데 유달리 질량이 큰 10만 톤(밀도 3g/cm³) 규모의 유성이 폭발하였다는 것이 결론이다. 폭발 메커니즘도 단순하다. 소행성이 지구의 대기권을 통과하면서 초고온超高溫의 외부가 결빙結氷한 내부와 반응하여 엄청난 폭발이 일어났다는 것이다. 다시 말해 열에 녹아서 액체가 된 유리를 얼어붙은 물에 갑자기 넣은 것과 같은 현상이라고 설명한다.

모헨조다로의 미스터리는 소행성의 충돌로 보면 많은 의문점이 해소된다. 이 경우 텍타이트와 같은 물질이 생기는 것도 어려운 일은 아니기 때문이다. 학자들은 모헨조다로의 괴이한 멸망은 인더스 지역의 지력이 염해 등에 의해 쇠퇴하고 있는 와중에 소행성이 충돌하여 재기할 수 없을 정도로 피해를 보았고 여기에 겹쳐 아리아인들까지 침입하여 그들을 무차별로 학살했다고 믿는다. 결국 염해나 소행성과 같은 천재지변과 인간들의 외압인 전쟁의 피해가 겹치면서 인도의 고대 문명이 갑자기 멸망했다는 시나리오다.

수메르

기원전 4,000년경 메소포타미아에서 발생한 원시 고대 문명은 인류 역사에 새로운 전기를 마련했다. 중동의 티그리스 강과 유프라테스 강 사이, 쐐기 모양의 좁고 긴 지역을 그리스 사람들은 메소포타미아라고 불렀다. 메소는 '사이', 포타모스는 '강'이란 뜻으로 '비옥한 초승달 지역'이라고도 불린다. 이들 지역은 서쪽으로는 지중해와 맞닿고 남쪽으로는 아라비아 사막과 접하며 북쪽으로는 타우르스 산맥 그리고 동쪽으로는 자그로스 산맥을 경계로 하는 지역을 가리키는데 대체로 길이 약 650킬로미터, 너비 약 200킬로미터의 평원이다.[5]

큰 강이 있는 지역은 고대인들에게 고통을 풍요를 동시에 준다. 비가 많이 오면 홍수를 일으키지만 상류에 있는 기름진 흙이 내려오면서 토질이 비옥해져 비료를 주지 않아도 농사짓기에 유리한 환경이 조성되기 때문이다. 문제는 4월부터 6월 사이에 밀려오는 홍수다. 이 홍수는 메소포타미아 상류의 산악지대에 내리는 폭우 때문으로 강물이 범람하는 것을 사전에 예상할 수가 없다. 그러므로 메소포타미아인의 가슴속에는 홍수의 돌발성과 난폭함

© isawnyu

고대 문명의 발상지인 유프라테스 강. 길이 3,596킬로미터로 아나톨리아 고원에서 시작하여 바스라 북쪽에서 티그리스 강과 합류하여 페르시아 만으로 흘러든다.

에 대한 깊은 인상이 새겨져 있다. 더구나 여름에는 가뭄으로 몹시 메마르므로 이에 대한 대책을 마련해야 했다.

이 말은 홍수와 가뭄을 잘 이용하면 농사를 효율적으로 지을 수 있으므로 자연히 다양한 문화가 꽃필 수 있는 여건이 되지만, 이를 적절히 이용하지 못하면 치명적인 재해를 입게 된다는 뜻이다. 따라서 메소포타미아인들은 자연재해를 막기 위해 둑을 쌓고 저수지와 운하를 만드는 등 치수 사업에 온 힘을 기울였다.

이런 대규모 사업은 개인이나 소규모 집단의 힘으로는 불가능한 일이다. 자연적으로 집단끼리 협동하고 단결하게 되고 그 결과 일찍부터 통일된 정치 조직이 발달하여 강력한 중앙 집권 국가가 탄생하게 된다. 세계 4대 문명이 모두 강 유역에서 탄생한 이유다.

가축에게도 곡식을

세계 최초의 문명을 이룩했다는 수메르인은 놀랍게도 맥주를 즐겨 마셨고 기르는 양이나 소에게도 보리를 많이 먹였다고 한다. 사실 유럽에서는 대체로 18세기부터 소나 말에게 곡식을 먹였다. 그때까지만 해도 곡식은 지극히 귀중한 먹이로 가축에게 먹인다는 것은 상상할 수 없는 일이었다. 그렇다면 수메르인들은 어떻게 맥류를 동물에게까지 먹일 수 있었을까? 해답은 간명하다. 동물들에게 먹일 수 있을 만큼 풍족하게 곡식을 수확하고 있었기 때문이다.

학자들은 맥류가 매우 골치 아픈 곡식이라고 말한다. 로마 시대의 한 농장주는 이탈리아 반도에서 파종량의 네 배 이상을 수확하지 못했다고 적었

수메르 문명 상상도.

다. 중세 초기에도 보리나 밀은 기껏해야 파종량의 2~3배, 많아야 5~6배였다. 그런데 인류 최초의 문명을 만들었다는 수메르에서는 기원전 2350년, 라가시라는 도시국가에서 놀랍게도 약 80배의 수확을 올렸다. 상황에 따라 파종량의 20배 정도를 수확했다는 기록도 있지만 유럽에서 파종량의 20배로 수확할 수 있게 된 지는 몇백 년 되지 않았다.

수메르인에 의해 경작된 농토의 면적도 상상을 초래한다. 우르 제3왕조 시대의 라가시가 관리하던 직영지의 면적만 해도 250제곱킬로미터나 되었다. 여기에다 휴경지나 개인 사유지를 포함하면 엄청난 면적을 농사지었다는 것을 알 수 있다. 도시 인근의 경작지에서 수확된 보리나 밀로 동물을 먹일 정도라면 이곳에서 세계 최초의 문명다운 문명이 태어나는 것은 어쩌면 당연한 일이라고 볼 수 있다.

학자들은 대체적으로 기원전 6750년경에 이르러 북메소포타미아의 자르모 지방에 원시 경작촌이 처음으로 생겨 밀과 보리를 재배하고 개, 염소, 양 및 돼지 등을 양육했다고 추정한다. 그 후 기원전 6000년경에는 메소포타미아 거의 전 지역에서 정착촌이 일반화되었다. 기원전 4250년부터 3750년에는 과거의 소위 농경 위주 체제에서 탈피한 도시들이 탄생하는데 이들은 종교적 집회를 기본으로 한다. 이 시기를 일반적으로 우바이드라 하는데 그 중심 지역은 남메소포타미아이다.

고고학자들은 기원전 3500년경에 중앙아시아로부터 이라크를 경유한 수메르인들이 이주하여 우바이드인들을 밀어냈다고 추정한다. 수메르인들에 의해 우르, 키시, 니푸르, 라가시 등 중심도시가 생겨났고 미술과 건축, 사회기구, 종교상의 사상과 관행, 문자의 발명에 따른 교육 등에 괄목할 만한 발전이 있었다. 그들은 선주민인 우바이드인을 대체하면서 3기에 걸친 초기 왕조(기원전 2800~2350년)를 탄생시킨다. 초기 왕조란 도시국가에 군주가 나타난 시대를 의미한다. 물론 이 기간, 메소포타미아 지역에 수메르인들만이 정착했던 것은 아니다. 수메르인을 비롯하여 셈족 등 여타 민족이 세운 도시국가들이 메소포타미아 유역에서 세워졌고 이들이 서로 패권을 다투며 점차 세력을 넓힌 끝에 단일도시의 지배를 넘어서는 영토국가를 세운다.

기록에 의하면 초기 왕조의 수메르 도시는 신전 도시 즉 신전 공동체이다. 도시는 신전의 소속이며 도시의 성원은 신전 소속민이라는 것이다. 초기에 신전은 조그마한 건물로 작은 제단과 공물용 탁자가 있을 뿐이었으나 점점 도시가 발전함에 따라 신전의 규모도 커지고 구조도 훌륭해져서 훗날의 지구라트가 된다. 신전은 초기부터 가족이나 씨족을 위한 것이라기보다는 지역사회 전체를 위한 것이었다. 이러한 신전은 사람들 사이에 향토애, 자존심, 목적의식을 싹트게 만들어 결속된 공동체를 만들도록 유도한다.

이처럼 신전이 생활의 구심점이 된 것은 해마다 범람하는 난폭한 홍수 때문으로 여겨진다. 그들은 홍수의 신과 전쟁의 신을 선보다는 악의 신으로 간주했다. 즉 우주가 불확실하고 불안하므로 이를 이겨낼 그 무엇이 있어야 한다고 생각했다. 그 방법이 신전이다. 그들은 기도와 제물의 제공, 그리고 기술적 방법의 고안을 기본으로 했다. 물론 당대에 종교적인 것과 기술적인 것의 구분은 없었다.

루브르 박물관에 전시된 메소포타미아 지역의 고대 도시 마리Mari의 고관 조각상.

메소포타미아는 지형이 편평하고 돌이 없어 방어벽을 세우는 것이 간단한 일은 아니다.

우루크의 우바이드 신전. 우르크는 기원전 3200년경에 장대한 신전을 중심으로 성립된 고대국가다.

그래서 주변의 적이 쉽게 침입하였으므로 이곳 주민들은 생존하기 위해 인간은 물론 신과도 싸우지 않으면 안 되었다. 메소포타미아인들의 인생관이 근본적으로 비관적인 것이 놀랄 일은 아니다.[6]

그러나 신전 공동체도 세월이 갈수록 점점 퇴색하게 된다. 초창기에는 도시의 중심부에 솟아 있는 신전의 승려들이 도시의 정치와 경제의 전권을 쥐고 흔들었을 것으로 생각되지만 점점 외부 민족과의 전투가 많아지면서 군사력을 가진 왕들의 힘이 확대되기 시작한다. 결국 후대에는 왕의 권력이 신전의 권한을 압도한다.

십진법을 고안한 수메르

수메르인들은 고대인들과 마찬가지로 신을 믿었고 신전이 도시의 중심 역할을 했다. 신전이란 신의 집으로 고대인들은 사람의 집과 완전히 같은 개념으로 생각했다.

오늘날 일반적으로 '신' 이라고 하면 보이지 않는 추상적인 존재라든가 혹은 인간을 초월한 절대자로 생각한다. 그러나 고대 사람들에게는 인간과 신 사이에 이종異種이란 개념이 없었다. 신도 인간과 동일한 감정과 욕망이 있다고 생각했다.

기원전 19세기 수메르에 있던 신전에 새겨진 찬가. 수메르의 고대 도시인 라르사를 지배했던 왕에게 바치는 찬가로 쐐기문자로 기록되어 있다.

『길가메시 서사시』의 한 구절에는 홍수가 일어나면 신들이 두려워 떨며 개처럼 웅크리고 있었다는 기록이 있고, 홍수가 빠진 뒤에 제물이 바쳐지자 신들이 그 냄새를 맡고 파리처럼 모여들었다고 적혀있다. 이러한 기록들은 바로 신, 인간, 짐승, 벌레 등을 모두 동종同種의 존재로 생각하고 있었다는 것을 뜻한다. 따라서 수메르인들은 공동체의 정신적 중심으로 신전을 마련하고 그 주위에 주거를 세웠다. 그 후 마을이 도시로, 도시가 도시국가로 발전하며 인구가 늘고 외부 세력과의 전쟁이 잦아지자 제관보다는 왕의 힘이 점점 강해졌다는 것은 이미 설명했다. 메소포타미아 지역이 전제국가의 발상지가 되는 것도 이 때문이다.

수메르인들의 생활에서 특이한 점은 그들의 내세관이 우수와 공포에 차 있다는 것이다. 죽어서 헤매는 영혼은 악귀가 되어 때때로 지상에 나타나며 어두운 곳이나 폐허에 살며 사람에게 위해를 가한다고 생각했다. 그리고 죽은 사람의 영혼 외에도 반인반수의 괴물이나 악마 등이 대기에 가득 차 있다고 생각했다.

무수한 악령을 인간의 힘으로는 막을 수 없고 신만이 물리칠 수 있으므로 신관들의 주문이나 마술사들의 주술이 악마를 쫓는 중요한 역할을 했다. 그러므로 수메르인들은 신들로부터 좋은 보답을 받기 위해서는 올바른 행동을 거듭하지 않으면 안 된다고 믿었다.

신 중에서는 하늘이나 대기를 통제하는 신이 가장 존경을 받았다. 수메르인들이 가장 중요시한 신은 하늘과 땅 사이의 대기를 지배하는 엔릴 신이었

지혜의 신이자 지하수의 신인 엔키의 모습이 그려진 원통형 인장을 찍은 그림. 엔키의 어깨 위로 물줄기가 흐르고 있으며 엔키 앞에는 태양신 우투의 모습도 보인다.

수메르인의 전투를 묘사한 비석의 그림. 기원전 2500년경 인접한 도시국가인 라가시와 움마 간에 벌어진 전투에서 승리한 라가시의 왕은 움마의 군대를 격파한 기념으로 '독수리의 비석' 으로 불리는 이 비석을 세웠다.

다. 대지와 물의 신도 중요시했는데 엔키를 주신으로 하는 에리두가 수메르의 최남단 즉 페르시아 만에서 가장 가까운 곳에 있었던 것이 우연이 아님을 알 수 있다.

수메르인들이 현대 문명인의 주목을 받는 이유는 무엇보다 점토판에 기록을 남겼기 때문이다. 점토판의 크기는 여러 종류가 있으나 대개는 소형이다. 그들은 점토판에 갈대 끝으로 만든 가는 펜(스틸루스)을 누르듯 해서 새기는 설형문자楔形文字(쐐기문자)를 발명했다. 수메르인들도 처음에는 상형문자를 사용했다. 그러나 이들 문자를 쓰기에는 시간도 오래 걸릴뿐더러 표현할 수 있는 대상도 한정된다. 예를 들면 '잠자다' 라는 표현을 위해서는 사람이 자는 모습을 그리면 되지만 '믿는다' 라는 표현은 이런 형태의 문자로는 거의 불가능하므로 설형문자를 만든 것이다.

현재까지 발견된 몇십만 장에 달하는 점토판은 행정, 경제상의 내용을 기록한 것이 가장 많지만 신화나 전설 등의 문학작품은 물론 학생들의 교과서나 노트도 발견된다. 오리엔트의 여러 민족이 설형문자를 빌어 자기들의 말

쐐기문자로 새겨진 함무라비법전. 세계에서 가장 오래된 성문법이다.

을 표현했으며 수메르가 지상에서 사라졌어도 수메르어는 종교나 문학작품 속에서 여전히 사용되었다. "수메르어를 모르는 서기는 서기가 아니다"라는 기록이 있을 정도다. 후에 페니키아인들이 이 설형문자를 간단히 하여 알파벳을 만들었는데 이 페니키아 문자가 바로 오늘날 알파벳의 시조가 된다.[7]

수메르인들은 흙벽돌을 사용하여 도시를 건설했다. 흙벽돌이란 도시 주변의 땅에다 물과 짚을 섞어서 이긴 다음 직육면체의 나무틀에 다져 넣어 큰 두부같이 만든 다음 햇볕에 말린 것을 말한다. 이 흙벽돌로 2~3층의 건물을 짓는데 메소포타미아 지역은 비교적 건조하므로 지진 등 천재지변이 일어나지 않는다면 자연적으로 무너져 내려 흙이 될 때까지 오랜 세월을 버틸 수 있었다. 수천 년이 지났는데도 비교적 많은 유물을 이 지역에서 발견할 수 있는 이유다.

수메르 지배자들의 생활 일단을 알 수 있는 유물로는 1927~1929년에 걸쳐 고고학자 레너드 울리에 의해 발굴된 기원전 3000년의 중기로 추정되는 우르(제1왕조)의 왕묘(신의 대리인 역할을 했던 제관의 무덤이라는 설도 있음)다. 무덤에서는 부장품(마차, 하프, 조개 장식판 등)뿐만 아니라 순장자들도 발견되었다. 순장자 중에는 병사도 있었고 악사樂士도 있었는데 유해 곁에 있는 작은 잔으로 독약을 마시고 순사한 것으로 추정된다. 묘실에 따라 사람 수가 다르지만 많은 경우 70~80명의 순장자가 발견되었다. 고고학자들이 복원한 푸

수메르의 고대 도시 우르 발굴 현장. 1922년 대영제국 박물관의 후원을 받은 레너드 울리 경이 성경에 언급된 도시인 우르를 발굴하자 세계는 큰 흥분에 휩싸인다. 성서가 사실임을 증명한 것이다.

엔릴을 주신으로 모신 고대 도시 니푸르를 발굴하는 모습. 미국의 고고학 조사단에 의해 1889년부터 발굴되기 시작했으며, 수메르의 종교, 문학, 과학, 법률 등에 관련된 점토판 5만 매 이상이 발견되었다.

아비(또는 슈브아드) 왕비는 머리에 장식구슬로 가득 덮힌 아주 화려한 머리 장식을 하고 있어 당시 왕족 여성들의 호화로운 생활을 잘 보여준다. 유리라는 보석도 사용되었는데 이 보석은 메소포타미아에서는 산출되지 않는 것으로 보아 이미 이 무렵 아프가니스탄이나 중앙아시아 방면의 유리 산출지와 통상이 있었음을 알려준다.

메소포타미아의 일상생활 중에서도 식생활에 관해서는 그다지 알려지지 않았지만 특기할 만한 것은 맥주와 포도주이다. 맥주는 주로 남부 메소포타미아 지역에서 즐겨 마셨고 북쪽에서는 주로 포도주를 마셨다. 수메르의 점토판에는 놀랍게도 맥주 상표가 무려 16종이나 기재되어 있다. 그들에게 맥

수메르인들은 점토판에 쐐기문자로 자신들의 생활을 기록했다. 이 점토판에는 맥주의 할당량이 기록되어 있다.

기원전 1700년경 아카드어로 기록한 기하학 연습 문제. 수메르인은 문자는 물론 수학도 크게 발전시켰다.

주는 일상의 식탁에서 빠뜨릴 수 없는 필수품으로 여행 등을 할 때에도 빵과 함께 항상 맥주를 준비했으며 술집을 의미하는 단어로 볼 때 술집에서도 맥주를 팔았음이 틀림없다.

수메르인들이 문자 못지않게 인류 문명에 큰 공헌을 한 중요한 업적 중 하나는 10진법과 60진법 등 수학을 발전시켰다는 점이다. 또한 오늘날 시계의 분分과 초秒도 수메르인들의 작품이다. 그들은 또 바퀴 달린 수레를 사용하여 인간의 노동력을 절감시켰으며(바퀴를 축에 부착시키면 소 한 마리가 예전보다 2~3배 많은 짐을 끌 수 있음) 원통인장을 고안했고 금은 세공과 모자이크 예술을 발전시켰다.

근대적인 의미에서 엄밀하게 문학이라고 부를 수 있는 작품은 『길가메시 서사시』, 『신들의 전쟁』, 『빌린 날개』 등 많이 있지만 『수메르 속담』으로 대표되는 지혜의 글도 압권으로 무려 370여 개나 되는데 그 중 일부분을 소개한다.

★치부致富는 하면 할수록 눈을 뗄 수 없다. 남이 노리지 않을까 훔치지 않을까 염려되니 가난한 편이 마음 편해 좋다.

★욕을 하는 사람에게 욕을 되돌려서는 안된다. 욕을 하나 보내면, 욕이 또 하나 되돌아온다.

★마음이 증오를 낳은 적은 없다. 증오를 낳은 것은 언제나 말이다.

★자기 눈으로 확인하고 나서 아내를 얻어라. 자기 마음에 들 만큼 아이를 가지라.

★아내를 많이 얻는 것은 사람의 업보이고, 자식을 많이 얻는 것은 신의 업보이다.

★품행이 나쁜 아내가 집에 있는 것은 액신厄神이 가득 찬 것과 마찬가지다.

★거짓말을 하고 나서 참말을 해보라. 모두가 거짓말이 된다.

★어떤 사람의 즐거움은 어떤 사람의 괴로움, 어떤 사람의 괴로움은 어떤 사람의 즐거움.

전쟁의 위기를 모면

영화 〈그린 존Green Zone〉은 세계의 패자라고 자임하는 미국으로서는 다소 껄끄러운 주제를 다룬다. 1990년부터 이라크를 경제적으로 봉쇄하고, 꾸준히 폭격을 퍼붓던 미국은 2003년 '충격과 공포' 작전을 가동하여 이라크를 본격적으로 침공한다. 이들이 내세웠던 명분은 이라크가 가지고 있던 대량살상무기를 제거하고 이라크 민중들에게 민주주의를 안겨주겠다는 것이다.

'그린 존' 자체는 미국이 이라크 수도 바그다드에 설치한 안전 지역을 말한다. 미국식 건물과 휴식 시설을 갖추고 안전하게 주둔하면서 전투는 그린 존 밖에서만 벌이는 것이다. 영화 속의 주인공인 미 육군 로이 밀러 준위는 이라크 내에 숨겨진 대량살상무기를 제거하라는 명령을 받고 바그다드로 급파된다. 상부에서 내려온 정보와 명령에 따라 열심히 대량살상무기를 찾으러 다니지만 찾아낸 것은 텅 빈 건물과 먼지투성이의 낡은 기계뿐이다. 그는 대량살상무기가 아닌, 세계평화라는 거대한 명분 속에 숨겨진 추악한 진실과 마주하게 된다. 결국 이라크에서 대량살상무기를 찾아내지 못해 비난이 거세지자 미국은 태도를 바꿔서 대량살상무기는 중요하지 않고, 독재자 사담 후세인을 제거하고 이라크인들에게 민주주의를 안겨주는 것이 중요하다고 강변한다.

영화 내용만 보면 미국의 주장처럼 이라크에 민주주의가 뿌리를 내리는 것도 아니다. 미국의 전쟁으로 독재자 사담 후세인이 물러난 것은 맞지만 미국은 이라크와 큰 연관이 없는 이라크인을 정치 앞잡이로 내세운다. 결국 이들 간에 투쟁이 벌어지고 자살 폭탄 공격이 일어나는데 이로써 미국에 의한 새로운 갈등과 고통이 시작된다는 내용으로 영화는 종결된다.

미국의 이라크 침공은 군사적인 면뿐만 아니라 세계의 학자들로부터도 비난을 받았는데 이라크의 전쟁터인 소위 인류 문명의 발상지이기도 한 메소포타미아에 수많은 인류의 유산들이 있기 때문이다. '인류 문명은 수메르에서 시작되었다' 라는 말처럼 이라크엔 1만 곳 이상의 고대 유적이 존재하며 그중에서는 기원전 5000년까지 거슬러 올라가는 곳도 있다.

특히 학자들이 가장 우려한 것은 미국과 영국의 연합군이 진격하는 주요 진격로와 거점 도시들이 대부분 티그리스와 유프라테스 강 유역으로 이 지역에 중요 유적들이 몰려있다는 점이다. 아버지 부시 대통령이 벌인 제1차 중동전(사막의 폭풍 작전)에서도 수많은 유적지가 파괴되는 참사를 면치 못했다. 수메르 시대의 도시 '우르' 에 무려 400발 이상의 폭탄이 떨어져 지구라

미군 기지가 되어버린 우르의 지구라트에 집결하는 미군 병사.

트가 파괴된 것은 물론 당시 유물 3,000여 점이 파손되었고 박물관 아홉 곳이 불탔다.

아들 부시 대통령이 지휘한 2003년 3월의 '충격과 공포' 작전에서는 유명한 공중정원, 바벨탑 등의 유적들이 있는 바빌론이 폭격당했고 바그다드 대통령궁도 파괴되었다. 바그다드의 대통령궁은 다양한 고대유물의 전시장으로 유명한 곳인데 이곳이 집중포화를 당한 이유는 주변에 바그다드 공군기지가 있기 때문이다. 특히 후세인 정권 붕괴 후 바그다드의 박물관에 있는 역사적 유물이 수없이 약탈당했다. '근래 중동 역사상 최대의 문화 참사'라고 불리는 이 약탈로 이라크 박물관이 보관하고 있던 수메르 시대 하프, 함무라비 법전 서판, 덤불 속의 숫양, 아카디아 왕의 두상, 와르카 항아리, 수메르 대리석 두상 등 최고의 귀중품들이 사라졌다는 비난도 그치지 않았다.

당시 미국은 아프가니스탄을 침공하기 전, 탈레반이 고대 불교유적인 '바미안 석굴' 을 파괴한 야만성을 세계에 폭로함으로써 아프카니스탄 공격에 정당성을 부여했는데 그들 역시 이라크가 갖고 있는 세계의 문명 유적을 파괴했다는 것은 이율배반적이라는 지적이다. 물론 미국은 '전쟁 시 문화 · 종교 유적을 공격 목표로 삼지 못한다' 고 명문화 한 헤이그 협정(1954년)에 아직도 가입하지 않았으므로 오리발을 내밀 빌미는 갖고 있는 셈이다.

다행히 소요가 진정되자 이라크는 도난당한 유물은 1,000여 점에 불과하고 유물 대부분은 박물관 지하 수장고에 안전하게 보관되어 있다고 발표했다. 예상과 달리 이라크 국립박물관의 피해가 적은 이유는 전쟁 전에 문화재

우르에서 발견된 '덤불 속의 숫양'(좌)과 슈브 아드 여왕의 묘에서 발견된 공후(오른쪽).

행정 담당자들이 주요 소장품을 지하실에 옮겼기 때문으로 알려졌다. 오스만제국 시대의 주요 문서와 희귀 고서들이 연합군의 공습으로 일어난 화재로 대부분 멸실되었다고 알려졌으나 이들 역시 안전한 장소에 이송됐다고 보도되었다. 일부 유물들은 박물관 직원들이 전쟁 중에 집에 보관했다가 다시 반환하기도 했다. 유명한 와르카 항아리는 기원전 3200년경에 제작된 것으로 메소포타미아 문명 최초의 종교 제례 모습이 담겨있는데 약탈자가 반환하기도 했다.

중요한 인류 유산들의 피해가 예상보다 적은 것은 다행이지만 사담 후세인이 첨단 무기를 앞세운 미국과 영국에 맞서서 대항한 큰 이유 중 하나는 이 지역의 역사 속에 있다. 자신이야말로 세계를 호령했던 바빌론의 유명한 네

수메르의 아부 신전에서 출토된 조상들. 커다란 눈은 무엇인가를 응시하는 듯한데, 신체의 자연스러운 움직임이나 사실적인 묘사보다는 큰 눈을 통한 종교적인 교감을 표현하고자 했다.

부카드네자르 왕(기원전 605~562년)의 후손으로 바빌론의 영광을 되살리기 위해서라도 적과 맞서 용감하게 싸워야 한다는 것이다. 특히 십자군 전쟁의 영웅으로 예루살렘을 탈환한 살라딘이 태어난 곳과 같은 티그리트에서 태어난 후세인으로서는 물러설 수 없는 싸움이었다. 그는 늘 아랍의 영광은 아랍인들이 지켜야한다고 역설했다.

후세인은 사람은 살아 있을 때가 아니라 죽어서야 비로소 평가를 받으며 자신은 선조인 네부카드네자르와 같은 평가를 받고 싶다고 했다. 아울러 아랍인, 즉 메소포타미아의 긍지를 외국인의 손에 잃지 않겠다고 역설했다. 메소포타미아 문명지에서 태어난 것을 영광으로 여기며 그 문명지를 욕되게 외국인에게 넘겨주지 않는 것이야말로 아랍인의 긍지요 자존심이라는 주장이다.

연합군에 절대적으로 열세한 무기를 갖고 있음에도 연합군을 격퇴할 수 있다는 자신감을 보이는 그의 행동이 무모해 보이지만 끝까지 혈전을 이어갈 수 있었던 이유는, 세계 최고의 문명국에 태어난 문명인으로서의 자존심

지구라트로 행진하는 수메르인 상상도.

이 있었고 그들이 믿고 있는 신, 즉 알라신이 뒤에 있다고 믿었기 때문이다. 더욱이 영토를 침략한 적과 싸우는 것은 지하드Jihad(성전)와 같으며 싸우다 죽으면 순교자가 되어 천국에 갈 수 있다고 장병들을 독려했다.

전쟁의 결론만 놓고 보면 후세인은 자신의 장담을 실천에 옮기지 못하고 막강한 화력의 미국과 영국 연합군에 단 한 달도 버티지 못하고 무너졌다. 또한 그가 원하는 후세의 정치적인 평가는 그의 사생활이 공개되는 등 부정적인 이미지가 퍼지면서 치명상을 입었다는 평가도 있다. 아무튼 이라크가 4대 문명의 발생지라는 점을 생각하면 후세인의 공언이 어느 정도 이해되는 측면은 있다.

아시리아

아시리아라는 고대 제국의 역사가 알려지기 시작한 것은 그들의 근거지인 메소포타미아에서 발굴된 유적 때문이 아니라 이집트의 텔 엘 아르마나 유적에서 발견된 편지 때문이다. 카시트의 부르나부리아시 왕은 당시 고대 세계의 혼합어였던 아카드어로 이집트의 이크나톤 파라오에게 편지 한 통을 보냈다. 이 편지에서 부르나부리아시는 아시리아의 지배자인 아슈르발리트가 파라오에게 사신을 보낸 것은 건방진 태도라고 분개하며, 카시트가 점령한 바빌로니아는 아시리아를 속령으로 간주하고 있으니 아시리아의 사신을 맨손으로 돌아가게 해달라고 부탁하고 있다.

그러나 부르나부리아시가 이집트의 이크나톤에게 쓴 편지에 언급되고 있는 기원전 14세기경의 아시리아는 강대한 나라였다. 아시리아로서는 바빌로니아에 종속되었다는 사실을 인정할 생각이 전혀 없었다. 물론 아시리아에도 역사의 부침은 있었다. 함무라비 시대 직전에는 메소포타미아 북부의 태반을 정복한 강국이었지만 계속 쇠퇴를 거듭하다가 기원전 1400년경부터 회복되기 시작해 아슈르발리트 치세 때에는 국력이 급상승해 있었다. 카시트

왕이 이집트 파라오에게 보낸 편지는 이러한 아시리아를 견제하기 위해 아시리아 사신들을 박대하라고 요청한 내용이었던 것이다. 아무튼 이후 아시리아와 바빌로니아는 화해한 적도 있었지만 대립 상태가 길게 이어졌다. 그리고 아시리아는 마침내 메소포타미아의 패권을 차지하게 된다.

니네베의 인물상.

기원전 12세기경, 아시리아의 걸출한 영웅인 티글라트 필레세르 1세가 태어났다. 그는 왕위에 오르자 왕국의 골칫거리였던 아나톨리아(지금의 터키 지방)의 유목민을 정복하고 시리아를 비롯한 지중해 여러 나라들로 하여금 조공을 바치게 했다. 그는 당시 수도였던 아슈르에 웅장한 지구라트와 신전을 세웠고, 대규모의 도서관을 설치하여 많은 문학작품을 소장하도록 했다. 그 외에도 티글라트 필레세르 1세는 새롭게 건설한 니네베를 나무로 뒤덮이게 하려고 티그리스 강의 지류로부터 물을 끌어들이고, 농업 개혁을 이루는 등 주민의 복리를 위해 일했다고 자랑스럽게 기록하고 있다.

그러나 티글라트 필레세르 1세가 후대의 역사에 알려지게 된 계기는 그의 잔혹한 유혈 정책 때문이었다. 아시리아의 이미지는 공포와 고통을 주는 야만성으로 대표되는데 그 원조가 바로 티글라트 필레세르 1세이다. 그의 비문은 피비린내가 넘치는데, 니네베의 북쪽에 있던 아나톨리아인과 동맹군에 대해 거둔 승리를 기록한 대목은 상상을 초월한다.

> 나는 병사 2만 명과 그들의 왕 다섯 명과 싸워 이들을 크게 물리쳤다. 나는 그들의 끈적끈적한 피를 골짜기의 산봉우리에 흘리게 했다. 그들의 목을 베고 그들의 도시 주변에 그 목들을 마치 곡물의 산더미처럼 쌓아 올렸다. 나는 그들의 도시를 불사르고 파괴하고 무無로 돌아가게 했다.

그러나 티글라트 필레세르 1세의 업적은 곧 위기에 처했다. 그의 압제가 얼마나 심했는지 그가 죽자마자 각지에서 반란이 일어났고 아시리아는 패배에 패배를 거듭하였다. 그의 광대한 영토는 순식간에 와해되고 한때 고작 12,800제곱킬로미터로 축소되기까지 했다. 그러나 아시리아는 오뚝이와 같았다. 기원전 10세기가 지날 무렵에는 아다드니라리 2세의 원정으로 그가 사망할 즈음에는 메소포타미아 북부 지역의 태반을 차지할 정도로 강력한 제국이 되었다. 아시리아의 왕으로서 유명한 사람은 바빌론을 재건하고 공중정원을 직접 건설했다는 아시리아의 정복자 세미라미스가 있다.

전설처럼 사라진 아시리아

기원전 8세기 중반, 티글라트 필레세르 3세(구약성서에서는 풀이라는 이름)는 다시금 아시리아를 세계 사상 유례없는 대제국으로 부상시킨다. 그가 예전의 아시리아 왕들과 다른 점은 인근 국가들과의 전투에서 전리품을 획득하는 것이 아니라 영속적인 정복을 지향하며 직접 통치했다는 점이다. 그는 정복한 영토를 속주로 편입하고 강력하고 능률적인 행정기구를 도입했다.

그가 제일 먼저 도입한 방법이 역참제도이다. 영토가 넓을수록 상부의 명

티글라트 필레세르 3세. 아시리아의 왕으로 바빌로니아의 여러 도시를 평정하고 북방의 우라르투국을 토벌하는 등 크게 세력을 떨쳤다.

령이 곧바로 전달되는 것이 긴요했다. 신속한 역참제도는 정보를 재빨리 전달하는 것도 있지만 속주에서 공물의 흐름이 중단되지 않도록 하는 목적도 있었다.

아시리아가 자랑하는 것은 군대였다. 군대는 기병대와 전차대, 경보병, 중보병, 기술지원 부대에 첩보부대까지 있었다. 병력은 보병이 170만 명이며 기병은 20만 명, 전차 1만 6,000대로 상상을 하기 어려울 정도였다. 예언자 이사야는 "그들이 사자처럼 바다처럼 으르렁거리며 달려와 지나는 곳마다 슬픔과 어둠을 남겼다"라고 한탄했다. 이 전력을 유지하기 위해 필레세르 3세는 군대를 대규모 상비군으로 편성하였다. 광대한 영토를 관리하기에는 인원이 적지만 우두머리는 아시리아인이 차지하고 각 속주에서 징집된 병사들로 채워져 항상 사상 최강의 군대를 유지했다.[8]

필레세르 3세의 손자 센나케리브는 고대에서 가장 아름다운 도시로 알려

티클라트 필레세르 3세의 궁전에서 나온 석판.

진 니네베를 다시 재건한다. 웅장한 궁전과 사원들을 둘러싼 성벽은 23미터의 높이에다 수레 세 대가 달릴 만큼 넓었고(9.6미터), 성벽 전체를 해자(인공 못)로 둘러쌓았다. 성문은 다섯 개이고 망루는 무려 1,500개나 되었다.

그러나 센나케리브가 역사에 이름을 알리게 된 계기는 팔레스티나와 바빌로니아의 반란 세력에 대해 취한 그의 태도이다. 구약성서 「열왕기」에 당시의 상황이 잘 기록되어 있다. 그는 팔레스티나를 습격하여 46개의 도시를 점령하고 약 20만 명의 주민을 전리품으로 사로잡았다. 이스라엘왕국의 남부 수도인 예루살렘도 포위되어 항복하자 아시리아는 예루살렘을 묵인하는 대신 엄청난 보상금을 요구했다. 센나케리브는 다음과 같이 적었다.

나는 예전에 갖고 온 공물에 어울리는 선물을 추가토록 했다. 나의 수도인 니네베까지 아래 것을 사절단이 휴대토록 했다. 금 30탈렌트, 은 800탈렌트, 상아로 된 침대 의자, 그의 딸들, 그의 하렘, 남자 및 여자 가수…….

센나케르브도 자신이 점령한 바빌론에 대한 잔혹한 행동으로 유명하다. 아시리아 왕들은 바빌로니아의 문명에 매료되어 항상 관대했으나 센나케르브는 달랐다. 그는 바빌론을 완전히 파괴했다. 그의 파괴가 얼마나 철저한지 다음과 같은 글에서 알 수 있다.

나는 그곳 주민의 시체로 시의 광장을 메웠다. 거리와 집들을 그 토대에서 꼭대기까지 파괴하고 불을 질렀다. 신전들과 신들, 벽과 외벽 모두 파괴했다. 나는 시의 중앙에 유프라테스 강으로부터 운하를 끌어 온통 물이 넘치게 하여 그곳을 들판처럼 만들었다.

이제 아시리아 제국에 대항할 수 있는 다른 제국은 이집트뿐이었다. 전통적으로 이집트와 아시리아는 우호 관계를 맺고 있었으나 아시리아가 강대해지기 시작하자 이집트가 불안을 느끼기 시작했다. 이집트의 파라오는 아시리아의 군사 및 경제적 위협에 대항하기 위해 아시리아 속국에서 반란이 일어나도록 책동하고 대규모 군대를 파견하기에 이르렀다.

결국 671년 센나케리브의 아들 에사르하돈이 이집트 침공에 나선다. 그

센나케리브 왕의 돌팔매 부대 전투도. 사르곤 왕조를 연 아버지 사르곤 2세의 사후 즉위한 센나케리브 왕은 바빌론을 철저히 파괴하고 예루살렘을 공격했다. 또한 고대 도시 니네베를 재건해 수도로 삼았다.

러나 세계의 중심지요 가장 찬란한 문명을 갖고 있던 이집트도 아시리아의 적수는 아니었다. 북이집트의 수도 멤피스는 불과 하루 반 만에 함락되고 이집트는 16년에 걸쳐 아시리아의 속주로 격하된다. 아시리아의 영광은 절정에 달했다. 에사르하돈은 다음과 같이 자랑했다.

> 나는 정말로 강력하다. 모든 왕 중에서 나와 견줄 자는 아무도 없다.

그가 후계자인 아슈르바니팔 왕에게 남긴 제국은 그야말로 광대했다. 이집트의 나일 골짜기에서 아르메니아 코카서스 산맥에 이르기까지 거리로 따

잔혹함의 대명사였던 아시리아 군. 전쟁터에서 벤 적의 머리를 전리품으로 모으고 있다.

져 1600킬로미터나 되는 광대한 영토다. 그러나 이것이 아시리아 제국의 아킬레스건이 되었다. 아시리아는 이 넓은 지역을 직접 통치하려 했는데 오히려 그것이 짐이 되었다. 긴 국경을 지키면서 계속 일어나는 반란을 평정해야 했기 때문이다.

더구나 아시리아는 잔혹함의 대명사였으므로 전 제국 내에서 아시리아를 전복시키고자 하는 저항 세력들이 호시탐탐 기회를 노리고 있었다. 기원전 7세기 중반 아슈르바니팔 왕이 사망하자 더는 반란군들을 진압시킬 수 없었다. 아시리아의 말로는 처참했다. 그때까지 거의 이름이 없던 신흥 민족인 이란 고원의 메디아인이 바빌로니아의 칼데아인과 연합하여 아시리아를 공격했고 그들은 니네베와 아슈르 등 많은 도시를 파괴하는 데 성공한다.

새로운 정복자는 아시리아 자체를 역사에서 완전히 지워버리려고 했다. 어찌나 철저하게 파괴했는지 아시리아라는 제국이 역사에 정말로 있었는지

성벽을 부수는 아시리아 군의 공성 병기

조차 의문이 들 정도로 아시리아에 관한 것이면 모두 파괴했다. 그러나 정복자의 노력은 성공하지 못했다. 아시리아 제국 자체를 파괴하는 데는 성공했지만 아시리아와 외국과의 교류 사실조차 파괴할 수는 없는 일이었다.

부활한 아시리아

사상 최강의 아시리아는 612년 연기와 같이 사라졌다. 바빌로니아 연합군이 쳐들어오자 아슈르 우발리트 왕이 궁에 불을 지르고 자신도 불길에 몸을 던졌다는 기록이 마지막이다. 아시리아가 멸망하자 고대 문명 사상 가장 아름다운 도시라는 아시리아의 니네베는 폐허로 변했다. 뜨거운 사막의 모래와 먼지 구름이 폐허를 덮고 왕궁은 큰 둔덕으로 변했으며 그 위로는 식물들이 자라났다. 19세기까지도 세계 4대 문명의 하나인 메소포타미아를 최초로 제패했던 고대 제국 아시리아의 유적은 아무것도 발견되지 않고 있었다.

아시리아는 멸망한 후 더는 역사에 나타나지 않으므로 성경에 적힌 아시리아가 정말로 존재한 국가였는지조차 의심될 정도였다. 당연히 수도로 불리었던 니네베도 이스라엘인들이 자신의 역사를 부각시키기 위해 만든 가공의 도시일지 모른다고 생각했다. 그러나 성경의 구절을 진실로 믿고 있는 사람들은 니네베가 실재했던 도시라는 사실을 믿어 의심하지 않았다. 성경에는 무려 152군데에 니네베라는 말이 나온다. 문제는 증거였다.

1840년에 티그리스 강변 모술 시(지금은 이라크 영토)에 프랑스 영사관이 들어서고, 1842년에는 의사인 에밀 보타가 영사로 부임해 왔다. 그는 전 세계를 돌아다니며 청년기를 보냈고, 이집트 알렉산드리아의 영사관에서 잠시 근무한 적도 있었다. 모술은 페르시아 만의 바스라와 터키를 잇는 교통의 요

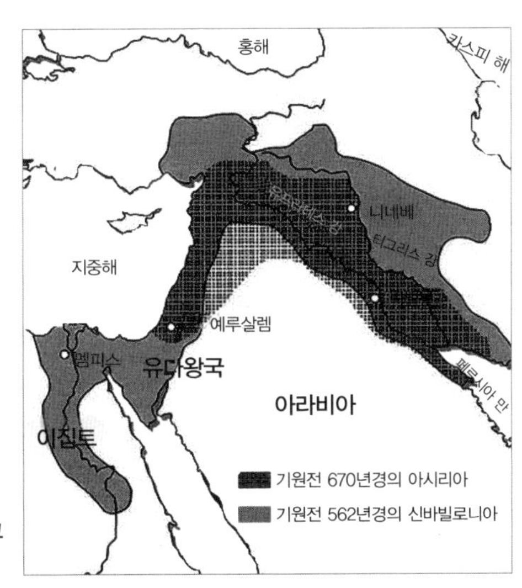

아시리아의 영토와 아시리아를 멸망시키고 들어선 신바빌로니아의 영토.

지여서 강국들이 다투어 진출하고 있었다. 모술 시 강 건너편에는 니네베라는 마을이 있었고 곳곳에 둔덕이 있었다.

보타는 고고학자는 아니었지만 니네베에 있는 쿠윤지크라는 언덕을 발굴해 보기로 했다. 그가 언덕을 발굴하려고 한 이유는 독일 학자 몰이 모술 인근은 고대 메소포타미아문명이 있던 곳으로 산재한 언덕들을 파보면 엄청난

아시리아 제국 님루드의 도성을 지키던 라마수. 사람 얼굴에 황소의 몸과 새의 날개를 합쳐놓은 라마수는 초자연적인 힘으로 악귀를 쫓는 수호신이었다.

유적을 발견할 대단히 좋은 기회가 될 수도 있다고 부추겼기 때문이다. 그는 또 가능하면 사라진 아시리아의 니네베를 찾아보라고 힘주어 강조했다.

보타는 쿠윤지크 언덕을 파내려갔다. 그러나 1년이나 팠는데도 아무것도 발견할 수 없었다. 보타가 실망하고 있을 때, 하루는 인근 지역인 코르사바드에 살던 한 아라비아인 염색공이 무엇을 찾느냐고 물어왔다. 이에 보타가 고대 유물을 찾고 있다고 하자 그는 자기 마을에는 그런 것들이 수없이 많이 있다고 알려주었다.

보타는 발굴 장소를 코르사바드로 옮겼다. 그러자 곧 턱수염과 날개가 달린 라마수로 불리는 아시리아의 유명한 인면수신상人面獸身像을 발견할 수 있었다. 이집트의 유물에 대해 약간의 지식을 갖고 있던 보타는 자신이 이집트와는 전혀 다른 새로운 문명의 흔적을 발견했다는 사실을 알아차렸다. 1843년 5월 24일, 그는 아시리아 전성기의 유물들을 찾았다고 프랑스 파리에 알렸다.

그의 발굴 소식은 곧바로 프랑스를 열광의 도가니로 몰아넣었다. 그러나 보타의 발견을 가장 반긴 사람은 성서학자들이었다. 그 당시까지만 해도 성서에 무려 152번이나 등장하는 아시리아는 전설의 국가에 지나지 않았는데 보타의 발견이 사실이라면 성서 기록이 옳다는 것이 증명되기 때문이었다.

보타가 발견한 궁전은 기원전 709년에 세워진 니네베의 여름 궁전이었다. 성벽 안에서는 수많은 방과 정원, 조상과 부조들이 쏟아져 나왔다. 그릇도 있었고 무기도 나왔다. 이 발굴품들은 보타에 의해 프랑스로 보내져 현재 루브르 박물관에 자랑스럽게 전시되어 있다.

보타는 외교관이었지 정통 고고학자는 아니었으므로 실제로 니네베를 발굴한 사람은 영국인 헨리 레이어드 경이었다. 부유한 가정에서 자란 그는 파리에서 태어나 아버지를 따라 이탈리아, 영국, 스위스를 옮겨다니며 자랐고

복원 중인 니네베의 궁성.

여러 나라의 언어에 능통했다. 또한 그림에도 재주가 있어서 아버지와 함께 미술품을 보는 안목을 키웠다. 원래 법률을 공부했던 그는 런던에 있는 친척의 변호사 사무실에서 6년을 근무하고 정치에도 손을 댔지만 보헤미안 기질이 있는 그에게 이런 일들은 맞지 않았다. 그래서 휴가 기간에는 법률 공부 대신 러시아, 폴란드, 핀란드 등 유럽 거의 전 지역을 방문하면서 지식을 습득하려고 했다.

이때 세일론(스리랑카)의 고위 관리였던 그의 삼촌 찰스가 그에게 세일론에서 변호사 일을 하지 않겠느냐고 제안했다. 레이어드가 흥미를 느끼자 삼촌은 사업가인 32세의 젊은 에드워드 미트포드를 소개했다. 미트포드는 세일론에서 커피농장을 개척할 예정이므로 레이어드와 같은 법률을 아는 지식인이필요했다. 죽이 맞은 두 사람은 함께 세일론으로 가기로 결정했다. 그런

니네베 복원도.

데 미트포드가 자신은 배멀미가 심하다며 해로로는 가지 못하겠다고 했다. 결국 두 사람은 유럽에서 콘스탄티노플까지 가서 시리아 · 예루살렘 · 바그다드를 거쳐 페르시아 · 인도 · 세일론으로 가는 육지 여행을 택했다. 이 길은 현재도 이용되는데 런던에서 버스를 타고 콜카타로 가는 직행로가 운영되고 있다.

1839년만 해도 외국 여행이 만만치 않은데 레이어드는 동양에 가본 적이 없는 데다 언어도 모르고, 특히 말을 타본 적도 없었다. 다행하게도 그는 이 와중에서도 변호사 시험에 합격했고 세일론으로 가기 위해 측량술도 배우고 동양에 해박한 사람들을 찾아 조언도 구했다. 많은 사람이 이 무모한 여행을 만류했으나 그들은 개의치 않고 1939년 7월 런던을 떠났다. 사실 이 일이 레이어드에게 행운을 갖다 주었다. 미트포트의 배멀미가 아니었다면 고고학사에 길이 남을 업적을 거두지 못했을 것이기 때문이다.

메소포타미아 문명의 실체를 밝히는 데 결정적인 공헌을 한 헨리 레어드.

아무튼 레이어드와 미트포드는 1840년 모술에 도착했다. 이곳에는 나지막한 산들이 있었는데 주변의 길이는 약 6.5킬로미터였다. 분명 사람의 흔적이 있었다. 언덕에는 수많은 도기 파편과 흙벽돌 조각들이 있었다. 바로 훗날 세계를 놀라게 한 쿠윤지크 언덕이다. 이 언덕은 레이어드에게 깊은 감동을 주어 미트포트에게 2주일간 출발을 연장해달라고 부탁 했다. 그동안 그는 근방에 있는 다른 유적지를 방문했다.

당시에 모술에서 바그다드에 이르는 길은 티그리스 강에서 양가죽 50장으로 통나무를 엮어서 만든 뗏목을 타고 내려가는 것이다. 티그리스 강을 따라서 그들이 뗏목을 타고 내려간 480킬로미터의 여행길은 몇 천 년 동안 사용되던 물길이었다. 그들은 모술 남쪽 32킬로미터 지점에서 거대한 도시 님루드의 유적지를 지났다. 이를 본 레이어드는 자신이 이 신비의 도시들을 발굴해야겠다고 결심했다.

바그다드에 도착한 레이어드 일행을 환영해준 것은 영국 측 관리인 테일러 대령이었다. 바그다드에는 2달간 머물렀는데 당시 테일러의 도서관에는 쐐기문자에 관한 자료가 있었다. 설형문자는 약간 후대인 1857년 롤린슨에 의해 완벽하게 해독되지만 이 당시에도 어느 정도 쐐기문자가 해독되었으므로 기초적인 정보를 확보한 레이어드는 다시금 님루드 발굴에 나설 것을 결심했다. 결국 미트포드와 레이어드는 헤어지고 레이어드는 그 뒤로 세일론에 도착하지 못했다.

설형문자 해독은 세계사에 매우 큰 영향을 끼치므로 간략하게 부연하여 설명한다. 점토판의 설형문자는 1857년 롤린슨과 힝크스 목사가 완벽하게 해독하여 수수께끼에 싸였던 아시리아문명의 실체를 밝혔다. 설형문자는 이집트의 상형문자와는 달리 완전히 망각되었던 고대 문자이다. 18세기에 들어 유럽인들이 메소포타미아를 방문하여 기묘한 문자를 보고 해독을 시도하기 시작했다. 그 중에 한 사람이 K. 니부르였다. 그는 폐허가 된 페르세폴리스의 토대 주위에 새겨진 이 문자를 복사한 후 세 종류의 언어가 있다는 것을 발견했고 그 가운데 문자 수가 적은 것이 고대 페르시아어 임을 밝혔다. 페르시아 설형문자를 처음으로 해독한 사람은 독일인 G. F. 그로테펜트로 그는 약 40개의 문자 기호를 기본적으로 해독하였다. 하지만 그로테펜트가 제출한 보고서는 그가 대학교수가 아니라는 이유로 묵살되었다(그의 발견이 인정된 것은 무려 90년 후의 일이다).

1810년에 태어난 롤린슨은 16세 때, 동인도회사의 사원으로 인도에 가서 동양의 언어를 배우기도 했고 각지를 여행하다가 1835년 페르시아 왕실의 군사고문이 되어 베히스툰이라는 바위산의 암벽에 새겨진 설형문자를 발견, 그 일부를 복사했다. 평소에 어학 실력이 뛰어났던 롤린슨은 그로테펜트의 작업을 모른 채, 고대 페르시아 문자를 읽는 데 성공했고 복잡한 바빌로니아 문자의 구성도 어느 정도 파악했다.

그러나 바빌로니아 문자의 해독에 가장 크게 공헌한 사람은 메소포타미아 지역을 한 번도 방문하지 않은 아일랜드 태생의 E. 힝크스 목사였다. 그가 바빌로니아 문자를 해독할 수 있었던 것은 바빌로니아어와 같은 계통의 히브리어와 시리아어를 숙지하고 있었기 때문이다.[9]

헨리 레이어드에게 따른 행운

고대 유적을 발굴한다는 것은 아이디어 차원에서 끝낼 일이 아니다. 특히 레이어드와 같은 가난한 개인의 힘으로는 역부족인데 그에게는 남다른 행운이 따라다녔다. 그가 바크티아리 유목민들과 함께 1년을 머물면서 고대 도시를 조사하는 도중 한 유목 족장의 포로가 되었는데 다행하게 탈출하여 바그다드에 도착할 수 있었다. 당시 이들 지역에 대한 정보는 거의 백지상태이므로 테일러 대령은 그를 콘스탄티노플에 있는 영국대사 스트래포드 캐닝에게 보냈다. 그는 콘스탄티노플을 가는 도중에 모술을 거쳤는데 이곳에서 프랑스의 영사 보타를 만났다. 레이어드는 보타와 함께 쿠윤지크 언덕들을 탐사하면서 시간을 보냈다. 이때 이미 보타는 쿠윤지크 언덕을 발굴하고 있었지만 아무것도 찾지 못한 상태였다.

콘스탄티노플에 도착한 레이어드는 캐닝을 만났다. 그런데 레이어드가 바크티아리에서 포로로 있을 동안의 이야기를 들은 캐닝이 그에게 큰 관심을 보이면서 그를 몇 달 동안 무급 개인 조수로 활용하겠다고 했다. 레이어드에게 맡겨진 임무는 바크티아리에서 탈출할 정도의 인물에 걸맞는 매우 은밀하고 위험한 일이었는데 그는 이를 매우 적절하게 처리하여 캐닝을 기쁘게 했다. 캐닝이 자신을 신임하고 있다는 것을 파악한 레이어드는 고대 아시리아인들의 유적지인 모술과 님루드를 발굴케 해달라고 요청했다. 놀랍게도 캐닝은 그에게 두 달 동안 발굴 작업을 할 수 있는 자금을 지원했는데 한 가지 조건은 은밀하게 해야 한다는 것이었다. 즉 지원자가 공직자인 영국대사 캐닝이라는 사실을 발설하지 말라는 것으로 캐닝이 왜 이 발굴 작업에 자금을 대기로 했는지는 알 수 없지만, 일반적으로 발굴품을 영국으로 가져가면 엄청난 가격으로 팔 수 있기 때문이었을 것으로 추정한다.

1845년 레이어드가 모술의 님루드 언덕을 발굴하기 시작했는데 삽질을 시작한 지 채 몇 시간이 안 되어 석판이 발견됐다. 아시리아문명이 본격적으로 현대인들의 눈에 나타나기 시작한 것이다. 그 뒤로 수많은 조상과 부조가 끊임없이 쏟아져 나왔다. 님루드의 언덕은 아슈르나시르팔의 궁전이었다. 이 발굴은 레이어드로 하여금 고고학계에서 보타의 명성을 앞서게 했다.[10]

레이어드는 다음 발굴지를 보타가 처음 시도했다가 실패한 쿠윤지크로 정했다. 보타는 실패했지만 레이어드는 달랐다. 쿠윤지크 언덕은 아시리아에서 가장 강력한 전제군주 중의 한 명인 센나케리브(기원전 704~681년)의 왕궁이 묻혀 있는 곳이었다. 여기서 레이어드는 센나케리브의 아들 아슈르바니팔 왕이 건설한 도서관을 발견했고 진흙으로 빚은 점토판에 쐐기 모양 글

헨리 레이어드가 님루드에서 발굴한 라마수를 옮기고 있는 모습.

씨가 새겨진 책들을 찾았다.

도서관이라는 표현은 결코 과장이 아니다. 레이어드가 발견한 도서의 총 수는 무려 3만 권에 달한다. 도서관의 장서는 조직적으로 수집된 것이며 대부분 전국에서 만들어 올린 사본이었다. 『신 · 묘 · 학자』에는 아슈르바니팔이 신하들에게 다음과 같이 명했음을 기록했다.

> 짐의 서한을 받은 날에, 슈마와 그 형제 벨에티일과 알바, 그리고 너희가 아는 보르싯파의 공인工人들을 불러 모아 그들의 집에 있는 점토판과 에지라의 신전에 있는 헌납된 모든 점토판을 모아라. 아시리아에 사본이 없는 귀중한 점토판을 찾아 짐에게 보내라. 짐은 지금 보르싯파의 신전관리자와 시장에게 서신을 보내노라. 너 샤다느는 점토판을 네 창고에 보관하라. 모든 백성들로부터 점토판을 거두어들여라. 왕궁에 관한 정확한 사실을 기록한 점토판과 제사의 축문을 발견했으면, 이를 거두어들여 짐에게 송부하라.

아슈르바니팔은 자신이 할 수 있는 모든 방법을 동원했는데 그 양과 기록된 내용은 현대 학자들도 놀랄 정도였다. 당시의 최첨단 지식이라고 볼 수 있

사자를 사냥하는 아슈르바니팔 왕. 왕위 계승을 둘러싼 내분으로 국력은 피폐해졌지만, 다른 아시리아의 왕들과는 달리 스스로 문자를 해독했고 문학과 예술을 애호해서 니네베에 대도서관을 짓는 업적을 남겼다. 이곳에 보관된 점토판들은 아시리아 연구에 중요한 자료가 된다.

는 부적과 예언과 의식에 관한 내용이 많지만 의학 · 철학 · 천문학 · 수학 · 왕가의 계보 · 신화 · 전설 · 서사시 · 정치에 관한 왕가의 문서 등 전 분야에 걸쳐서 수집되어 있었으며 외국어 교육을 위한 사전까지 있었다. 유명한 「길가메시 서사시」도 이 목록 중의 하나였다. 레이어드의 발굴은 트로이를 발견한 슐레이만에게 큰 자극이 되었다. 슐레이만은 "레이어드가 동화와 같은 니네베를 찾았는데 나라고 전설 속의 트로이를 못 찾는다는 법이 없다"라고 말했다고 전해진다.

리디아

유럽의 신전하면 그리스의 파르테논을 연상하는 사람들이 많이 있다. 그런데 고대인들이 파르테논 신전보다 더욱 인상 깊게 느낀 신전은 터키에 있는 에페수스 신전이다. 에페수스 신전이 고대인들에게 얼마나 깊은 인상을 주었는지는 기원전 3세기 필론이 뽑은 '세계 7대 불가사의' 중 하나로 선정되었다는 것으로도 알 수 있다.

사료에 의하면 에페스(에페수스)의 건설자는 아테네 왕 코드루스의 아들인 안드로클로스다. 그는 신탁이 예언해준 생선과 야생 곰이 안내한 카이스테(작은 멘테레스 강)가 바다로 유입되는 해안가에 에페수스를 건설했다. 에페수스는 '대지의 여신의 도시' 란 뜻으로 아르자와의 왕국에 있는 도시의 이름인 '아파사스' 에서 유래되었다고 한다.

이들은 처음에 토착민으로부터 강력한 저항을 받았으나 결국 그들을 복종시키고 아나톨리아에 정착할 수 있었다. 이들이 건설한 도시들은 프리네, 밀레투스, 테오스, 키오스, 클라조메내, 미우스, 사모스, 포카에, 레베두스, 에페수스 등이다.

헤로도토스에 의하면 이들은 모두 같은 언어를 사용했으나 네 개의 서로 다른 방언을 사용했다고 한다. 이오니아의 도시들은 초기에는 왕들이 지배했으나 후에는 몇몇 사람이 국가를 지배하는 과두정치로 변모했고 세월이 지나면서 유명한 민주주의의 기틀을 세운다. 당대에도 유력한 지역은 그리스와 아나톨리아인데 그들이 섬기는 신은 서로 달랐다. 그리스는 아테네 여신을 섬겼지만 아나톨리아에서는 아르테미스를 섬겼다.

크고 작은 수많은 만灣들이 산재한 서부 아나톨리아의 해안선은 해상 교역을 위한 천혜의 장소였다. 포에니아인들은 해상무역을 독점했는데 심지어는 50여 척의 배로 이집트와 무역을 하고 흑해와 마르마라 해에는 식민지를 개척하기도 했다. 그들은 후에 이탈리아, 스페인 그리고 프랑스 남부 해안까지 세력을 확장했다.

고대 그리스의 유적인 아폴론 신전의 주주랑. 이오니아식 이중 주주식周柱式 구조로 되어 있다.

이오니아가 모든 지중해 지역에서 가장 중요한 지역으로 부각된 이유는 신탁의 중심지인 디디마 신전이 있기 때문이다. 또한 리디아인들은 6~7세기에 금(60퍼센트)과 은(40퍼센트)을 혼합해서 만든 동전을 도입했다. 또한 이 지역에서 최초의 독재 정치가 시작되었는데 '독재Tyrant' 란 말은 리디아에서 온 것이며 '군주Lord' 를 뜻한다.

에페수스

리디아가 세계사에서 중요하게 간주되는 이유는 '세계 7대 불가사의' 중 하나인 에페수스가 그들의 영토 안에 있었기 때문이다. 에페수스는 소아시아에 있는 고대 이오니아 지방의 열두 개 도시 중 하나로 소아시아 내에서 가장 중요한 상업의 요충지였다. 그래서 항상 주변 세력으로부터 침략을 받았는데 뛰어난 상술과 정치적 수완을 발휘해 자신들의 권리와 영향력을 지켜나갈 수 있었다.

기원전 550년부터 당시 소아시아에서 가장 강력한 제국 중의 하나로 부상한 리디아의 왕 크로이소스(재위: 기원전 560~546년)가 에페수스를 점령하였다. 크로이소스는 상업의 요충지에 자리잡은 자부심이 강하기로 유명한 에페수스인들을 회유하기 위해 새로운 신전을 건축하도록 명령했는데, 이것이 아르테미스 신전이다.

크로이소스는 당대의 최고 예술가인 스코파스, 프락시텔레스, 폴리클레이토스, 피디아스, 클레실라스, 시돈 등을 동원했다. 유명한 알렉산드로스의 궁정화가 아펠레스는 신전 내부에 〈아프로디테 아나디오메네〉라는 그림을 그렸다.

아르테미스 신전은 그리스 시대에 만들어진 가장 큰 신전이자 대리석으로 만든 최초의 신전이기도 하다. 높이 18미터의 기둥 127개나 사용한 길이 120미터, 폭 60미터의 대형 건축물로 그 위용을 자랑한다. 현대인에게도 위압감을 주는 그리스 아테네의 파르테논 신전의 길이가 69.5미터, 폭 30.8미터, 높이 10미터 정도로 대리석 기둥을 58개 사용했다는 점에 비추어 보면 아르테미스 신전이 얼마나 큰 규모였는지 쉽게 짐작할 수 있다. 신전의 자재는 아름답고 순도 높은 백색 대리석만 사용했으며 중앙의 넓은 홀은 네 방향에서 대리석 계단을 딛고 올라갈 수 있도록 했다.

아르테미스 신은 그리스 신화에서 제우스와 레토의 딸로 등장하는데 아폴론과는 쌍둥이 남매간이다. 아폴론은 태양의 신이고 아르테미스는 달의 여신이다. 순결 · 정절의 상징으로 처녀의 수호신이지만 신화 속에서 아르테미스는 다소 이율배반적인 성격이다.[11]

아르테미스는 처녀 사냥꾼으로 산과 들에서 사슴을 쫓는 활의 명수로 복도 주고 화도 주는 인물로 그려진다. 그러므로 고대의 지모신地母神이라는 설과 함께 '벌의 여신' 이라고도 전해지는데 에페수스의 동전 한 면에 아르테미스의 상징으로 여왕벌이 부조되기도 했다. 또한 아폴론이 남자들의 갑작스러운 죽음을 초래한다고 여겨졌듯이, 아르테미스는 산욕産褥을 치르는 여자를 고통 없이 그 자리에서 죽게 해주었다고 한다. 그래서 일부 지역에서는 마녀인 헤카테(마술과 주문을 관장하는 여신)와 동일시되거나 밀접한 관계가 있다고 여겨졌다.

아르테미스가 다른 신과 다른 점은 여자의 세 단계를 한몸에 갖고 있다는 점이다. 즉 아르테미스는 처녀면서 부인이고, 어머니로 여겨진다. 호머는 아르테미스에 대해 다음과 같이 적었다.

> 모든 자연은 이 원초적인 여신에 속해 있다. 대지가 과일과 꽃을 생산해 내는 것은 바로 아르테미스의 명령에 따라서다. 그녀는 모든 사물과 공기, 대지와 바다를 다스린다. 그녀는 동물들의 생명을 주관하며 야생 동물들을 길들이며 그들의 멸종을 막는다. 또한 그녀는 새 생명의 탄생을 돕는다.

에페수스인들이 추앙하던 아르테미스는 다른 지역의 아르테미스와는 우선 외형부터 매우 달랐다. 풍요로움을 나타내듯 살이 찌고 가슴에 무수한 유방이 있는 등(일부 학자들은 유방이 아니라 특별한 용도의 장식물이라고 주장한다) 다소 기괴한 모습을 보이고 있다. 얼굴은 엄숙한 모습을 하고 있고 하반신은 이집트의 미라를 안치한 관의 뚜껑처럼 생겼다. 그것을 장식하는 짐승들은 수사슴, 황소, 사자, 그리핀(머리와 앞발은 독수리이고 몸은 사자인 신화적 동물. 날개가 달린 모습도 있다), 스핑크스, 세이렌(사이렌, 상반신은 여자이고 하반신은 새 모양인 바다의 요정) 등인데 아르테미스가 사냥꾼이었기 때문에 주변에는 항상 기묘한 동물들을 배치한 것이라고 한다.

에페수스인들은 아르테미스 여신이 자신들에게 부를 제공해준다고 믿었다. 에페수스에선 이 여신을 모시기 위해 사람을 희생으로 바치는 인신공희人身供犧의 풍습도 있었던 것으로 추측된다. 침략 세력에 의해 다른 신들이 들어왔을 때에도 끝까지 아르테미스 여신을 신봉했던 에페수스인들은 역사적으로 부침이 심했던 소아시아에서 살면서도 자신들이 신봉하는 신에게는 늘 변치 않는 믿음을 보냈던 사람들이었다.

신전의 역할

고대 신전은 신탁神託이 이루어지는 장소였다. 사람들은 중대하고 어려운 결정을 내려야 할 때 신의 계시를 통해 그 답을 얻고자 하였다. 아울러 거의 모든 신전에서는 신을 모시는 의식이 정기적으로 열리곤 했다. 에페수스의 아르테미스 신전에서는 다른 지역의 신전과 달리 아주 오래전, 그러니까 기원전 2000년경부터 아르테미스 여신을 숭배하는 거창한 행사가 정규적으로 열렸다.

그러나 신전은 이렇게 신성한 영역으로만 존재하는 곳은 아니었다. 신전 대부분은 현대의 은행과 같은 구실을 했고, 신에 관계되는 물건들도 판매했다. 한 로마인은 아르테미스 신전에서 매년 열리는 의식에 참여하고자 하는 사람들을 경제적으로 지원하기 위해 돈을 융자해 주었으며 이자는 일 년에 9퍼센트였다고 적고 있다. 신전의 승려들은 이자를 계산하고 중계에 대한 수수료를 정하는 일 등에 아주 숙달되어 있었다. 자금이 많은 사람은 신전에 돈을 맡기고 이자를 받기도 했다. 특

에페수스인들이 숭배했던 아르테미스 여신상.

히 인근 지역의 왕이나 지방 관리들이 돈을 예치하는 경우가 많았다. 이자 지급일은 여신의 생일이었는데 학자들은 그 날짜를 5월 25일경으로 추정하고 있다. 에페수스 사람들은 신전 건축 자금을 기부한 사람의 이름을 현판에 새겨주는 아이디어도 채택했는데 신전에는 이러한 헌금이 계속 줄을 이었다.

신전 측에서는 매년 열리는 축제를 위해 연주단도 관리했다. 특히 청동나팔 연주단은 세계적으로 유명해 수많은 음악가가 에페수스를 찾았다. 아르테미스 신전을 방문한 음악가들은 방문 기념으로 자신이 만든 악기를 신전에 걸어 놓기도 했다.

아르테미스 여신을 위한 행사는 지금의 카니발처럼 진행되었다. 도시의

아르테미스 신전 복원도.

모든 젊은이는 온몸을 치장하고 매력적인 모습으로 신전 주위에서 춤을 추었고, 에페수스의 관리나 노인들은 전망 좋은 곳에 앉아 이를 구경하였다. 춤이 끝나면 신전의 승려들은 가장 화려한 예복을 입은 채 황금으로 입술을 칠한 호화로운 아르테미스 여신상을 들고 거리를 행진했다. 이들이 행진하는 도로 위로는 도시의 부유한 사람들에 의해 설치된 아케이드가 있었는데 아케이드의 지붕은 화려한 천으로 덮여 있어 비가 오더라도 여신과 행렬에 참석한 사람들은 비를 맞지 않았다. 이탈리아와 에스파냐에서는 요즈음도 특정한 날에 전통적인 축제를 벌이며 마리아 조상이나 십자가를 들고 행진을 하기도 하는데 학자들은 이들 축제와 행진의 기원이 에페수스라고 추정하기도 한다.

에페수스에는 아르테미스 신전을 인간들의 최후의 피난처로 규정한 법이 있었는데 이는 신전의 명예를 높여주는 것은 물론 더 많은 재물이 신전에 모이도록 하는데 기여했다. 예로부터 에페수스인들은 신전의 기둥에 자신을 묶고 "성역이다"라고 외치기만 하면 모두 구원받을 수 있었던 것이다. 그래서 당시 최강국이었던 페르시아의 군대가 이 도시를 공격했을 때에도 주민은 신전으로 달려갔다. 그런데 놀랍게도 페르시아인들 역시 이 여신을 존경해 신전으로 피신한 사람들을 해치지 않았다. 이런 페르시아의 행동은 나중에 보상을 받았다. 페르시아의 크세르크세스 왕이 그리스에 패한 후 자기 아이들을 아르테미스 신전에 보냈을 때 아르테미시아 여왕이 그들을 보호해 주었던 것이다.

에페수스의 아르테미시아 여왕은 고대 역사에서 매우 유명했던 여인이었다. 그녀는 살라미스 전투에 페르시아 사령관 중의 한 사람으로 참전했다. 그리스는 무려 50톤이나 나가는 충각을 이물(뱃머리)에 단 유명한 전함으로 페

아르테미스 동전.

르시아 전함들을 전속력으로 들이받은 후 백병전을 펼치는 전술을 교묘하게 활용해 페르시아군을 격파했다. 이때 아르테미시아는 쫓아오는 그리스 함대에 혼란을 주기 위해 페르시아 전함 하나와 고의로 부딪쳤고, 그 페르시아 전함은 수병들을 태운 채 가라앉았다. 그것을 본 크세르크세스 왕은 아르테미시아가 그리스 전함을 격침한 줄 알고 주위를 향해 "나의 남자 제독들은 여자가 돼버리고 나의 여자들이 남자가 되었다"라고 말했다.

아르테미스 신전이 고대 문명사에서 유명했던 것은 왕위에서 쫓겨난 사람들에게 합법적인 망명지를 제공했을 뿐만 아니라 범인이나 탈주자들도 보호해 주었기 때문이다. 신전의 모든 땅은 신성하게 여겨졌으므로 새나 동물들도 같은 대우를 받았다. 고대의 아르테미스 신전은 인간과 함께 모든 생물의 최후의 피난처였다.

물론 이러한 전통이 늘 지켜졌던 것은 아니다. 알렉산드로스 대왕 때의 일인데 대왕은 자신의 노예 두 명이 아르테미스 신전으로 도망치자 대신관에게 그들을 인도해달라고 정중히 요청했다. 하지만 대신관은 아르테미스 신전이 성역임을 상기시켜 주었고, 이에 알렉산드로스는 신전으로 쳐들어가

노가 3단으로 배치된 그리스의 전함, 트라이림. 배 앞머리의 튀어나온 부분이 적의 배를 들이받아 침몰시키는 역할을 한다.

강제로 노예 두 명을 끌어내 돌로 쳐죽이며 그의 정복자 기질을 유감없이 발휘했다.

기원전 259년에는 프톨레마이오스 에우에르게테스(알렉산드로스의 제국이 분열한 뒤 이집트 땅에 들어선 프톨레마이오스 왕조를 계승했던 인물)의 이복형제인 프톨레마이오스 피스콘이 아내 에이레네와 함께 신전으로 피신했지만 부부가 함께 살해되기도 했다. 로마의 안토니우스도 대신관을 협박하여 클레오파트라의 자매인 아르시노에를 신전에서 몰아냈다. 이와 같은 몇몇 예외는 있었지만 아르테미스 신전이 갖는 성역으로서의 위상은 흔들리지 않았다.

에페수스인들의 자부심

고대 문명세계에서 숭배의 대상이 되었던 아르테미스 신전은 엉뚱한 일로 수난을 당했다. 마케도니아의 알렉산드로스 대왕이 태어난 해이기도 했던 기원전 356년에 화재가 일어난 것이다. 그 주인공은 헤로스트라투스라는 사람이었다. 그는 "어차피 나쁜 일을 하려면 후세까지 알려질 수 있는 악행을 저질러야 한다"며 계획적으로 신전에 불을 질렀다. 아르테미스 신전과 같이 유명한 곳을 파괴하면 자신의 이름이 후세에까지 널리 알려질 것이라고 생각했던 것이다. 실로 황당한 생각이 아닐 수 없다.

이 화재는 훗날 학자들에게 신전에 대한 한 가지 힌트를 제공했다. 화재로 건물이 파괴되었다면 신전의 지붕은 목재로 건설되었음이 틀림없으리라는 것이었다. 신전 안에 충분한 목재가 없었다면 그렇게 많은 양의 대리석을 태워버린다는 것은 불가능하기 때문이었다. 일부 학자는 목조 지붕에 장식이 많이 달린 천들이 늘어져 있었기 때문에 대화재가 일어났다고 추정하기도 했다.

그러나 근래의 학자들은 불로 신전이 모두 파괴되었다는 그리스의 역사가, 헤로도토스의 이야기를 부정한다. 이 전설은 당시 에페수스가 이웃인 카리아인들과 격렬하게 전투를 벌이던 상황을 배경으로 지어낸 이야기에 지나지 않는다는 주장이다. 그러나 헤로스트라투스는 자신의 목적을 이루었다. '헤로스트라톤' 이라는 말은 악명이 높다는 뜻을 지니게 되었고, '미친' 또는 '저주받은' 이라는 뜻으로도 사용되기 시작했던 것이다.

신전이 파괴되자 에페수스인들은 곧바로 신전을 재건하기 시작했다. 에페수스의 여인들은 자금을 마련하기 위해 보석 등을 팔았고 인근 도시국가의 왕들은 기둥을 기증하기도 했다. 이때 22살의 젊은 알렉산드로스가 신전의 건설 현장을 방문한다. 알렉산드로스가 페르시아와의 첫 번째 전투에서 대승을 거둔 지 몇 달 지나지 않아서의 일이었다. 알렉산드로스는 신전의 건축 현장을 보면서 다음과 같이 말했다.

> 나는 막강한 도시 바빌론에서 마차들이 달리던 성벽도 보았고, 제우스 신상 · 공중전원 · 피라미드 · 마우솔로스 왕의 무덤도 보았다. 그러나 내가 아르테미스 신전을 보았을 때는 해가 구름으로 거의 들어가고 있었다. 나는 그 아름다운 장면을 보고 내게 말했다. '올림피아를 제외하고 이것과 비교할 수 있는 것은 아무것도 없다.

아르테미스 신전의 웅장함에 감탄한 알렉산드로스는 자신의 이름으로 신전을 세운다면 모든 비용을 내겠다고 제의했다. 그러나 에페수스인들은 정중하게 거절했다. 일부 학자들은 신전이 알렉산드로스 대왕의 이름으로 불리는 것은 거절되었을지 모르지만 신전 건축의 상당 부분이 알렉산드로스의 영향을 받았을 것으로 생각한다. 그것은 알렉산드로스의 건축가인 디노크라테스가 건축 작업에 참가했기 때문이다. 디노크라테스는 "알렉산드로스를 포함하여 모든 인간 위에 아르테미스 여신이 있다"라고 말했다지만 이것은 역으로 보면 신전의 건축에 알렉산드로스 대왕의 입김이 크게 작용했다는 것을 의미한다.

새로이 세워지는 건물은 이전에 파괴된 건물보다 뭔가 더 웅장하고 새롭기 마련이다. 그러나 에페수스의 아르테미스 신전은 이러한 통념과는 달리 새로이 첨삭된 것이 거의 없었다. 새로운 신전은 첫 번째 신전과 동일한 장소에 동일한 규모로 재건축되었다.

이는 매우 중요한 점을 시사한다. 세계적으로 위대하고 성스러운 장소의 특징 하나는 동일한 자리에서 증축이나 개축을 통해 건물을 고쳐 짓는 일이 반복된다는 점이다. 성스러운 장소는 그곳에 담긴 사물과 사건에 사람들의 관심이 집중되기 때문에 일종의 영적인 자석이 되어 숭배자들로 하여금 그 자리에 신성한 힘이 있다고 믿기 때문이다. 그러므로 처음에 소박한 사당 정도였던 건물도 그 효율이 입증되면 엄청나게 성장하는 것이 역사 속 다반사다.[12]

크로이소스에 의해 공사가 시작되었던 신전의 설계도가 모두 보존되어 있었기에 완벽한 복원이 가능하기도 했겠지만 자신들이 건설한 신전에 무한한 자부심을 느끼고 있던 에페수스인들은 마음속에 존재하는 신전에 어떠한 변경을 가하는 것도 반대했다. 크로이소스 왕의 시대와 알렉산드로스 시대에 사용된 이오니아식 기둥도 그 형태가 거의 변경되지 않았다. 그럼에도 균형미와 웅장함을 자랑하는 신전은 그리스와 로마의 전 시대에 걸쳐 이오니아식 건물의 모델이 되었다.

한 가지, 새로운 변화가 하나 있긴 했다. 새로운 신전은 2.5미터가량의 기단 위에 건축되었던 것이다. 높은 기단 위에 설치된 두 번째 신전은 먼저의 신전보다 방문자들에게 더 큰 경외심을 불러일으켰다. 또한 커다란 창 세 개가 지붕에 있었는데 제단으로 들어와 참배하는 사람들이 태양 빛으로 아르테미스 여신을 볼 수 있게 한 배려였다.

여타 신전과 다른 아르테미스 신전의 특징은 신전의 전면에 있는 서른여섯 개 기둥 아랫부분에 정교한 조각들이 새겨져 있다는 점이다. 이런 형식은 다른 그리스 신전에서는 찾아보기 어렵다. 아르테미스 신전을 돌아보고 그

아르테미스 신전 유적지(위)와 신전을 재현한 그림(아래). 아르테미스 신전은 그 규모에서 아테네의 파르테논 신전의 네 배에 달하는 그리스 시대의 최대 신전이자 대리석으로 만든 최초의 신전이다.

아름다움을 찬미하는 글을 남겼던 사람 중에는 고대 그리스의 역사가 헤로도토스도 있었는데 그 역시 이 신전을 방문하고는 피라미드에 뒤지지 않는 걸작이라고 찬탄했다.

아르테미스 신전 기둥의 밑부분으로 스코파스가 조각한 것으로 알려졌다. 맨 왼쪽이 타나토스, 맨 오른쪽이 헤르메스다.

아르테미스 신전의 수난

에페수스에도 기독교의 영향은 어김없이 나타났다. 우상 숭배를 부정하는 기독교인들의 눈에는 아르테미스 신전에서 일어나는 갖가지 의식이나 행사야말로 배척해야 할 대상이었다. 그러나 자신들의 자랑스러운 유산에 대해 자부심을 갖고 있던 에페수스 사람들은 기독교도와 충돌하면서도 신전을 지켜나갔다.

이후에도 신전의 수난은 계속되었다. 262년에는 동고트족이 쳐들어와 아르테미스 신전을 불태우고 에페수스를 약탈하였다. 영국의 사학자 에드워드 기번은 그 유명한 역사서 『로마 제국 쇠망사』에서 그 당시의 일을 애석해하는 글을 썼다. 그의 글은 아르테미스 신전에 대해 쓴 글 중에서 가장 뛰어난 것 중의 하나다.

> 인류의 대재해를 이야기할 때는 아무리 고귀하고 유명한 존재라도 개인의 사망이나 건축물의 파괴 같은 것은 무심히 넘겨 버린다. 그러나 우리는 에페수스에 있던 디아나(로마 신화에서의 아르테미스 여신) 신전을 잊을 수가 없다. 일곱 차례의 거듭된 재난을 겪으면서도 더욱 화려하게 복구되곤 했던 이 신전이 마침내 동고트족의 제3차 원정 때 불타 버리고 말았다.
>
> 이 성스럽고 훌륭한 건축물은 그리스의 예술과 아시아의 부(富)가 합쳐져 세워진 것이다. …… 제단은 프락시텔레스의 걸작 조각품들로 장식되었는데, 조각의 내용은 그 지역에서 사랑받는 신화에서 고른 것으로서 아마도 라토나 신의 출산, 외눈박이 거인 키클로프스를 죽인 뒤의 아폴론 신의 은둔, 정복당한 아마존족에 대한 바쿠스 신의 관용 같은 내용이었을 것이다.

에페수스의 이 디아나 신전은 세계 불가사의의 하나로 감탄의 대상이었다. 페르시아, 마케도니아, 로마 등 여러 제국은 이 성소를 존중하고 그 장려함을 찬양했다. 그러나 발트해에서 온 이 막된 야만인들은 우아한 예술을 감상할 줄 몰랐고 이국의 미신이 주는 관념적 공포심을 경멸했던 것이다.

10년 후에 동고트족이 또다시 침공해 로마군을 격파했는데 이때에도 신전은 재건축되고 있었다는 기록이 있다. 그들은 천장을 다시 올리고 야만인에 의해 파손된 조각상들을 보수했다. 그러나 393년 테오도시우스 로마 황제의 명령은 결국 이 유명한 신전의 종말을 가져왔다.

401년, 콘스탄티노플의 총대주교 크리소스톤의 명령으로 신전 안에는 석

복원된 디아나 신전.

회를 만드는 용광로가 설치되었고 신전의 대리석들을 모르타르로 만들기 시작했다. 신도시를 만들기 위한 작업이었다.

6세기까지만 해도 신전이 있던 곳에는 비잔틴 제국의 수도였던 콘스탄티노플로 조각상들을 보낼 수 있을 만큼 충분한 유물들이 남아 있었다. 에페수스인들이 자신들의 신앙을 지키기 위해 신전을 보호하며 기독교를 거부했기 때문이다. 에페수스인들이 기독교인들이 볼 때는 우상에 불과했던 신상의 파괴에 동조하지 않았음은 물론이다.

갖가지 탄압에도 그들의 반항이 워낙 강하자 기독교인들은 에페수스인들의 고집을 꺾을 방법을 강구하기 시작했다. 기독교인들의 대안은 교묘했다. 우선 에페수스가 기독교에서 가장 중요한 성지라고 선전했다. 사실 에페수스는 초창기 기독교와 깊은 관련이 있는 곳이었다. 사도 바울이 코린트에서 부유하고 번성하는 도시였던 에페수스로 와서 회당에 설치된 은으로 된 우상들을 배격하는 말을 했다는 것은 『신약성서』의 「사도행전」 19장에도 나와 있다.

바로 그 무렵 에베소(에페수스)에서는 그리스도인들 때문에 큰 소동이 일어났다. 그 소동은 데메드리오라는 은 세공업자가 일으킨 것이었다. 그는 많은 직공을 두고 에베소의 여신 아데미(아르테미스) 신전 모형을 만들어 큰 장사를 해왔던 인물이었다. 그가 자기 직공과 동업자들을 한자리에 불러모아 놓고 말하였다.

"그런데 여러분이 이미 듣고 본 바와 같이 저 바울이라는 작자가 손으로 만드는 것은 신이 아니라고 많은 사람에게 떠벌리고 다니는 통에 우리의 장사는 이제 말이 아닙니다. 여기 에베소뿐만 아니라 아시아 전체가 이런 실정입니다. 물론 나는 이런 형편에서 우리 사업에 대한 전망이나 수입이 줄어든다는 것만을 말하려는 건 아닙니다. 이대로 가다가는 위대한 여신 아데미 신전이 그 영향력을 잃게 되고, 이 아시아 지방은 말할 것도 없고 세계 모든 사람이 장엄한 여신 아데미를 잊어버리게 될 겁니다."

이 연설을 들은 사람들은 화가 머리끝까지 치밀어 "에베소의 여신 아데미는 위대하다"라고 소리지르기 시작했다.

바울이 강조한 것은 하느님은 인간의 손으로 만든 집이 필요하지 않으며 신은 항상 모든 곳에 존재한다는 것이다. 그런데 그의 말은 금과 은으로 아르테미스 신상을 만들고 소위 금융업으로 부를 축적한 에페수스인들을 분노케 하기에 충분했다. 이런 혼란 속에서 바울과 그의 제자들은 간신히 도망칠 수 있었다고 한다.

여기에서 사도 바울이 우상 배격을 외쳤던 곳은 옛 아르테미스 신전을 가리키는 것은 아니다. 서기 1세기경 에페수스를 방문했던 또 다른 성인인 요한 역시 여신상에 대해 생생한 기록을 남겼는데 요한은 사도 바울과는 달리 에페수스인들과 비교적 잘 어울려 지냈다고 한다.

아무튼 초기 기독교에서 큰 역할을 한 요한과 바울이 에페수스를 거론했다는 것 자체는 이곳이 기독교와 큰 연관이 있음을 말해준다. 특히 예수의 어머니인 마리아가 에페수스에서 멀지 않은 곳에서 사망했다는 사실도 기독교인들에게 에페수스인들을 기독교로 개종시킬 필요성을 느끼게 하였다. 교황을 선출하는 회의를 에페수스에서 소집했던 이유 중에는 에페수스를 강조하며 이곳에 기독교를 전파하려는 의도도 담겨 있었다. 이러한 노력은 결국 결실을 얻었다. 마리아가 나타났다는 에페수스 지역은 기독교 성지로 다시 태

터키 이스탄불에 있는 예레바탄 사라이(지하궁전)이라고 불리는 지하 저수지. 6세기 무렵 비잔틴 제국의 황제는 수도의 식수 문제를 해결하기 위해 19킬로미터 떨어진 곳에서 수로로 물을 끌어와 이곳에 저장했다. 기록에 따르면 아르테미스 신전의 자재들이 이곳으로 운반되어 사용되었다고 하는데 이를 뒷받침하는 것이 기둥의 주춧돌로 쓰인 메두사의 얼굴상이다. 일설에 따르면 비잔틴 제국의 기독교인들이 그리스의 신들을 부정하는 의미로 메두사 얼굴상을 뒤집었다고 한다.

에페수스의 성 요한 교회에 있는 사도 요한의 무덤(위)과 요한이 세례를 주던 곳(아래). 성서에 '에베소'란 명칭으로 자주 등장하는 에페수스는 기독교 초기 전도사에서 매우 중요한 장소인데 요한이나 바울 등이 와서 전도 활동을 했던 곳이다. 이곳에서 요한은 이교도들에게 세례를 주며 기독교로 개종시켰다.

어났고 주민들은 기독교로 개종했다.

기독교인들은 고대 그리스인들의 신앙 즉 이교도들이 믿었던 악마 아르테미스를 이 지상에서 영원히 쫓아낼 방법을 찾았다. 그것은 그때까지 남아 있던 조상들을 조직적으로 파괴하여 이교도들의 우상을 지구상에서 사라지게 하는 것이었다. 모든 건물에서 아르테미스 이름이 기록된 부분은 망치로 쪼아졌다. 아르테미스 신전의 유물 중에서 파괴할 수 없는 것은 가장 중요한 부분에 커다란 십자가와 기독교 문양들을 새겼다.

그럼에도 현대의 고고학자들은 에페수스인들이 그들의 여신 아르테미스를 얼마나 사랑했는지를 알려주는 증거를 찾아냈다. 1960년 고고학 발굴팀은 두 개의 아름다운 조각상을 발견했다. 조각상이 발견된 곳은 놀랍게도 에페수스가 기독교도의 도시로 바뀐 후 기독교인들의 회의가 열리곤 했던 커다란 방의 지하실이었다. 그 조각상들은 붉은 모래 속에 정성스럽게 보관되어 있었다.

아르테미스 신전의 발굴 모습.

서기 614년에 지진이 일어나 마을의 절반이 파괴되고 해적들이 에페수스를 점령한 후 언덕 위에 요새를 건설할 때에도 아르테미스 신전에 남아 있던 돌들이 다시 사용되었다. 해적의 침입은 에페수스를 원천적으로 변모시켰다. 에페수스가 안전하지 않다고 생각한 주민들이 에페수스를 떠났고 결국 신전 일대가 폐허로 변하기 시작했기 때문이다.[13]

새로운 에페수스

한국인들이 터키를 방문할 때 거의 반드시 방문하는 곳 중 하나는 에페수스이다. 그러나 이곳은 앞에서 설명한 에페수스가 아니라 새 에페수스로 아르테미스 신전 터가 있는 옛 에페수스는 이곳에서 몇 킬로미터 떨어진 곳에 있다.

기원전 334년 알렉산더 대왕이 에페수스를 페르시아의 지배로부터 해방시켰는데 알렉산더가 사망한 후 그의 부하 중 하나가 이 지역의 통치가가 되었다. 그는 당시의 에페수스를 떠나 남서쪽 2.5킬로미터 지점에 새로운 항구와 도시를 건설하고 에페수스에 있던 사람들에게 옮겨오도록 명령했다. 그러나 에페수스인들이 기존의 도시를 떠나지 않자 그야말로 예상치 못한 명령을 내린다. 거친 폭풍이 부는 날 기존 도시의 모든 하수 시스템을 막아 버린 것이다. 더는 에페수스에 머무를 수 없게 된 주민들은 새 도시로 이주하기 시작했는데 다행한 것은 새 도시의 이름을 에페수스라고 명명한 것이다. 이주한 주민을 배려해 최소한의 자존심을 지켜준 것이라 볼 수 있다.

기원전 129년 페르가몬의 왕이 왕국을 로마제국에 귀속시킨다는 유언을

쿠레테스 거리(사제들의 길). 헤라클레스 문에서 셀수스 도서관 앞까지 뻗은 내리막길이다. 바닥이 모자이크로 장식되어 있으며, 길 왼쪽에 언덕에는 귀족과 상류층의 주거지가 분포하고, 오른쪽으로는 트라야누스 황제에게 바쳐진 우물과 1세기에 만들어진 공중목욕탕 등이 이어진다.

◎ 새 에페수스의 대표적인 유적인 셀수스 도서관으로 로마제국의 전성기에 지어졌다

남기면서 이 일대는 로마의 아시아 지방이 되었다. 당시의 인구는 20만 명이나 되었다. 그런데 로마에서 과중한 세금을 부과하자 에페수스인들이 반란을 일으켰는데 술라 장군은 이들을 평정하면서 도시를 완전히 파괴했다. 지금의 에페수스는 이후 건설된 것이다.

새 에페수스는 에게 해에서 두 번째로 철학 학교가 세워지는 등[14] 당시 이 일대의 문화와 정치의 중심지로서 역할을 수행하며 헬레니즘에서 로마 시대에 걸친 수많은 유적지를 갖고 있다. 체육관 스타디움, 아카디안 거리, 2만 4,000면을 수용할 수 있다는 대극장, 셀수스 도서관과 아고라, 코린트 양식의 정수를 보여주는 아드리안 신전 등이 그것이다. 또 초기 기독교의 중요한 무

아고라, 코린트 양식의 정수를 보여주는 아드리안 신전.

대로 그 시대의 자취를 많이 간직하고 있는 곳이기도 하다. 예수를 낳은 마리아의 집이 있다 하여 기독교인들로부터는 성소로 인정을 받기도 했다. 유네스코 세계문화유산으로 지정된 것은 옛 에페수스가 아니라 새 에페수스다.

스키타이

러시아 대평원의 패권을 장악했던 유목 기마민족인 스키타이는 주위 민족들과 수많은 전쟁을 벌이며 러시아 대평원의 패권을 장악했다. 학살과 약탈을 당연시했던 고대인들조차 스키타이를 야만족이라고 비난했고, 뒷날 유럽을 휩쓸었던 바이킹의 명성도 그들에 비하면 하찮은 것이었다. 그들의 잔인함과 대담무쌍함은 공포 그 자체였다.

스키타이는 아시리아의 에사르하돈(재위: 기원전 681~669년) 연대기, 그러니까 기원전 7세기에 처음으로 기록에 등장한다. 아시리아인들은 그들을 아쉬쿠즈, 페르시아인과 인도인들은 사카라고 불렀으며, 그리스인들은 스키타이라고 불렀다. 그러나 스키타이인들은 자신들을 스콜로텐이나 슈크라 불렀고 이란인 계통으로 추정된다. 밀러는 남부 러시아의 스키타이 비문들을 구분하면서 10퍼센트에서 60퍼센트까지 지역에 따라 다양하게 이란적 요소가 발견된다고 발표했다.

스키타이의 흔적은 철저하게 사라졌기 때문에 현재 알려진 지식의 상당 부분은 헤로도토스의 저서와 로마의 지리학자 스트라본(기원전 64~기원후 21

도끼와 활을 들고 있는 스키타이 전사 부조.

년?)이 남긴 17권의 『지리서』의 증언에 의지한다. 헤로도토스는 『역사』에서 스키타이 전사들의 야만스런 풍습에 대해 다음과 같이 묘사했다.

> 스키타이 전사는 최초에 죽인 적의 피를 마신다. 또한 전투에서 살해한 적병의 머리는 모두 잘라 왕 앞으로 가져온다. 전사들은 그 목의 수에 따라 전리품을 나누어 받으며 머리가 없으면 분배를 받지 못한다. 일 년에 한 명의 적도 죽이지 못하는 것은 커다란 수치이며 부족회의에서 웃음거리가 되는 것을 피할 수 없다.

스키타이 전사들은 자신의 무공을 기념하기 위해 적의 머리는 특별 처리를 했다. 즉 두개골의 눈썹 이하 부분을 톱으로 잘라내고 나머지 부분을 깨끗이 소제한 후 소의 생가죽을 입힌 다음 안쪽에 금을 입히고 술잔으로 사용했다. 스키타이 전사들은 중요한 손님이 오면 자랑스럽게 이들 두개골을 내보이며 이야기의 화제로 삼았다.

그뿐만 아니었다. 그들은 머리의 양쪽 귀를 중심으로 둥글게 자른 다음 머리를 흔들어 두개골에서 두피頭皮를 떼어낸 후, 소의 늑골을 사용해서 가죽에서 살점을 떼어 내고 손으로 주물러 부드럽게 하여 손수건을 만들었다. 이들 손수건을 말고삐에 매달아 과시하는 스키타이인들의 행동은 현대인에게 엽기적으로 보이지만 그들 사회에서는 이러한 손수건을 많이 갖고 있을수록 훌륭한 용사로 간주하였다. 심지어는 머리 가죽을 여러 장 이어 맞춰 외투, 어깨 망토, 방석 등을 만들기도 했다. 스키타이인 중에는 벗긴 가죽을 양치기가 입는 가죽옷처럼 꿰매 상의로 입는 자도 많았다. 게다가 죽은 적의 오른팔 가죽과 손톱을 모두 벗겨 낸 다음 화살 통에 입히기도 했는데 이들 물건을 직

걸작품으로 꼽히는 황금 가슴받이의 일부. 그리스 예술가들은 그들의 주요 교역 상대였던 스키타이인들의 기호에 따라 그들의 전통적인 소재였던 신화적 주제 대신 유목민의 일상생활을 소재로 한 유물들을 많이 만들었다. 스키타이인 두 남자가 가죽을 꿰매 옷을 만들고 있는 장면을 그리고 있다.

접 사용해본 헤로도토스는 그 살가죽이 희고 광택이 난다고 기술했다.

스키타이가 유럽 문명사에서 중요한 위치를 차지하고 있는 이유는 따로 있다. 아이러니하게도 바로 이러한 야만성 때문에 현재의 유럽이 존속할 수 있었다는 점이다. 다시 말해 그들의 야만성이 동방의 아시아인들로부터 서방을 지켜주는 방파제 구실을 했다. 학자들은 스키타이가 아니었다면 동방에 있는 더 큰 공포, 즉 중앙아시아에서 주기적으로 밀고 들어오는 유목민들로부터 유럽을 구할 수 없었을 것이라고 믿는다. 이 야만성의 대명사가 유럽과 아시아의 국경에 있었기 때문에 역사상 수많은 전쟁이 있었음에도 서방, 즉 유럽을 침투하는 데 성공한 종족은 흉노족(훈족), 몽골족, 터키족 단 세 종족에 그쳤다.

전설 속에서 현실 속으로 돌아온 스키타이

헤로도토스가 전해주는 스키타이의 역사는 다음과 같다.

> 무인지경이었던 영토에서 최초로 태어난 자는 타르기타오스라는 이름의 남자이다. 그의 양친은 제우스와 보리스테네스 강(현재의 드네프르 강)의 딸이다. 이 타르기타오스에게서 세 명의 자식이 태어났는데 그 이름은 각각 리폭사이스, 아르폭사이스 그리고 콜락사이스이다. 그들이 지배하고 있을 때 하늘로부터 황금제 기물忌物(종교적 의미를 담은 것으로 접촉하면 재해를 준다고 생각된 물건), 쟁기의 멍에, 전쟁용 도끼, 술잔이 떨어졌다(이란계 사회에서는 잔은 사제 계급, 전쟁용 도끼는 무사 계급, 쟁기의 멍에는 농민 계급을 상징한다).
>
> 맏형이 제일 먼저 이것을 발견하고 집으려고 가까이 다가가자 황금이 불길에 휩싸였다. 맏형이 물러난 후 둘째가 접근했지만 역시 불길에 싸여 다가갈 수 없었다. 마지막으로 콜락사이스가 다가가자 불길이 사라졌다. 이들 형제는 황금을 가지고 집으로 돌아갔다. 두 형도 이것을 하늘의 뜻으로 받아들이고 왕권을 모두 막내아우에게 양도했다.
>
> 리폭사이스를 시조로 하여 아우카타이라 알려진 씨족이 발생했고 아르폭사

이스로부터 카티아로이와 트라스피에스 두 씨족이, 막내인 콜락사이스로부터 파랄라타이라 불리는 왕족이 태어났다. 그들은 한때 왕이었던 사람의 이름을 따 스콜로토라고 하는데 그리스인은 그들을 스키타이인이라고 부른다.

그러나 스키타이라는 단어 자체가 '민족'을 말하는 것인지 '국가'를 말하는 것조차 모호할 정도로 스키타이에 대한 정보는 부족한 실정이다. 헤로도토스는 다양한 스키타이인이 있는데 심지어는 그리스계의 스키타이인조차 있었다고 적었다. 이는 스키타이란 지역, 생업, 거주를 초월한 집단 전체를 의미한다.

이들의 사회 역시 그 구성만큼이나 복잡해서 농업, 상업, 유목 심지어는 해상을 통한 교역까지 포함되며 상업을 위한 항구도시도 건설했다. 농업 역시 자급자족을 위한 소비 형태가 아닌 대규모의 기업 농업까지 존재할 정도로 유목민 생활만 한 것은 아니다.

흑해 북쪽에 있는 넓은 공간에서 농사를 지었으며 그들이 방어할 성벽을 쌓기도 했다. 벨스크 지역에는 4,000헥타르에 달라는 거대한 면적을 33킬로미터에 달하는 성벽으로 쌓기도 했으며 홍수에 대비한 시설도 보였다. 이들 지역은 기원전 7~6세기경에 건설되어 기원전 3세기까지 운영되었다고 추정한다. 이곳에서 지상에 건축된 건물들도 있었으며 일부는 지하에 건설했다. 각종 무기와 마구를 만드는 대장간도 발견됐고 곡식 창고는 물론 도자기를 굽는 요도 발견되었다. 그러나 스키타이인들을 유목민으로 황소에 의해 끌려지는 주거용 마차에서 생활했는데 소련의 그랴즈노프 박사는 거대한 이동용 마차는 하루에 5~8킬로미터를 이동할 수 있다고 추정했다. 가난한 사람은 한 대의 마차 밖에 갖지를 못했으나 부유한 스키타이인들은 80대를 갖고 있

유목민들을 초원지대의 매서운 겨울 추위로부터 지켜주는 천막. '유르트yurt'로도 알려진 이 천막은 나무로 뼈대를 세우고 가죽과 갈대 등을 덮어 설치한다. 그리스 역사가 헤로도토스에 따르면 스키타이인들은 기동력을 높이기 위해 수레 위에 이러한 천막을 설치하고 생활하기도 했다고 한다.

을 정도이므로 고고학자들은 그들이 바퀴의 마을을 구성했다고 말한다.

스키타이인들의 종교는 토테미즘적이고 샤머니즘적이다. 그들은 자연현상을 의인화한 신들과 동물을 숭배했다. 그러나 신을 위한 신전이나 조상彫像을 세우지는 않았다. 그들에게 전쟁신은 각별한 의미가 있었다. 정수일은 스키타이인들이 전쟁 신을 위해서 공물과 희생을 바칠 특별한 제단을 세웠다고 한다. 매해 마른 장작을 산더미처럼 쌓아올리고 꼭대기에 아레스Ares(전쟁의 신)의 상징인 오래된 철검鐵劍을 꽂아 놓곤 했다는 것이다.[15]

스키타이의 특징은 미술공예의 발달로 동물을 주요 장식의 모티브로 채용했고 귀금속(주로 금)을 사용했다. 동물의장은 북시베리아의 전통을 이어받았다. 또한 동양의 동물 투쟁 양식을 받아들였는데, 스키타이 미술가들은 짐승들의 몸을 일정한 형태의 틀 안에 넣기 위해 기발한 형태로 동물의 몸통을 변형시키거나 압축함으로써 짐승이 가지는 힘과 탄력을 생생하게 나타냈다.

스키타이 동물 장식이 지닌 또 하나의 특색은 짐승 몸의 주요 마디나 근육 부분에 콤마형 또는 반달형 틀을 만들고 그곳에 보석을 끼워 넣는 감입 기법을 쓴 것이다. 본래 이 기법은 아시리아에서 유래되었는데 스키타이인들이 받아들인 후 시베리아를 거쳐 중국 오르도스 그리고 한반도에까지 파급되었다고 추정하며 유목민들이 동서 교류에 중요한 역할을 했다는 증거로도 인용된다.

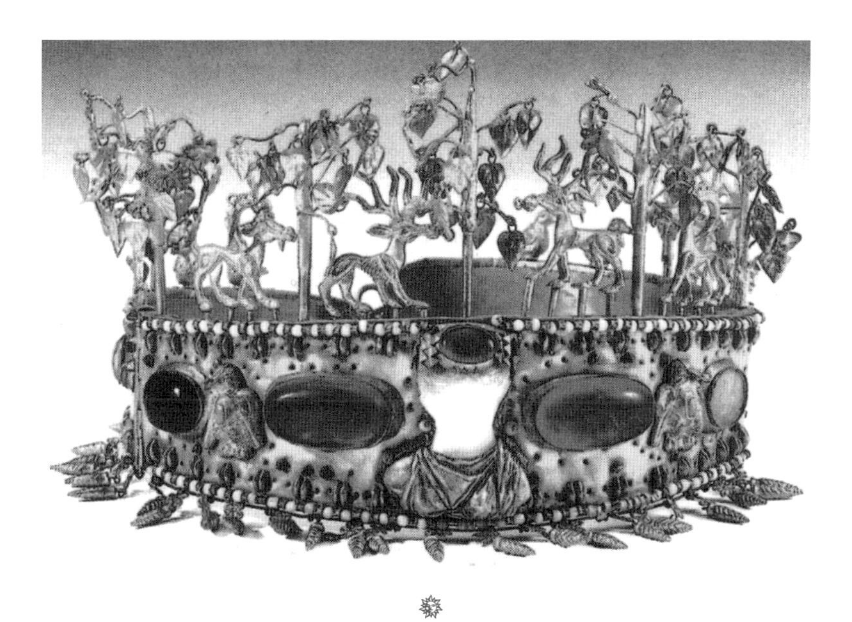

금으로 장식된 스키타이의 왕관. 현란한 모습의 사슴들이 보인다.

적군의 힘을 빼는 '치고 빠지기' 작전

스키타이 세력이 한참 강성했을 때에도 그러나 세계의 패자는 페르시아의 다리우스(기원전 558?~486년)였다. 페르시아는 서쪽으로 유럽의 발칸까지 진출하고 남쪽으로는 리비아, 에티오피아와 수단을 포함했고 동쪽으로는 펀자브 지방과 인더스 계곡 전역을 손에 넣는 등 그야말로 대제국을 이룩했다.

그런데 페르시아의 북쪽 국경은 흑해, 카프카스 산맥과 카스피 해 등에 걸쳐 있었다. 바다와 거대한 호수와 눈 덮인 산과 사막이 자연적인 국경선 역할을 하고 있었던 셈이다. 그 국경 너머에는 바로 공포의 기마민족, 스키타이인들이 있었다. 그들은 갑자기 나타나 약탈을 일삼고 곧바로 철수했기 때문에 적절한 응징이 불가능했다.

그러나 다리우스는 세계적인 대제국의 왕이었다. 페르시아를 얕보고 방

페르시아 제국의 수도인 페르세폴리스 궁전 유적. 리디아를 격파하고 바빌로니아를 멸망시키며 메소포타미아 일대를 평정한 페르시아 제국은 당시 세계 최고의 제국이라고 해도 과언이 아니었다.

자한 행동을 하는 스키타이를 그대로 둘 수 없었다. 그의 자존심은 고대 사회에서는 상상할 수 없을 정도의 대군을 동원하는 것으로 나타났다. 다리우스는 600척의 대 선단에 70만 명(과장되었다는 설도 있음)의 장병을 태우고 보스포루스 해협을 거쳐 트라키아(지금의 루마니아)에 상륙한 후 스키타이의 본거지를 공격했다.

기원전 514년 혹은 기원전 513년에 벌어진 이 '페르시아-스키타이 전쟁'을 최초로 아시아와 유럽이 격돌한 전쟁이라고 하는 사람도 있다. 다리우스는 우선 그리스의 생명선이고 곡식 공급지의 하나인 흑해 지역을 다르다넬스 해협(보스포루스 해협과 함께 흑해와 그리스의 에게 해를 잇는 좁은 바다)과 단절시키는 것이 중요하다고 판단했다. 특히 다리우스는 용맹한 스키타이인과 싸우기 위해선 육군이 해안선을 따라 진격하며 함선들과 긴밀히 협조해야 한다고 믿었다. 적에게는 없는 해군과 함께 연합작전을 펼치면 스키타이는 궤멸되리라는 것이 그의 생각이었다.

지리를 잘 모르는 스키타이 진영 깊숙이 공격부대를 진격시키는 것이 위험하다고 판단해 수륙합동 작전을 펼쳤지만 상황은 그의 예상대로 전개되지 않았다. 지금의 루마니아에서 몰다비아, 우크라이나에 이르는 흑해의 북서 연안 일대는 크고 작은 하천과 늪과 연못이 곳곳에 있는 소택지沼澤地가 뒤섞여 해안선을 따라 대군이 행군하는 것은 근본적으로 불가능했다. 그러므로 페르시아 육군은 함대와 연결이 잘 이루어지지 않은 상황에서 오지로 진격하지 않을 수 없었다.

그렇다면 이에 대항하는 스키타이의 작전은 무엇이었을까? '치고 빠지기' 였다. 실제 헤로도토스는 페르시아 대군에 맞서 싸울 수 없다고 생각한 스키타이 왕 이단티르소스가 광대한 영토를 무기로 힘빼기 작전에 나섰다고 적고 있다. 스키타이는 페르시아군이 하루 정도면 도달할 수 있는 거리를 유지하면서 먹을 만한 것은 모두 불태웠고 우물도 메웠다. 이른바 청야작전清野作戰도 함께 펼친 것이다. 다리우스는 잡히지 않는 적을 쫓아서 끝없는 평원

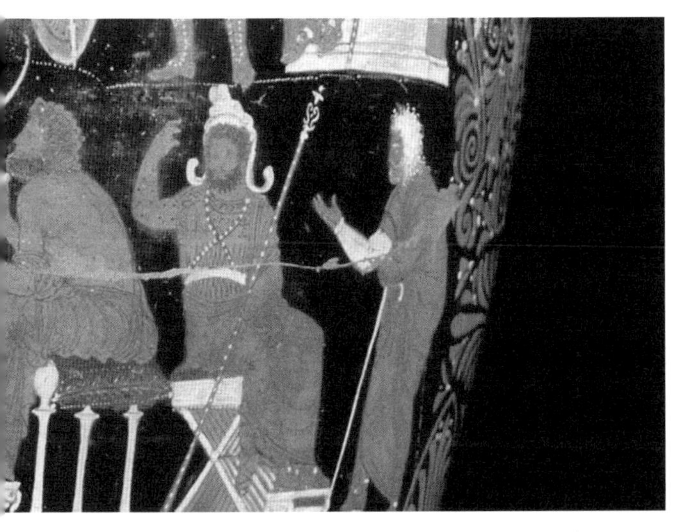

기원전 4세기경의 그리스 도자기. 옥좌에 앉은 다리우스 대왕이 군사회의를 주재하는 모습을 그린 것으로 추정된다.

의 지평선 너머로 허망한 추적을 계속했다. 스키타이 병사들이 다뉴브 강에서 볼가 강에 이르는 광활한 땅의 이곳저곳을 돌아다니면서 다리우스의 약을 올리자 그들의 도망작전에 질린 다리우스는 결전을 신청했다. 다리우스는 이단티르소스에게 다음과 같이 전갈을 보냈다.

그대는 도망만 다니고 있는데 결국 다음에 말할 두 가지 길 중 하나를 선택하게 될 것이오. 만약 그대에게 우리 군대에 맞서 싸울 자신이 있다면 더는 이리저리 도망쳐다니지 말고 한 곳에서 싸우도록 합시다. 만약 역부족이라고 느낀다면 더는 도망치지 말고 그대의 주군인 내게 땅과 물을 헌상품獻上品(왕에게 바치는 물건)으로 들고 알현하러 오시오.

다리우스의 편지에 스키타이의 왕 이단티르소스는 다음과 같이 대답했다.

나는 지금까지 그 누구를 두려워해 도망친 적은 없소. 이제까지 그래 왔던 것처럼 하고 있을 뿐이오. 우리나라에는 점령당하거나 황폐해지는 것을 막기 위해 그대들과 서둘러 싸워야만 하는 도시나 과수원이 없소. 우리는 그대와 싸워야 할 합당한 이유가 발견되지 않는 한 계속해서 싸움을 피할 생각이오. 그리고 내가 주군으로서 받드는 분은 우리의 선조이신 제우스와 스키타이의 여왕 헤스티아(화덕의 여신) 두 분밖에 없소. 그대에게 땅과 물 대신 그대에게 합당한 다른 것을 보내 주겠소. 그리고 그대가 내 주군이라고 운운한 데 대한 나의 회답은 한 마디로 "엿 먹어라"요.

전격전을 구상한 다리우스였지만 스키타이의 힘 빼기 작전에 시간만 지

등에는 화살통을 지고 손에는 긴 창을 들고 있는 페르시아의 왕실 친위대. 페르시아인들은 그들을 불사조라고 불렀다.

나가자 문제들이 곧바로 나타나기 시작했다. 페르시아 대군은 엄청난 식량이 있어야 했던 것이다. 스키타이가 먹을 만한 모든 것을 불태워버리는 바람에 들에서는 식량을 구할 수 없었다. 스키타이의 이단티르소스는 페르시아군을 계속 자신들의 영토에 묶어두면 극심한 식량난으로 궁지에 빠질 것이라 예상했는데 그의 작전은 맞아떨어졌다. 결국 다리우스는 실속도 없이 체면만 구기고 대군을 철수하지 않을 수 없었다. 무려 8만 명이나 되는 많은 장병들이 희생된 후였지만 그래도 페르시아가 결정적인 파국에 이르지 않은 것은 스키타이 영토에서 지리멸렬하여 궤멸하기 전에 철군했기 때문이다.

사냥하는 스키타이인의 모습을 그린 그림.

헤로도토스는 다리우스의 철수와 관련해 재미있는 일화를 소개하고 있다. 스키타이는 자신들의 청야작전에 휘말려 다리우스가 궁지에 빠졌음을 알아채고 다리우스에게 선물로 새와 쥐, 개구리, 다섯 개의 화살을 보냈다. 다리우스는 선물을 갖고 온 사자에게 선물의 본뜻이 무엇이냐고 물었지만 자신은 선물을 전달하고 돌아오라는 명령만 받았다며 페르시아 진영을 떠났다.

곧 페르시아측에서는 스키타이인이 보낸 선물의 의도를 놓고 회의가 열렸다. 다리우스는 스키타이인들이 자신에게 항복하고 땅과 물을 바칠 생각인 것 같다고 다음과 같이 그 뜻을 풀이했다.

> 쥐는 땅속에서 살면서 인간과 똑같은 곡물을 먹고, 개구리는 수중에서 살며, 새는 말과 매우 비슷하고(속도가 빠르다는 뜻), 화살을 가져온 것은 그들의 무기를 인도하겠다는 뜻으로 해석할 수 있소.

그러나 고브리아스는 다리우스의 말에 동의하지 않고 다음과 같이 말했다.

> 페르시아 놈들아. 네놈들이 새가 되어 하늘로 날아가든지, 쥐가 되어 땅속으로 숨든지, 아니면 개구리가 되어 호수 속으로 뛰어들지 않는 한, 반드시 이 화살에 뚫려 무사히 귀국하지 못할 것이다.

결국 다리우스는 자신의 해석이 틀리고 고브리아스의 해석이 옳다고 판단해 철수를 결정했다. 다리우스는 이 원정에서 혼이 난 후 결코 이들과 대적하려 하지 않았다.

그러나 악명을 떨치며 동서양 사이의 무대를 주름잡던 스키타이에도 몰락의 그림자가 드리우기 시작했다. 기원전 350년경, 사르마트인들이 돈 강을 건너 침입해오자 스키타이인들은 트라키아(지금의 루마니아)를 침략해 새로운 왕국 소小스키타이를 건설했다. 하지만 기원전 339년 스키타이의 왕 아스테스가 알렉산드로스 대왕의 아버지인 마케도니아 왕 필리포스 2세와의 싸움에서 참패해 전사한다. 스키타이의 무패 신화는 이렇게 무너지고 말았다.

기원전 3세기에 스키타이는 또다시 사르마티아의 공격을 받고 러시아 남부의 광활한 초원지대마저 빼앗긴다. 사르마티아가 스키타이와의 전투에서 승리할 수 있었던 이유는 갑옷 때문이었다. 그들은 원뿔형의 투구와 미늘(비늘 모양의 쇳조각)로 된 갑옷으로 무장했는데 스키타이의 자랑인 직궁直弓으로는 뚫기가 불가능했다. 더구나 같은 기마민족인 사르마트족 역시 말을 잘 탔다. 사르마티아는 스키타이를 격파했지만 그들 역시 기원전 106년 소아시아에 있는 폰토스의 왕 미트리다테스에게 멸망했다. 이후 스키타이는 역사에서 완전히 사라진다.

아마존 여전사

사르마티아에 근거지를 둔 사르마트족은 기마민족으로 자신들이 고대 신화 속의 여전사인 아마존Amazon의 후손이라고 자랑했다. 아마존 여전사의 전설은 호메로스의 『일리아드』에 나올 정도로 매우 오래되었다. 트로이의 왕 프리아모스가 젊은 시절 아마존 부족과 충돌한 적이 있었는데 이들은 트로이 동쪽에서 왔다고 적었다. 트로이 전쟁에도 참가했다고 하는 아마존 여전사는 그리스의 시와 희곡은 물론 신전에 새겨진 조각에도 자주 등장한다.

아마존의 고향은 테르모돈이라는 흑해 남동부 해안의 강 유역과 고대 아마존 강(흑해 북쪽으로 흘러드는 러시아의 돈강 혹은 드네프르 강으로 알려졌음) 유역이다. 이들 아마존은 여성들만으로 이루어진 공동체 생활을 한다

고 했는데 그리스인들은 아마존 여자들이 활을 쉽게 쏘기 위해 오른쪽 유방을 제거하는 풍습을 갖고 있다고 믿었다. 아마존을 그리스어로 해석할 때 '아a' 는 '없다' 라는 뜻이며 '마조스mazos' 는 '유방' 을 뜻한다.

헤로도토스는 사르마트족이 스키타이와 아마존이 통혼하여 낳은 후손들이라며 다음과 같이 적었다.

> 사르마트족 여자들은 고대의 풍습을 유지하며 남자들과 동일한 의복을 입었다. 그들은 말을 타고 남자들과 함께 사냥을 했는데 때로는 여자들끼리 사냥을 나가기도 했고 심지어는 전투에도 참가했다. 이 부족이 사용한 언어는 스키타이어이다. 그러나 아마존족은 스키타이어를 올바로 사용하는 법을 배우지 못했기 때문에 그들이 사용하는 스키타이어는 항상 부정확했다. 그들의

그리스 전사와 아마존 전사의 전투 장면.

혼인 풍습에는 처녀가 전투에서 적을 한 명 살해하기 전까지는 혼인을 금지하는 풍습이 있었다. 부족의 일부 여자들은 이와 같은 조건을 충족시키지 못해 노처녀로 살다가 죽는다.

사르마티아는 폰토스의 왕 미트리다테스 6세(재위: 기원전 120~63년)에게 멸망하는데 기원전 65년 미트리다테스 6세는 로마의 장군 폼페이우스와의 전쟁에서 패배한다. 그때 폼페이우스를 따라 종군했던 테오파네스라는 작가가 아마존족이 살고 있는 산악지대를 발견했는데 이에 대한 스트라보의 기록이 전한다. 스트라보는 평화 시의 아마존족에 대해 이렇게 기록했다.

아마존 중에서 용감한 사람들은 주로 말을 타거나 사냥을 하거나 전투 훈련을 한다. 그들은 어릴 때 오른쪽 유방을 불로 지져서 없앤다. 그렇게 함으로써 창을 던질 때 오른쪽 팔을 쉽게 사용할 수 있게 된다. 그들은 또한 활과 사가리스(스키타이식 도끼) 및 가벼운 방패를 사용하고 야생동물 가죽으로 투구와 의복과 허리띠를 만든다. 그들은 봄이 되면 두 달 동안 가르가리아족과 경계를 이루는 부근의 산으로 올라간다. 가르가리아인들도 아마존족과 함께 희생의 제물을 바치고 그들과 관계를 맺어 아이를 잉태시키기 위해 산으로 찾아간다. 아마존족과 가르가리아족은 무작위로 상대와 동침하되 어두울 때 은밀히 한다. 아마존은 임신한 다음 가르가리아 남자들을 떠나보낸다. 태어난 여자는 아마존이 키우지만 남자는 가르가리아족이 키우기 위해서 데려간다.[16]

19세기 말의 러시아 학자인 보브린스코이 백작은 우크라이나의 스펠라 부근에서 발견된 무덤들이 대부분 여자들의 무덤이라는 것을 확인했다. 기원전 4세기경에 만들어진 것으로 보이는 무덤은 매장용 구덩이를 넓게 판 후 그 위를 목조 널판자로 덮었으며 흙으로 봉분(쿠르간)을 쌓았다. 무덤 안에 두 구의 유골이 있었는데 중요 인물인 여자의 유골 둘레에는 많은 부장품이 있는 것은 물론 무기들도 배열되어 있었다. 반면 그녀의 발 아래 누운 남자의 유골 주변에는 이러한 무기들이 없었고, 장식물도 형편없었다.

1970년대 발견된 사르마티아 지배계급의 무덤에서 나온 인골의 30퍼센트는 여자였다. 매장된 여자들의 대부분이 전투 중에 입은 부상으로 사망했는데 여자들은 각종 무기류는 물론 특이하게도 청동제 거울을 소지하고 있었다. 학자들은 여자들이 전사戰士 겸 샤먼(무당)의 역할을 한 것으로 추정한다.

1992년에 포크로브카에서 기원전 7세기경부터 기원후 2세기까지의 쿠르간 봉분 50기가 발견되었는데 여자의 시신이 중앙에 안치된 경우가 많았다. 일반적으로 여자들은 남자보다 더 다양하고 많은 부장품과 함께 매장되었는데 철제 장검이나 단검, 청동제 화살촉과 무기의 날을 세우는 숫돌 등 무기류가 많았다. 그러나 장검과 단검의 손잡이는 남자 전사의 무덤에서 발견된 손잡이보다 현저히 작아 그들의 손에 맞게 특별히 제조되었음을 알 수 있다. 화살촉과 화살통, 활과 말의 재갈 등도 발견되었는데 이는 아마존이 말

스키타이 단검.

위에서 활을 잘 쏜다고 묘사한 고대의 기록과 일치한다.

그리핀의 나라

헤로도토스가 스키타이족을 방문했을 때는 스키타이인들의 최전성기였다. 그들이 제작한 금제 목걸이, 유리병, 꽃병들은 그리스의 영향을 받았다. 야만인으로 명성을 떨치던 스키타이인들이지만 그리스와의 교역은 두 문화의 특징이 결합한 새로운 문화를 탄생시켰다. 그리스인들도 스키타이인의 용맹성을 찬양해 헤라클레스의 아들로 '스키테스' 라는 영웅을 그리스 신화 속에 삽입했을 정도였다.

헤로도토스는 스키타이 왕족의 매장법에 대해서도 상세히 기록했다. 그에 따르면 왕묘는 드네프르 강을 배로 올라가면 닿을 수 있는 게로이인의 영토에 있었다.

> 스키타이인들이 왕의 시체를 수레에 싣고 속국을 돌아다닐 때 속국 주민들은 스키타이인의 관습에 따라 자신들의 귀 일부를 잘라낸다. 그리고 양팔에 동그란 칼자국을 내고 이마와 코를 잡아떼며 왼손에 화살을 관통시킨다. 속국을 모두 돈 후 마지막으로 게로이인의 나라로 향한다. 이미 준비된 묘에 도착하면 묘 안의 침상 위에 시신을 안치하고 양쪽에 창을 박은 다음 그 위에 나무 막대기를 걸치고 다시 멍석을 덮는다.
>
> 묘지에는 왕의 후궁 한 명과 시중드는 소년, 요리사, 마부, 말 등을 교살하여 황금 술잔(스키타이인들은 은제나 청동제 술잔을 사용하지 않았다)과 재보

의 일부를 선택하여 묻는다. 일 년이 지나면 다시 모여 의식을 거행하는데 이 번에는 죽은 왕을 모셨던 시종 50명과 말 50필을 교살하여 내장을 끄집어내고 왕거를 집어넣은 후 다시 봉합한다. 최종적으로 언덕처럼 솟아오른 쿠르간이란 대형 묘를 만든다.

왕이 아닌 일반인이 죽으면 가까운 친족이 시체를 수레에 싣고 지인知人들을 찾아다닌다. 지인들은 이들을 맞아 향응을 베풀고 이렇게 40일을 돌아다니다 매장한다. 근래의 발굴에 의하면 스키타이인들의 매장법은 헤로도토스의 기록과 거의 일치한다는 것을 알 수 있다.

우크라이나에 있는 한 스키타이족 무덤에서 발견된 금으로 만든 빗의 장식 부분. 그리스인들의 작품으로 그들이 야만인들이라 불렀던 사람들과의 전투장면을 묘사했다.

스키타이인들의 무덤인 쿠르간을 그린 19세기의 판화. 무덤의 형태가 경주 대릉원의 적석목곽분과 유사하다. 무덤에는 많은 황금 보물이 함께 부장되어 있다.

유목민들에게 맹세는 매우 각별한 의미가 있는데 특히 스키타이인들은 맹세를 생명처럼 여겼다. 그래서 그들은 누군가와 서약을 할 때에는 일정한 격식에 맞춰 엄숙하게 진행했다. 우선 흙으로 빚은 커다란 술잔에 술을 붓고 서약을 교환한 당사자들의 피를 섞는데 송곳이나 작은 칼을 사용해 몸에 상처를 냈다. 그리고 단검이나 화살, 전쟁용 도끼, 투창을 술잔에 담근 후 긴 기원문을 소리 높여 외웠다. 마지막 절차로 서약을 교환한 자와 그들이 수행한 사람 중에서 신분이 제일 높은 자가 술잔을 들어 마셨다.

스키타이는 금에 관한 한 동시대의 다른 나라를 앞섰다. 스키타이의 신화도 금과 관련된 것들이 많다.

금은 멀리 아리마스피아족이 사는 땅에서 왔는데 그 종족은 최북단(헤로도토스에 의하면 알타이 또는 시베리아를 의미)에 살았고 눈이 하나밖에 없다. 이들은 그리핀(그리스 신화에 나오는 머리와 날개, 발톱은 독수리이고 몸은 사자인 괴수)으로부터 금을 빼앗았다.

금의 보관자 아리마스피아족에 대한 전설은 스키타이인들이 자신들의 영토가 북아시아와 유럽을 연결하는 교역로상에 위치했음을 알았다는 것을 뜻한다. 그들의 야만성은 다른 민족에게 공포의 대상이었지만 자신들의 근거

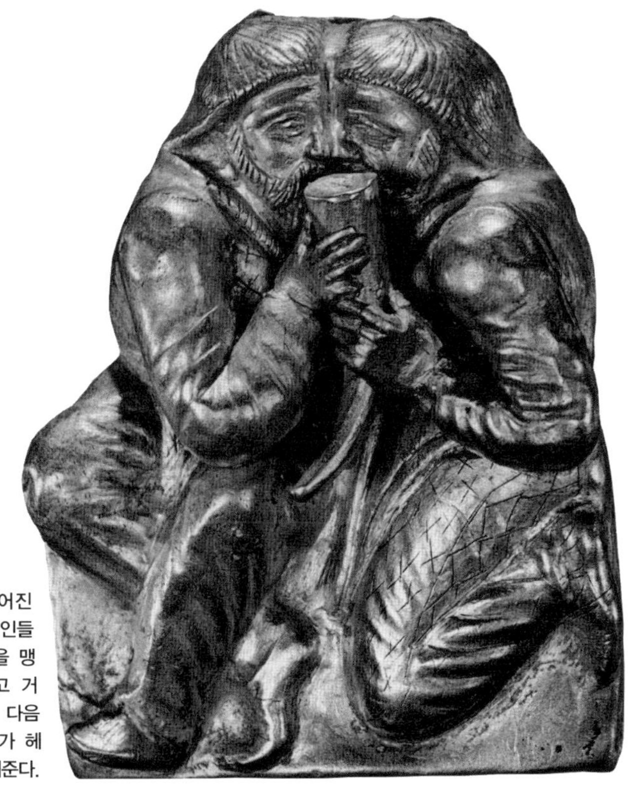

기원전 4세기경에 만들어진 이 금패金牌는 "스키타이인들은 동료의 피가 섞인 술을 맹세의 잔에 따른다. 그리고 거기에 그들의 무기를 담근 다음 마신다"는 그리스의 역사가 헤로도토스의 말을 뒷받침해준다.

드네프르 강 유역의 쿠르간에서 발견된 여자 유골. 기원전 400년경에 매장된 것으로 보이는 이 유골은 금목걸이와 반지, 팔찌, 베일을 조인 금띠 등의 장신구는 물론 200개의 금박으로 장식된 수의와 함께 발견되었다.

지가 무역상 매우 중요한 위치라는 점은 알고 있었다는 것이다. 스키타이인들은 그들의 이점을 최대한 살려 무역에서 가장 중요한 금을 전략 상품으로 삼았다. 특히 스키타이 영토에는 금이 풍부해 은제나 청동제 술잔 대신 황금 술잔을 사용했을 정도였다.

스키타이인들은 제사나 의식에 사용된 제기祭器나 의기儀器, 장신구를 비롯해 방패, 칼자루, 칼집, 활집 등 무기나 기타 도구까지 금으로 장식했으며 심지어는 그들이 애지중지하는 말의 마구들까지 금으로 장식할 정도였다. 스키타이인들의 무덤에서 3~4킬로그램의 순금제 공예품을 발견하는 것은 어려운 일이 아니다. 그들이 그 많은 금을 어디서 구했는가가 의문이지만 학자들은 카프카스, 트란실바니아, 카자흐스탄 지역에서 채굴했다고 추정한다.

헤로도토스는 스키타이인들이 대단히 부유했다고 적었다. 드네프르 강 유역에서 발견된 호화스런 장례용 보물들은 그의 기록의 신빙성을 높여준다. 그곳의 쿠르간에서 2,400년 전의 여자 유골이 발견되었는데 많은 반지와 팔찌로 장식되어 있었다. 그녀의 목은 금목걸이가 둘렀고 수의壽衣는 수백 개의 금박으로 장식되어 있었다. 금제품은 대부분 그리스의 장인들이 만든 것으로 보인다.[17]

동서양 교류의 전도사

스키타이에 대해서는 헤로도토스가 많은 자료를 남겨놓아 원칙적으로는 많은 사람이 알고 있었지만 그들이 남겨놓은 기록이 없으므로 수수께끼의 민족으로 남아있었다. 유목민들이 대부분 기록을 남기지는 않았지만 동서양을 이동하면서 활약하던 스키타이가 왜 기록을 남기지 않았는가에 대해서는 아직 알려지지 않았다.

1929년 구소련의 유리 그랴즈노프를 단장으로 하는 고고학 조사단이 현 몽골공화국과 국경에 있는 해발 1,650미터의 우라간 강 계곡의 파지리크Pazyrik(러시아 공화국 알타이 자치주)에서 25기에 달하는 거대한 적석積石 쿠르간을 발견했다. 이들은 '알타이 현상Altaian phenomenon'으로 얼음층에 있었기 때문에[18] 고고학자들에게 오래전부터 보고되었음에도 발굴에 어려움을 겪고 있었다. 알타이 현상이란 무덤에 물이 스며들어 내부가 부식되지 않은 채 얼어붙은 상태로 발견되는 것을 말한다. 그러나 막상 발굴해보니 이미 도굴된 흔적이 있었고 금으로 된 부장품은 거의 사라진 상태였지만 2호분은 도굴되지 않아 생생한 자료들을 확인할 수 있었다.

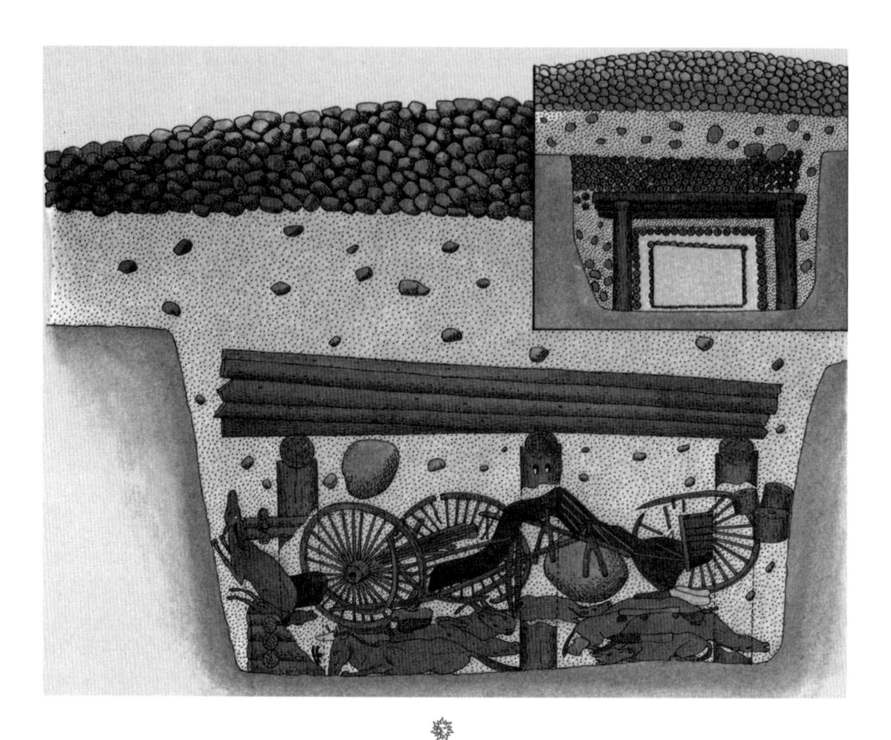

파지리크 5호분의 구조와 발굴 당시의 모습을 그린 그림.

이어서 1947~1949년에는 세르게이 루덴코를 단장으로 하는 소련 국립민족 박물관 알타이 조사단이 그 중 규모가 큰 5기 중에서 네 곳을 발굴했다. 방사성 탄소 연대 측정에 의하면 전체 고분군은 대체로 기원전 3~5세기에 만들어졌는데 중국에서는 전국시대에 해당하는 시기였다.

스키타이인들에게는 말을 자신의 몸과 같이 중요시했는데 파지리크에서 500킬로미터 떨어진 아르잔에 있는 쿠르간에서도 증명된다. 1971~1974년 사이에 발견된 이 기원전 8~7세기경의 쿠르간은 직경이 무려 110미터나 되며, 둥근 천장은 3~4미터로 헤로도토스의 기록이 정확함을 보여주었다. 불도저 운전사가 지붕을 뭉개는 바람에 원형을 찾을 수 없게 되었다는 점이 아쉽지

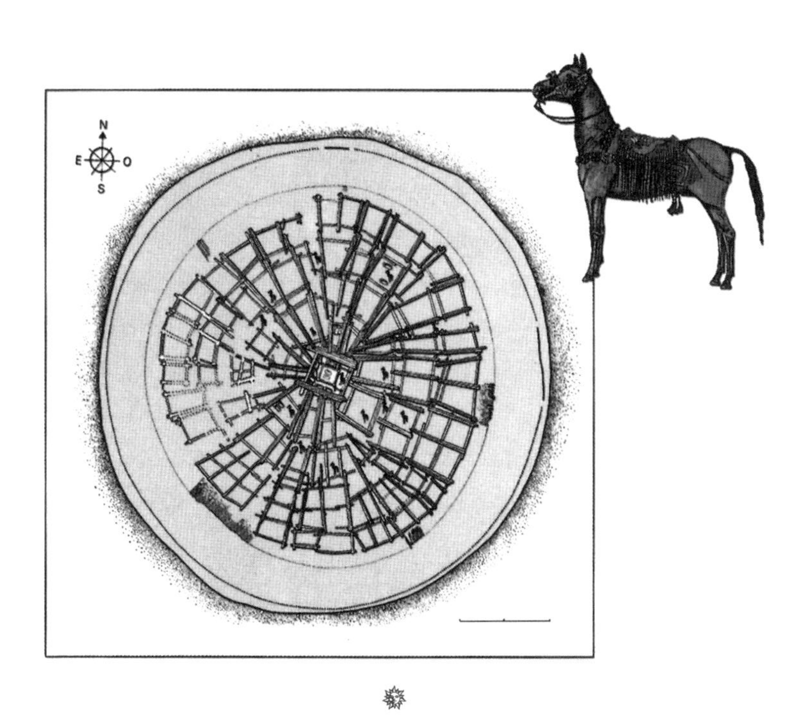

아르잔에서 발견된 쿠르간의 평면도. 주인의 현실을 70여 개의 작은 방이 둘러싸고 있으며 150마리의 말이 매장되어 있었다.

만 무덤 밑 부분은 비교적 온전한 상태에서 발굴되었다. 중앙 현실은 무려 70여 개의 작은 방으로 둘러싸여 있고, 150마리에 달하는 말의 유골도 발견되었다.

재미있는 것은 쿠르간 주변에서 발견된 말과 염소, 양, 소의 뼈와 돌로 이루어진 300여 개의 작은 무더기들이다. 이것들은 장례 기간 문상객들이 먹었던 동물들의 뼈로 생각된다. 그런데 이처럼 많은 동물이 소비되었다는 것은 당시 스키타이의 장례에는 종교적인 의미도 있지만 종족들 간의 단합대회 성격도 있었던 것으로 추정해볼 수 있다.

스키타이인들은 사자死者가 생전에 사용하던 것들을 부장했는데 도굴된 뒤에도 알타이 유목민의 생활을 알 수 있는 많은 유물이 발견되었다. 바지, 망토, 장화와 신발에도 그들의 생활을 알 수 있는 그림들이 있고, 그들이 생활하던 천막의 모습도 그대로 재현되어 있었다. 3호분에서는 스키타이식 목제 사륜차가 발견되었다.

2호분에서는 스키타이식으로 미라 처리한 남녀의 유체遺體가 발견되었는데 40~50세 된 남자의 좌우 팔과 정강이, 가슴과 등에는 이러한 환상적인 동물 모양이 문신으로 새겨져 있었다. 문신은 스키타이인들에게 보편적인 풍습이었다.

그 외에도 파지리크에서는 자수가 있는 중국산 견직물, 조립식으로 된 낮은 탁자, 중국의 전국시대에 사용된 청동경靑銅鏡은 물론 페르시아를 비롯한 서아시아 문화와 관련된 유물들이 상당수 발견되었다. 이들 유물 중에서 특히 주목을 받은 것은 스키타이문화로부터 직접적인 영향을 받은 동물 문양을 비롯한 각종 문양이다. 동물로는 순록, 산양, 야생토끼, 호랑이, 사자 등을 비롯하여 그리핀을 비롯한 여러 환상적인 동물도 있었다. 5호분의 벽걸이에는 두 손과 앞모습은 인간을 닮고, 뒷부분은 사자의 모습을 한 스핑크스도 그려져 있다. 루덴코는 파지리크 주민과 중국 사이에 교역이 있었는데 중국으로부터는 견직물이나 거울 같은 것을 수입했고, 파지리크 주민과 중국 귀족들 사이에는 혼인관계도 있었을 것으로 추정했다.

기원전 4~5세기경을 살았던 고대 그리스의 히포크라테스는 '의학의 아버지'로 불리지만 여행가로도 유명하다. 그는 스키타이인들이 신체적으로 결함을 갖고 있다는 글을 남겼는데 그들이 키가 작고 척추의 기형이나 관절염으로 고생하며 두부의 고통 때문에 신음한다고 적었다. 또 발은 휘어졌고 추위에 견디며 살다 보니 피부는 붉은색이라고 했다. 그러나 현대의 과학자들

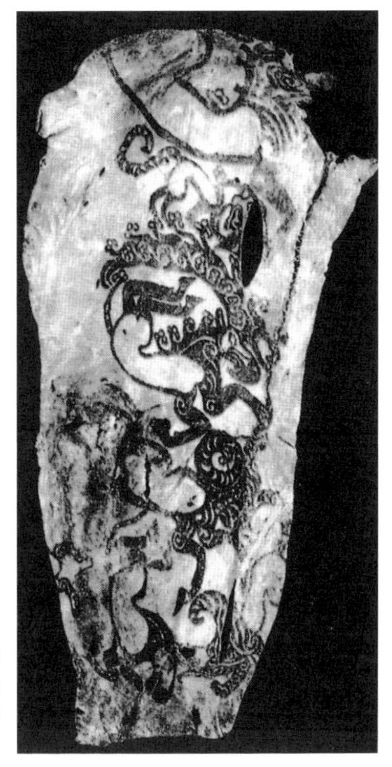

스키타이인의 문신. 왼팔에 그려진 문양으로 북유럽에 살고 있던 고라니를 형상화한 것으로 추정된다. 스키타이인은 흑색 안료로 문신을 했는데 주로 동물을 환상적인 모습으로 표현했다.

은 히포크라테스가 편견을 갖고 스키타이인들을 적었다고 평한다. 발굴된 자료에 의하면 스키타이인들은 180~190센티미터의 거인이었다.

2호분에서 나온 유물 가운데 가장 유명한 것은 모전毛氈, 털방석에 그려진 기사도騎士圖다. 관을 쓰고 앉아 있는 여신 앞으로 기사가 말을 타고 다가가는 모습인데 기사는 짧은 상의에 길고 좁은 바지를 입고 세 갈래의 꼬리를 한 말을 타고 있다. 이는 페르시아 페르세폴리스의 조각이나 인장에 그려진 기사와 맥을 같이 하며 기사가 알타이 현지인이 아닌 서아시아의 아르메니아 계통임을 보여준다.[19] 중앙아시아의 중앙부에 해당하는 파지리크에서 스키타이인의 무덤이 발견된 것은 그들이 얼마나 광대한 영토에서 활약했는지를 단

파지리크의 스키타이 기사도. 털방석에 그려진 것으로 여신 앞으로 말을 타고 가는 기사인데, 전형적인 유럽인의 모습으로 묘사되어 있다.

적으로 나타낸다.

스키타이와 다소 후대인 기원후 1세기에 건설된 노인울라 고분군에서는 한국과 밀접히 연계되는 유물이 발견되어 주목을 받았다. 노인울라란 '왕후의 산' 이라는 의미로 고분 200여 기에 흉노의 왕후와 귀족들이 매장되어있다. 학자들이 이곳에 주목하는 이유는 고분이 스키타이의 전형인 적석목곽분으로 된 쿠르간으로 축조되었기 때문이다. 모직물과 양탄자, 칠기 등 많은 부장품이 발견되는데 이 중에 가축과 야수가 표현되어있는 비단 제품이 큰 주목을 받았다. 비단 안쪽에 야크와 맹수가 사투를 벌이고 있는 모습을 아홉 개나 그린 것은 물론, 사슴과 그리핀의 격투를 묘사하기도 했다. 그리핀은 서

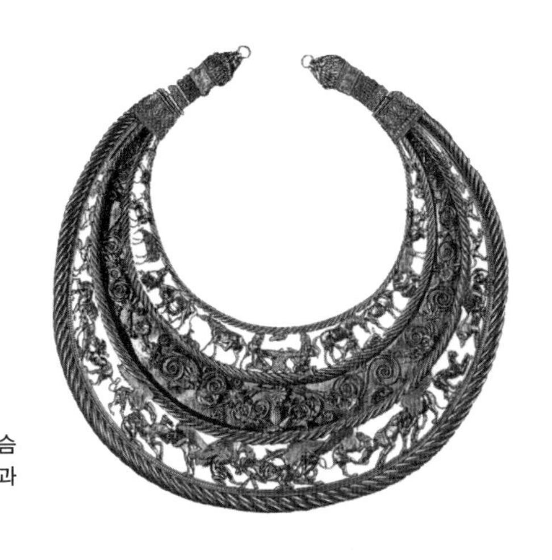

기원전 4세기경의 스키타이 유물인 황금 가슴받이. 유목민의 일상생활이 화려한 동물 문양과 함께 묘사되어 있다.

방 문화 즉 아케메네스 왕조 때 페르시아 등지에서 특징을 이루던 문양으로 흉노가 동서양 문화를 모두 아우르고 있음을 보여준다.[20]

노인울라 부장품들이 전시된 몽골 고고학 박물관을 방문했을 때, 관장인 라브단바트 박사는 노인울라의 부장품들을 일일이 설명해주면서 한국과의 연계를 강조했다. 그녀는 노인울라에서 발견된 목곽과 신라 적석목곽분에서 발견된 목곽이 유사하며 장식물들도 흡사하다고 주장했다. 특히 국립중앙박물관에 전시되고 있는 낙랑 출토 동물 문양 장신구는 노인울라에서 발견된 장신구를 복제하여 그대로 옮겼다고 할 정도다. 그녀는 낙랑 금제 교구와 신라 금귀고리 등의 누금鏤金 기법의 유사성을 볼 때 흉노와 낙랑이 긴밀한 연계가 있으며, 많은 낙랑 사람이 신라로 이주했을 가능성도 있다고 설명했다.

스키타이에 대한 자료는 많지 않지만 유물에 의해 계속 부활하고 있다. 전문가들은 스키타이가 비록 '사라진 문명'이란 카테고리에 들어가지만, 세계 문명사에 끼친 그들의 역할이 절대 작지 않았다고 믿는다. 앞으로도 계속 세계인들의 시선을 끌게 될 것이라는 뜻이다.

주

01 건축 유산 미스터리

1 이종호, 『세계 불가사의 여행』(북카라반, 2008).
2 마르코 카타네오, 이은정 옮김, 『유네스코 세계고대문명』(생각의나무, 2006).
3 심국웅, 『페루』(송산출판사, 2001).
4 제임스 E. 매클렐란 3세 외, 전대호 옮김, 『과학과 기술로 본 세계사 강의』(모티브, 2006).
5 양지에, 문소라 옮김, 『세계 역사의 미스터리(상)』(북공간, 2007).
6 심국웅, 『페루』(송산출판사, 2001).
7 허용선, 『불가사의 세계문화유산의 비밀』(예림당, 2005).
8 카르망 베르낭, 장동현 옮김, 『잉카, 태양신의 후예들』(시공사, 1996).
9 질리안 옹, 「세계의 불가사의, 여전히 풀리지 않는 수수께끼」, 『모닝 캄』, 2007년 7월호.
10 마르코 카타네오, 이은정 옮김, 『유네스코 세계고대문명』(생각의나무, 2006).
11 카르망 베르낭, 장동현 옮김, 『잉카, 태양신의 후예들』(시공사, 1996).
12 양지에, 『세계 역사의 미스터리(상)』(북공간, 2007).
13 남태우, 「위기의 '마추픽추' 진퇴양난」, 『부산일보』, 2005년 5월 14일.
14 김영섭, 「라틴아메리카의 '속살'」, 『주간조선』, 2004년 3월 10일.
15 앤드류 토머스, 이길상 옮김, 『우리가 처음은 아니다』(현대과학신서, 1988).
16 스티븐 L. 해리스 외, 『세계의 불가사의 대탐험』(YBM Si-sa, 2008).
17 양지에, 문소라 옮김, 『세계 역사의 미스터리(상)』(북공간, 2007).
18 존 플라이슈만 외, 최성범 옮김, 『과학이 몰랐던 과학』(들린아침, 2004).
19 리처드 코빙턴, 「어떻게 할까? 피사의 사탑」, 『리더스다이제스트』, 2002년 9월호.
20 클라우스 라이홀트, 이영아 옮김, 『세상을 바꾼 건축』(예담, 2006).
21 닐 파킨, 남경태 옮김, 『우리 세계의 70가지 경이로운 건축물』(오늘의책, 2004).
22 양지에, 문소라 옮김, 『세계 역사의 미스터리』(북공간, 2008).
23 존 플라이슈만 외, 최성범 옮김, 『과학이 몰랐던 과학』(들린아침, 2004).
24 리처드 코빙턴, 「어떻게 할까? 피사의 사탑」, 『리더스다이제스트』, 2002년 9월호.
25 송성수, 『청소년을 위한 과학자 이야기』(신원문화사, 2002).
26 하인리히 창클, 도복선 옮김, 『과학의 사기꾼』(시아출판사, 2006).
27 권홍우, 『부의 역사』(인물과사상사, 2008).
28 마르코 카타네오 · 자스미나 트리포니, 김충선 옮김, 『유네스코 세계문화유산』(생각의나무, 2006).
29 『스페인 포르투갈』(중앙일보사, 1989).
30 닐 파킨, 남경태 옮김, 『우리 세계의 70가지 경이로운 건축물』(오늘의책, 2004).
31 베텔스만 유네스코 편집위원회, 박영구 옮김, 『유네스코 세계문화유산』(대교베텔스만, 2003).
32 닐 파킨, 남경태 옮김, 『우리 세계의 70가지 경이로운 건축물』(오늘의책, 2004).
33 권홍우, 『부의 역사』(인물과사상사, 2008).
34 현경, 「알람브라 옛땅에 모슬렘이 돌아온다」, 『한겨레』, 2007년 3월 8일.
35 닐 파킨, 남경태 옮김, 『우리 세계의 70가지 경이로운 건축물』(오늘의책, 2004).
36 『스페인 포르투갈』(중앙일보사, 1989).
37 김철민, 『발칸유럽 사회와 문화』(한국외국어대학교출판부, 2004).
38 베텔스만 유네스코 편집위원회, 박영구 옮김, 『유네스코 세계문화유산』(대교베텔스만, 2003).

02 고고학 미스터리

1 요코야마 유지, 장석호 옮김, 『선사예술기행』(사계절, 1991).
2 장유진, 「동굴은 선사 사람들의 미술관이었다」, 『내일신문』, 2005년 5월 9일.
3 요코야마 유지, 장석호 옮김, 『선사예술기행』(사계절, 1991).
4 요코야마 유지, 장석호 옮김, 『선사예술기행』(사계절, 1991).
5 M. 일린, 정성호 옮김, 『인간의 역사』(오늘, 1993).

6 임세권, 「바위에 새겨진 고대인의 흔적 암각화」, 『과학동아』, 2000년 11월호.
7 데이비드 루이스-윌리엄스, 「영혼이 깃들인 부시맨의 그림」, 『내셔널지오그래픽』, 2001년 2월호.
8 『초능력과 미스터리의 세계』(동아출판사, 1994).
9 브라이언 페이건, 남경태 옮김, 『고대 세계의 70가지 미스터리』(오늘의책, 2003).
10 요코야마 유지, 장석호 옮김, 『선사 예술 기행』(사계절, 1991).
11 『초능력과 미스터리의 세계』(동아출판사, 1994).
12 Fairbank J.K, 『The Chinese World Order』(Harvard Univ. press, 1968); 코린 드벤 프랑포리, 김주경 옮김, 『고대 중국의 재발견』(시공사, 2000).
13 『夏商周斷代工程 1996-2000年 段階成果報告』(夏商周斷代工程專家組, 2000).
14 王魏, 「關于中國古代文明探源工程的夏構想」, 『光明日報』, 2000년 3월 31일; 王先勝, 『中國古代文明探源工程』(社會科學評論, 2006년).
15 송성수, 『청소년을 위한 과학자 이야기』(신원문화사, 2002).
16 朝陽市旅游局, 『朝陽之旅』(中國旅遊出版社, 2005).
17 朝陽市旅游局, 『朝陽之旅』(中國旅遊出版社, 2005).
18 심백강, 「치우(蚩尤)는 누구인가」, 『치우연구』, 2001년 창간호; 박선식, 「동아시아 상고시대 탁록 전쟁의 시론적 검토」, 『치우연구』, 2001년 창간호.
19 서길수, 「중국 동북공정 5년의 성과와 전망」, 『중국의 동북공정 5년, 그 성과와 한국의 대응』, 2007년.
20 田光林, 『中國東北西遼河地區的 文明起源』(中華書局, 2004); 蘇秉琦, 「中華文明的新曙光」, 『東南文化』, 1988년; 『동북공정 너머 요하문명론』(소나무, 2007).
21 신형식 · 최규성, 『고구려는 중국사인가』(백산자료원, 2004).
22 서길수, 「중국 동북공정 5년의 성과와 전망」, 『중국의 동북공정 5년, 그 성과와 한국의 대응』, 2007년.
23 우실하, 『동북공정 건너 요하문명론』(소나무, 2007).
24 耿鐵華, 『中國高句麗史』(吉林人民出版社, 2002).
25 코린 드벤 프랑포리, 김주경 옮김, 『고대 중국의 재발견』(시공사, 2000).
26 赤峰市紅山區文化局, 『紅山文化』(中國文史出版社, 1993).
27 김철준, 『한국 고대사 연구』(서울대학교 출판부, 2001).
28 왕웨이 외, 박점옥 옮김, 『손에 잡히는 중국 역사의 수수께끼』(대산인문과학총서(4), 2001).
29 朝陽市旅游局, 『朝陽之旅』(中國旅遊出版社, 2005).
30 심백강, 『황하에서 한라까지』(참좋은세상, 2007).
31 심백강, 『황하에서 한라까지』(참좋은세상, 2007).
32 孫守道 · 郭大順, 「牛河梁紅山文化女神頭像的發現與研究」, 『文物』, 1986년; 遼寧省文物考古研究所, 「遼寧牛河梁紅山文化女神廟積石塚發掘簡報」, 『文物』 1986년; 赤峰市紅山區文化局, 『紅山文化』(中國文史出版社, 1993).
33 심백강, 『황하에서 한라까지』(참좋은세상, 2007).
34 왕웨이 외, 박점옥 옮김, 『손에 잡히는 중국 역사의 수수께끼』(대산인문과학총서(4), 2001).
35 황규호, 『한국인 얼굴이야기』(주류성, 1999).
36 복기대, 「小河沿文化에 관하여」, 고조선단군학회, 2009년 11월(제21호).
37 朝陽市文化局, 『牛河梁遺址』(學苑出版社, 2004).
38 蘇秉琦, 「中華文明的石曙光」, 『華人 · 龍紅的山傳人 · 中國人』(요령출판사, 1988); 「中華民族的文多元一 局面」, 『北京大學學報』, 1989년; 田廣林, 『中國東北西遼河地區的文明起源』(중화서국, 2004).
39 赤峰市紅山地區文化局, 「紅山文化的起源」, 『紅山文化』, 1993년.
40 안영배, 「中 요서 고조선 근거지로 추정」, 『주간동아』, 2003년 1월 23일.
41 한창균, 「고조선의 성립배경과 발전단계시론」, 『국사관논총 33』(국편위, 1992); 윤내현, 『고조선연구』(일지사, 1994); 복기대, 「중국 요서 지역 청동기시대 문화의 역사적 이해」, 『단군학 연구 5』, 2001년.
42 이정훈, 「중국이 절대 공개하지 않는 단군신화의 증거, 웅녀 여신상 中 이젠 단군신화까지 노리나」, 『동아일보』, 2012년 10월 16일.
43 이기환, 「[코리안루트를 찾아서(18)] 천하를 제패한 동이족」, 『경향신문』, 2008년 2월 1일.
44 「중국의 신성왕조 '은나라'」, http://historia.tistory.com/802.
45 코린 드벤 프랑포리, 김주경 옮김, 『고대 중국의 재발견』(시공사, 2000).
46 왕웨이 외, 『손에 잡히는 중국 역사의 수수께끼』(대산인문과학총서(4), 2001).

47 신형식 이종호, 「'중화 5천 년', 홍산문명의 재조명」, 백산학보 제77호, 2007년.
48 이기환, 「[코리안루트를 찾아서(18)] 천하를 제패한 동이족」, 『경향신문』, 2008년 2월 1일.
49 곽대순 외, 『동북문화와 유연문명』(동북아역사재단, 2008).
50 사마천, 김병총 평역, 『사기』(집문당, 1994).
51 곽대순 외, 『동북문화와 유연문명』(동북아역사재단, 2008).
52 『은도보감』(중주고적출판사, 2006).
53 이형구, 『발해연안에서 찾은 한국 고대문화의 비밀』(김영사, 2004).
54 신형식, 「中國의 東北工程의 虛實」, 『白山學報』 67, 2003년.
55 이기환, 「[코리안루트를 찾아서(18)] 천하를 제패한 동이족」, 『경향신문』, 2008년 2월 1일.
56 『은도보감』(중주고적출판사, 2006); 유동청, 『홍산문화』(내몽고대학출판사, 2002).
57 기수연, 「동이의 개념과 실체의 변천에 관한 연구」, 백산학보 제42호, 1993년.
58 권삼윤, 『고대사의 블랙박스 Royal Tombs』(랜덤하우스중앙, 2005).
59 진순신, 『시와 사진으로 보는 중국 기행』(예담, 2001).
60 김정수, 『중국사의 수수께끼』(랜덤하우스, 2007).
61 耿建軍, 『中國考古謎案』(山東畫報出版社, 2006).
62 마르코폴로, 『동방견문록』(을유문화사, 1974).
63 김정수, 『중국사의 수수께끼』(랜덤하우스, 2007).
64 진순신, 『시와 사진으로 보는 중국 기행』(예담, 2001).
65 진순신, 『시와 사진으로 보는 중국 기행』(예담, 2001).
66 정찬주, 『둔황가는길』(김영사, 2001).
67 다가와 준조, 박도화 옮김, 『돈황석굴』(개마고원, 1999).
68 이광표, 「中 둔황석굴 벽화서 한국인 발견, 깃털 모자 쓴 모습 생생」, 『동아일보』, 2001년 7월 10일.
69 진순신, 『시와 사진으로 보는 중국 기행』(예담, 2001).
70 耿建軍, 『中國考古謎案』(山東畫報出版社, 2006).
71 이인식, 『이인식의 과학생각』(생각의나무, 2002).

03 사라진 고대 문명 미스터리

1 제임스 E. 매클렐란 3세 외, 전대호 옮김, 『과학과 기술로 본 세계사 강의』(모티브, 2006).
2 제임스 E. 매클렐란 3세 외, 전대호 옮김, 『과학과 기술로 본 세계사 강의』(모티브, 2006).
3 클라이브 폰팅, 이진아 옮김, 『녹색 세계사』(심지, 1995).
4 『세계의 마지막 불가사의』(동아출판사, 1990).
5 김경묵 외, 『이야기 세계사』(청아출판사, 2002).
6 김정위, 『중동사』(대한교과서주식회사, 1994).
7 김경묵 외, 『이야기세계사』(청아출판사, 2002).
8 이병철, 『발굴과 인양』(아카데미서적, 1990).
9 이병철, 『발굴과 인양』(아카데미서적, 1990); F. 에드워드, 『역사와 인간에 얽힌 수수께끼』(우주 문명사, 1984); 『라이프 인간 세계사 전집』(한국일보 타임-라이프, 1979).
10 브라이언 페이건, 김문호 옮김, 『고고학 과거로 들어가는 문』(일빛, 1998).
11 김유봉, 『세계 도시건축 산책』(주택문화사, 2003).
12 한병철, 『중국 무림 기행』(성하출판, 2005).
13 이종호, 『세계 불가사의 여행』(북카라반, 2008); 이종호, 『세계 7대 불가사의』(뜨인돌, 2001).
14 Mert Basim Yayin Kurule, 『Ephesos』(Mert Basim Yayincilik Dagttm Reklamcilik Tic. Ltd., 2005).
15 정수일, 『고대문명교류사』(사계절, 2001).
16 피터 제임스, 오성환 옮김, 『옛문명의 풀리지 않는 의문들』(까치, 2001).
17 『세계의 마지막 불가사의』(동아출판사, 1990); 맹성렬, 『초고대문명』(넥서스, 1997); 『유목민이 본 세계사』, 삼산정명(학민사, 1999); 김후, 『활이 바꾼 세계사』(가람기획, 2002).
18 장한식, 『신라 법흥왕은 선비족 모용씨의 후예였다』(풀빛, 1999).
19 정수일, 『실크로드학』(창작과 비평사, 2001).
20 사와다 이사오, 김숙경 옮김, 『흉노』(아이필드, 2007).